Kaufmännische Buchführung für Wirtschaftsschulen

Einführung in die Finanzbuchhaltung

von

Dipl.-Kfm. Dipl.-Hdl.
Manfred Deitermann

Dipl.-Kfm. Dipl.-Hdl.
Dr. Siegfried Schmolke

Dipl.-Ökonomin
Prof. Dr. Susanne Stobbe

Studiendirektor
Björn Flader

Vorwort

Die **„Kaufmännische Buchführung für Wirtschaftsschulen"** enthält eine umfassende **Einführung in die Finanzbuchhaltung der Großhandelsunternehmen**. Die einzelnen Stoffgebiete werden gründlich und praxisnah behandelt sowie im **Vierfarbendruck** planvoll strukturiert und schülergerecht veranschaulicht. Kurze Merksätze und vielfältige Übungen, ein Beleggeschäftsgang, der sowohl konventionell als auch mit einem Finanzbuchhaltungsprogramm bearbeitet werden kann, sowie Fragen zur Wiederholung und Vertiefung tragen zur Sicherung des Lernerfolgs bei. Das **Arbeitsheft** (ISBN 978-3-8045-**6936**-2) erleichtert dabei wesentlich die Arbeit mit dem Lehrbuch.

Die Verfasser

Vorwort zur 51. Auflage

Die aktuelle Auflage berücksichtigt alle Aktualisierungen aus dem Handels- und dem Steuerrecht bis zum Frühjahr 2017. Außerdem wurden die Texte auf sprachliche Verständlichkeit und Klarheit sowie Aktualität und inhaltliche Vollständigkeit überprüft.

Manfred Deitermann
Dr. Susanne Stobbe
Björn Flader

Druck: westermann druck GmbH, Braunschweig

service@winklers.de
www.winklers.de

Bildungshaus Schulbuchverlage Westermann Schroedel Diesterweg Schöningh Winklers GmbH, Postfach 33 20, 38023 Braunschweig

ISBN 978-3-8045-**6934**-8

westermann GRUPPE

69344

1 Notwendigkeit und Bedeutung der Buchführung

1.1 Aufgaben der Buchführung

In einem Großhandelsunternehmen werden täglich vielfältige Arbeiten ausgeführt: Waren werden eingekauft, gelagert und verkauft, Rechnungen werden geschrieben, eingehende Rechnungen werden bezahlt, Löhne und Gehälter werden überwiesen usw. Sofern diese Tätigkeiten

Geschäftsfälle

- **Vermögenswerte** und **Schulden** der Unternehmung verändern,
- zu **Geldeinnahmen** oder **Geldausgaben** führen,
- **Werteverzehr (Aufwand)** oder **Wertezuwachs (Ertrag)** darstellen,

nennt man sie **Geschäftsfälle**.

Jedem Geschäftsfall muss ein **Beleg** zugrunde liegen, der über **Vorgang**, **Datum** und **Betrag** Auskunft gibt. Der Beleg (Rechnungen, Bankauszüge, Quittungen u. a.) ist der **Nachweis für die Richtigkeit der Aufzeichnung** (Buchung).

Beleg

Geschäftsfall	Beleg
Einkauf von Waren	Eingangsrechnung
Verkauf von Waren	Ausgangsrechnung
Banküberweisung der Gehälter	Gehaltsliste, Bankauszug

Beispiele

> **Zu jedem Geschäftsfall gehört ein Beleg als Nachweis der Buchung.**

Merke

Die Buchführung muss alle Geschäftsfälle laufend, lückenlos und sachlich geordnet nach Wareneinkäufen, Warenverkäufen (Umsatzerlösen), Verbindlichkeiten gegenüber Lieferanten, Forderungen an Kunden usw. **erfassen und aufzeichnen** (buchen). Ohne eine ordnungsgemäße Aufzeichnung der Geschäftsfälle würde die Unternehmensleitung in kürzester Zeit den Überblick über die Vermögens-, Schulden- und Erfolgslage sowie das gesamte Betriebsgeschehen verlieren. Außerdem fehlten ihr dann die zahlenmäßigen Grundlagen für alle Planungen, Entscheidungen und Kontrollen.

Aufgaben der Buchführung

Die Buchführung im Großhandelsunternehmen erfüllt wichtige Aufgaben:

- Sie stellt den **Stand des Vermögens und der Schulden** fest.
- Sie zeichnet **alle Veränderungen** der Vermögens- und Schuldenwerte lückenlos und sachlich geordnet auf.
- Sie ermittelt den **Erfolg des Unternehmens**, also den **Gewinn** oder den **Verlust**, indem sie alle Aufwendungen (Werteverzehr) und Erträge (Wertezuwachs) erfasst.
- Sie liefert die Zahlen für die **Preisberechnung (Kalkulation) der Waren**.
- Sie stellt Zahlen für **innerbetriebliche Kontrollen** zur Verfügung, die der Steigerung der Wirtschaftlichkeit dienen.
- Sie ist die Grundlage zur **Berechnung der Steuern**.
- Sie ist wichtiges **Beweismittel** bei Rechtsstreitigkeiten mit Kunden, Lieferanten, Banken, Behörden (Finanzamt, Gerichte) u. a.

> **Die Buchführung ist die sachlich geordnete und lückenlose Aufzeichnung aller Geschäftsfälle eines Unternehmens aufgrund von Belegen.**
>
> **Die Buchführung, auch Finanz- oder Geschäftsbuchhaltung genannt, liefert auch die Zahlen für die übrigen Zweige des Rechnungswesens:**
> **Kosten- und Leistungsrechnung, Statistik und Planung.**

Merke

1.2   Gesetzliche Grundlagen der Buchführung

Buchführungspflicht
§ 238 [1] HGB,
§ 140 AO

Die Buchführung erfasst aufgrund von Belegen alle Ausgaben und Einnahmen, Aufwendungen und Erträge des Unternehmens, ermittelt daraus den **Gewinn oder Verlust des Geschäftsjahres** und schafft damit wichtige **Grundlagen für unternehmerische Entscheidungen** und die zu zahlenden **Steuern**. Eine **ordnungsmäßige** Buchführung dient zugleich der Information und dem **Schutz der Gläubiger** des Unternehmens. Das **Handelsgesetzbuch** (§ 238 [1] HGB) und die **Abgabenordnung** (§ 140 AO) verpflichten daher den Kaufmann zur Buchführung.

§ 238 [1] HGB

> **„Jeder Kaufmann ist verpflichtet, Bücher zu führen und in diesen seine Handelsgeschäfte und die Lage seines Vermögens nach den Grundsätzen ordnungsmäßiger Buchführung ersichtlich zu machen."**

§ 241a HGB

Die Vorschriften zur **Buchführungspflicht** betreffen den Kaufmann, der im Handelsregister eingetragen ist. **Befreit von der Buchführungspflicht des § 238 [1] HGB sind Einzelkaufleute** (e. K., e. Kfm., e. Kffr.), die in **zwei** aufeinander folgenden Geschäftsjahren **nicht mehr** als jeweils **600.000,00 €** Jahresumsatz <u>und</u> nicht mehr als jeweils **60.000,00 €** Jahresgewinn erzielen (§ 241a HGB). Sie dürfen den Gewinn bzw. Verlust des Geschäftsjahres durch einfache **Einnahmen-überschussrechnung** (Betriebseinnahmen – Betriebsausgaben) ermitteln.

§ 141 AO

Neben der o. g. steuerrechtlichen Buchführungspflicht nach § 140 AO sind nach § 141 AO auch **Nichtkaufleute** (z. B. Kleingewerbetreibende) zur Buchführung verpflichtet, wenn deren **Jahresumsatz 600.000,00 €** <u>oder</u> **Jahresgewinn 60.000,00 €** im Wirtschaftsjahr übersteigt.

Merke	▪ Im Handelsregister eingetragene Einzelkaufleute, Personengesellschaften (OHG, KG)[1] und Kapitalgesellschaften (AG, KGaA, GmbH)[2] unterliegen der Buchführungspflicht nach § 238 [1] HGB und § 140 AO.
	▪ Die Schwellenwerte „Jahresumsatz" und/oder „Jahresgewinn" sind nach § 241a HGB und § 141 AO von besonderer Bedeutung.

Rechnungslegungs-
vorschriften nach HGB

Die handelsrechtlichen Vorschriften über die **Buchführung** und den **Jahresabschluss** enthält das „Dritte Buch" im Handelsgesetzbuch in **sechs Abschnitten**:

Drittes Buch

▪ Der **1. Abschnitt (§§ 238–263 HGB)**[3] enthält Vorschriften, die auf **alle Kaufleute** anzuwenden sind. Zu diesen **grundlegenden Vorschriften** zählen die Buchführungspflicht, die Führung von Handelsbüchern, das Inventar, die Pflicht zur Aufstellung des Jahresabschlusses (Bilanz und Gewinn- und Verlustrechnung), die Bewertung der Vermögensteile und Schulden sowie die Aufbewahrung von Buchführungsunterlagen u. a. m.

▪ Der **2. Abschnitt (§§ 264–335c HGB)**[3] beinhaltet ergänzende Vorschriften für **Kapitalgesellschaften und haftungsbeschränkte Personenhandelsgesellschaften**[4], insbesondere über die Gliederung, Prüfung und Veröffentlichung des Jahresabschlusses.

▪ Der **3. Abschnitt (§§ 336–339 HGB)** enthält ergänzende Vorschriften für **eingetragene Genossenschaften**.

▪ Der **4. Abschnitt (§§ 340–341y HGB)** umfasst ergänzende Vorschriften für **Unternehmen bestimmter Geschäftszweige** (Banken, Versicherungen, Rohstoffsektor u. a.).

▪ Der **5. und 6. Abschnitt (§§ 342–342e HGB)** beinhaltet Vorschriften über die Anerkennung und die Aufgaben **privater Institutionen der Rechnungslegung**.

Rechtsformspezifische
Vorschriften

Rechtsformspezifische Vorschriften der jeweiligen Unternehmensform sind im **Aktiengesetz** (AktG), **GmbH-Gesetz** (GmbHG) und **Genossenschaftsgesetz** (GenG) enthalten.

Steuerrechtliche
Vorschriften

Steuerrechtliche Vorschriften über die Buchführung enthalten die **Abgabenordnung** (AO), das **Einkommensteuergesetz** (EStG), **Körperschaftsteuergesetz** (KStG), **Umsatzsteuergesetz** (UStG) sowie die entsprechenden **Durchführungsverordnungen** (EStDV, KStDV, UStDV), **Richtlinien** (EStR, KStR) und **Erlasse** (z. B. UStAE[5]).

---

1   Offene Handelsgesellschaft, Kommanditgesellschaft
2   Aktiengesellschaft, Kommanditgesellschaft auf Aktien, Gesellschaft mit beschränkter Haftung
3   Siehe HGB-Rechnungslegungsvorschriften, S. 155 ff.
4   z. B. GmbH & Co. KG
5   Umsatzsteueranwendungserlass

1.3 Ordnungsmäßigkeit der Buchführung

Die Buchführung gilt als ordnungsgemäß, wenn sie so beschaffen ist, dass sie einem sachverständigen Dritten (Steuerberater, Betriebsprüfer des Finanzamtes) in angemessener Zeit einen **Überblick** über die **Geschäftsfälle** und **Lage des Unternehmens** vermitteln kann (§ 238 HGB, § 145 AO).

Ordnungsgemäße Buchführung

Die Buchführung muss deshalb **allgemein anerkannten** und **sachgerechten Normen** entsprechen, und zwar den **Grundsätzen ordnungsmäßiger Buchführung (GoB)**.

GoB

Quellen der GoB sind vor allem Wissenschaft und Praxis, die Rechtsprechung sowie Empfehlungen der Wirtschaftsverbände. Zahlreiche Grundsätze haben ihren Niederschlag in handels- und steuerrechtlichen Vorschriften gefunden.

Quellen der GoB

Aufgabe der GoB ist es, Unternehmenseigner sowie Gläubiger des Unternehmens vor falschen Informationen und Verlusten zu schützen.

Aufgabe der GoB

Die wichtigsten Grundsätze ordnungsmäßiger Buchführung (GoB)

■ **Die Buchführung muss klar und übersichtlich sein.**
  - Sachgerechte und überschaubare Organisation der Buchführung (§ 238 [1] HGB, § 145 [1] AO).
  - Verwendung einer lebenden Sprache sowie eindeutige Bedeutung von Abkürzungen, Ziffern, Buchstaben oder Symbolen (§ 239 [1] HGB, § 146 [3] AO).
  - Übersichtliche Gliederung des Jahresabschlusses (§§ 243 [2], 266, 275 HGB)
  - Keine Verrechnung zwischen Vermögenswerten und Schulden sowie zwischen Aufwendungen und Erträgen (§ 246 [2] HGB)
  - Buchungen dürfen nicht so verändert werden, dass der ursprüngliche Inhalt nicht mehr feststellbar ist (§ 239 [3] HGB, § 146 [4] AO).

■ **Ordnungsmäßige Erfassung aller Geschäftsfälle.**
  Die Geschäftsfälle sind **fortlaufend und vollständig, richtig und zeitgerecht** sowie **sachlich geordnet** zu buchen, damit sie leicht überprüfbar sind (§ 239 [2] HGB, § 146 [1] AO). Kasseneinnahmen und -ausgaben sind täglich aufzuzeichnen (§ 146 [1] AO).

■ **Keine Buchung ohne Beleg (Belegprinzip).**
  Sämtliche Buchungen müssen anhand der Belege jederzeit nachprüfbar sein. Die Belege müssen fortlaufend nummeriert und geordnet aufbewahrt werden (§ 257 [1] HGB)

■ **Ordnungsmäßige Aufbewahrung der Buchführungsunterlagen.**
  Alle Buchungsbelege, Buchungsprogramme, Konten, Bücher, Inventare, Eröffnungsbilanzen sowie Jahresabschlüsse einschließlich Anhang und Lagebericht sind **zehn Jahre** geordnet aufzubewahren. Die Aufbewahrungsfrist beginnt mit dem Schluss des Kalenderjahrs (§ 257 [4f.] HGB, § 147 [3f.] AO). Mit Ausnahme der Eröffnungsbilanz und des Jahresabschlusses können alle Buchführungsunterlagen auf einem Bildträger (Mikrofilm) oder auf anderen **Datenträgern** aufbewahrt werden. Die gespeicherten Daten müssen **jederzeit** durch Bildschirm oder Ausdruck **lesbar** gemacht werden können (§§ 239 [4], 257 [3] HGB, § 147 [2] AO).

Nur eine ordnungsmäßige Buchführung besitzt Beweiskraft (§§ 258 f. HGB).

Merke

Verstöße gegen die GoB sowie die handels- und steuerrechtlichen Vorschriften können eine **Schätzung der Besteuerungsgrundlagen** (Umsatz, Gewinn) durch die Finanzbehörden zur Folge haben (§ 162 AO). Mit **Freiheitsstrafe** oder mit **Geldstrafe** wird bestraft, wer Jahres-abschlüsse unrichtig wiedergibt oder verschleiert (§ 331 HGB, § 370 AO). Im Insolvenzfall können Verstöße gegen die GoB Strafverfolgung (Freiheitsstrafe) nach sich ziehen (§ 283 Strafgesetzbuch).

Verstöße gegen die GoB

---

1. *Nennen Sie mindestens drei wichtige Aufgaben der Buchführung.*
2. *Nennen Sie mindestens vier Geschäftsfälle mit den zugehörigen Belegen.*
3. *Welche Bedeutung hat die Buchführung für die übrigen Zweige des Rechnungswesens?*
4. *Welchen Sinn haben die „Grundsätze ordnungsmäßiger Buchführung"?*

Aufgabe 1

2 Inventur, Inventar und Bilanz

2.1 Inventur

Feststellen des Vermögens und der Schulden

Nach § 240 HGB sowie §§ 140, 141 AO ist der Kaufmann verpflichtet, **Vermögen** und **Schulden** seines Unternehmens festzustellen, und zwar

■ bei **Gründung** oder **Übernahme** eines Unternehmens,
■ für den **Schluss eines jeden Geschäftsjahres** (in der Regel zum 31. Dezember),
■ bei **Auflösung** oder **Veräußerung** seines Unternehmens.

Die hierzu erforderliche Tätigkeit nennt man **Inventur** (lat. invenire = vorfinden).

Inventur

Die Inventur, auch **Bestandsaufnahme** genannt, erstreckt sich auf **alle Vermögensteile und alle Schulden** des Unternehmens, die jeweils **einzeln** nach ihrer **Art** (Bezeichnung), **Menge** (Stückzahl, nach Gewicht, Länge u. a.) und **Wert** (in Euro) zu einem bestimmten Zeitpunkt (Stichtag) zu erfassen sind. Sie dient auch der **Überprüfung der Buchführung**, weil Differenzen zwischen dem tatsächlichen Istbestand laut Inventur und dem buchmäßigen Sollbestand laut Finanzbuchhaltung ersichtlich werden und korrigiert werden können (Inventurdifferenzen[1]).

> **Merke**
>
> **Inventur ist die mengen- und wertmäßige Bestandsaufnahme aller Vermögensteile und Schulden eines Unternehmens zu einem bestimmten Zeitpunkt.**

Arten der Inventur

Nach der Art ihrer Durchführung unterscheidet man

■ **körperliche Inventur** und
■ **Buchinventur.**

Körperliche Inventur

Die körperliche Inventur ist die **mengenmäßige Aufnahme** aller körperlichen Vermögensgegenstände (z. B. Technische Anlagen und Maschinen, Fahrzeuge, Betriebs- und Geschäftsausstattung, Bestände an Waren, Barmittel) durch **Zählen**, **Messen**, **Wiegen** und notfalls durch **Schätzen mit nachfolgender Bewertung** der Mengen in Euro.

Buchinventur

Die Buchinventur erstreckt sich auf alle **nicht körperlichen** Vermögensteile und Schulden. Forderungen, Bankguthaben sowie alle Arten von Schulden sind **wertmäßig** aufgrund der buchhalterischen **Aufzeichnungen und Belege** (z. B. Kontoauszüge) festzustellen und nachzuweisen. Im Rahmen dieser **buchmäßigen Bestandsaufnahme** werden häufig auch Saldenbestätigungen bei Kunden und Lieferanten eingeholt.

Anlagenverzeichnis

Die jährliche körperliche Bestandsaufnahme des **beweglichen** Anlagevermögens (Maschinen, Fahrzeuge u. a.) entfällt, wenn ein Anlagenverzeichnis laufend geführt wird (Anlagenbuchführung). Für jeden Anlagegegenstand muss ein gesonderter Datensatz oder eine Anlagenkarte mit folgenden Angaben vorhanden sein: Bezeichnung, Tag der Anschaffung, Anschaffungswert, Nutzungsdauer, jährliche Abschreibung, Tag des Abgangs u. a. (R 5.4 [4] Einkommensteuerrichtlinien [EStR]).

Vorbereitung und Durchführung der Inventur

Die körperliche (mengenmäßige) Inventur des **Vorratsvermögens** (Waren) bedarf vor allem einer sorgfältigen Vorbereitung und Durchführung. Zunächst wird ein **Inventurleiter** ernannt. Der Inventurleiter erstellt einen genauen **Aufnahmeplan**. Dieser Aufnahmeplan legt die einzelnen **Inventurbereiche** sowie die **personelle Besetzung** der Aufnahmegruppen, die **Aufnahmevordrucke und -richtlinien**, die Hilfsmittel (z. B. mobile Datenerfassungsgeräte/Barcodescanner) und den **Zeitpunkt der Inventur** fest. Bestimmte Aufsichtspersonen müssen durch **Stichproben** die Bestandsaufnahme überprüfen.

> **Merke**
>
> ■ **Körperliche Inventur:** mengen- und wertmäßige Bestandsaufnahme
>
> ■ **Buchinventur:** nur wertmäßige Bestandsaufnahme aufgrund von Aufzeichnungen und Belegen

---

1 Siehe S. 25 f.

2.2 Inventurverfahren für das Vorratsvermögen

Die Bestandsaufnahme des Warenvorratsvermögens ist in der Regel mit erheblichem Arbeitsaufwand verbunden. Der Gesetzgeber erlaubt deshalb folgende Verfahren zur **Vereinfachung der Inventur** der Lagervorräte (§ 241 HGB, R 5.3 EStR):

Inventurvereinfachungsverfahren

Bei der Stichtagsinventur muss die **mengenmäßige** Bestandsaufnahme der Vorräte nicht am Abschlussstichtag (z. B. 31. Dez.) erfolgen. Sie muss aber **zeitnah** innerhalb einer **Frist von 10 Tagen vor oder nach dem Abschlussstichtag** durchgeführt werden. Zugänge und Abgänge zwischen dem Aufnahmetag und dem Abschlussstichtag werden anhand von Belegen **mengen- und wertmäßig** auf den 31. Dez. **fortgeschrieben bzw. zurückgerechnet. Nachteil:** Die Stichtagsinventur führt zu einem großen Arbeitsanfall innerhalb weniger Tage, der oft Betriebsunterbrechungen zur Folge hat.

Stichtagsinventur = zeitnahe körperliche Bestandsaufnahme

Die vor- bzw. nachverlegte Inventur stellt gegenüber der Stichtagsinventur bereits eine wesentliche Erleichterung dar. Die **körperliche** Bestandsaufnahme erfolgt an einem beliebigen Tag innerhalb der letzten **drei Monate vor oder der ersten zwei Monate nach dem Abschlussstichtag.** Die einzelnen Artikel dürfen zu unterschiedlichen Zeitpunkten aufgenommen werden. Der am Tag der Inventur ermittelte Bestand wird **nur wertmäßig** (nicht mengenmäßig!) auf den Abschlussstichtag fortgeschrieben oder zurückgerechnet:

Verlegte Inventur = vor- bzw. nachverlegte körperliche Bestandsaufnahme

Wertfortschreibung	Wertrückrechnung
Wert am Tag der Inventur (z. B. 15. Okt.)	Wert am Tag der Inventur (z. B. 28. Febr.)
+ Wert der Zugänge vom 15. Okt. – 31. Dez.	– Wert der Zugänge vom 1. Jan. – 28. Febr.
– Wert der Abgänge vom 15. Okt. – 31. Dez.	+ Wert der Abgänge vom 1. Jan. – 28. Febr.
= **Wert am Abschlussstichtag (31. Dez.)**	= **Wert am Abschlussstichtag (31. Dez.)**

Die permanente Inventur ermöglicht es, den am Abschlussstichtag vorhandenen Bestand des Vorratsvermögens nach Art, Menge und Wert auch ohne gleichzeitige körperliche Bestandsaufnahme festzustellen. Der Bestand für den Abschlussstichtag kann in diesem Fall nach Art und Menge der **Lagerbuchführung oder Lagerkartei** entnommen werden. Für jeden einzelnen Artikel werden alle Mengenbewegungen (Zu- und Abgänge) laufend buchmäßig erfasst. In jedem Geschäftsjahr muss **mindestens einmal** – der Zeitpunkt ist beliebig! – durch **körperliche Bestandsaufnahme** geprüft werden, ob der in der Lagerbuchführung ausgewiesene Buch- bzw. Sollbestand des Vorratsvermögens mit dem tatsächlich vorhandenen Bestand (Istbestand) übereinstimmt. Tag und Ergebnis der körperlichen Inventur sind in der Lagerbuchführung zu vermerken. Die Inventuraufzeichnungen müssen unterschrieben werden.

Permanente Inventur = laufende Inventur anhand der Lagerbuchführung

Die permanente Inventur ist ein rationelles und aussagefähiges Inventurverfahren, das der Unternehmensleitung **täglich,** vor allem beim Einsatz von Datenverarbeitungsanlagen, **wichtige Daten** über die Bestandsbewegungen liefert. Ihr besonderer Vorzug liegt darin, dass die körperliche Bestandsaufnahme der einzelnen Gruppen des Vorratsvermögens zu beliebigen Zeitpunkten durchgeführt werden kann.

Bei vollautomatisch gesteuerten Lagersystemen (z. B. Hochregallager) kann eine **Einlagerungsinventur** die körperliche Inventur ersetzen, wenn eine zuverlässige Fortschreibung der Lagerbuchführung entsprechend der automatischen Lagersteuerung gewährleistet ist.

Der Lagerbestand nach Art, Menge und Wert kann auch mithilfe **anerkannter** mathematisch-statistischer Verfahren (z. B. Mittelwertschätzung) aufgrund von Stichproben ermittelt werden. Dabei werden die als **Stichprobe** ausgewählten Lagerpositionen zunächst körperlich aufgenommen und bewertet. Das **Stichprobenergebnis** wird sodann auf den Gesamtinventurwert der Lagervorräte **hochgerechnet.** Die Stichprobeninventur gilt als zuverlässiges, Zeit und Kosten sparendes Hilfsverfahren der Inventur.

Stichprobeninventur mithilfe mathematisch-statistischer Methoden

2.3 Inventar

Die mithilfe der Inventur ermittelten **Bestände der einzelnen Vermögensposten und Schulden** werden in einem besonderen **Bestandsverzeichnis = Inventar** zusammengefasst.

Das Inventar besteht aus **drei Teilen:**

A. Vermögen   B. Schulden   C. Eigenkapital = Reinvermögen

Das **Vermögen** gliedert sich in **Anlage- und Umlaufvermögen.**

Anlagevermögen

Das Anlagevermögen bildet die **Grundlage der Betriebsbereitschaft.** Deshalb gehören dazu alle Vermögensposten, die dem Unternehmen **langfristig** dienen, wie z. B.:
- **Immaterielle Vermögensgegenstände, z. B.** gewerbliche Schutzrechte, Lizenzen
- **Grundstücke und Gebäude**
- **Technische Anlagen und Maschinen**
- **Fahrzeuge** (Fuhrpark)
- **Betriebs- und Geschäftsausstattung (BGA),** (z. B. Lager- und Büroeinrichtung)

Umlaufvermögen

Das Umlaufvermögen umfasst alle Vermögensposten, die sich **kurzfristig** in ihrer Höhe **verändern,** weil sie sich ständig „im Umlauf" befinden: **Waren** werden eingekauft und wieder verkauft. Werden Waren mit einem Zahlungsziel verkauft, entstehen im Unternehmen **Forderungen aus Lieferungen und Leistungen (a. LL).** Begleichen die Kunden ihre Rechnungen durch Banküberweisung, vermindert sich der Forderungsbestand, wobei sich zugleich das **Bankguthaben** erhöht, das wiederum zum Kauf von Waren verwendet werden kann. **Zum Umlaufvermögen rechnen vor allem folgende Posten:**
- **Waren**
- **Forderungen aus Lieferungen und Leistungen** (a. LL)
- **Bankguthaben**
- **Kassenbestand** (Bargeld)

Vermögensposten

Die Vermögensposten werden im Inventar **nach steigender Flüssigkeit** (Liquidität) geordnet, also nach dem Grad, wie schnell sie in Geld umgesetzt werden können. So sind die weniger „flüssigen" (liquiden) Posten, wie z. B. Grundstücke, im Inventar zuerst und die bereits liquiden Mittel, wie Bankguthaben und Bargeld, zuletzt aufzuführen.

Schulden

Die Schulden (Verbindlichkeiten) werden im Inventar nach ihrer **Fälligkeit** geordnet:
- **Langfristige Verbindlichkeiten,** wie z. B. Hypotheken- und Darlehensschulden
- **Kurzfristige Verbindlichkeiten,** wie z. B. Verbindlichkeiten a. LL, Mietschulden

Fremdkapital

Die Verbindlichkeiten stellen das im Unternehmen arbeitende Fremdkapital dar.

Eigenkapital

Das Eigenkapital oder **Reinvermögen** des Unternehmens ergibt sich, indem man die Schulden vom Vermögen abzieht:

> **Summe des Vermögens**
> **− Summe der Schulden**
> _____
> **= Eigenkapital (Reinvermögen)**

Merke

- Das Inventar weist zu einem bestimmten Tag (Abschlussstichtag) alle Vermögensposten und Schulden eines Unternehmens nach Art, Menge und Wert aus.
- Das Vermögen wird in Anlage- und Umlaufvermögen gegliedert, wobei die Vermögensposten nach steigender Flüssigkeit geordnet werden.
- Die Schulden bzw. Verbindlichkeiten werden nach ihrer Fälligkeit geordnet.

Inventar

der Möbelgroßhandlung Kurt Jansen e. K., Nürnberg, für den 31. Dezember ..

	€	€
A. Vermögen		
I. Anlagevermögen		
1. Grundstücke		260.000,00
2. Gebäude:		
Ausstellungshalle	240.000,00	
Verwaltungsgebäude	270.000,00	
Lagergebäude	110.000,00	620.000,00
3. Fuhrpark lt. Anlagenverzeichnis 1		170.000,00
4. Betriebs- und Geschäftsausstattung		
lt. Anlagenverzeichnis 2		150.000,00
II. Umlaufvermögen		
1. Warenvorräte:		
Möbel lt. Verzeichnis 3	1.645.700,00	
Kleinmöbel lt. Verzeichnis 4	412.300,00	
568 Sessel T 8 je 250,00 €	142.000,00	2.200.000,00
2. Forderungen aus Lieferungen und Leistungen (a. LL):		
Schnickmann GmbH, Fürth	145.800,00	
Hamm KG, Würzburg	177.900,00	
Bodo Herms e. K., Erlangen	76.300,00	400.000,00
3. Bankguthaben:		
Sparkasse, Nürnberg	159.000,00	
Deutsche Bank, Nürnberg	35.000,00	194.000,00
4. Kassenbestand		6.000,00
Summe des Vermögens		**4.000.000,00**
B. Schulden		
I. Langfristige Schulden		
1. Hypothekendarlehen der Sparkasse, Nürnberg		700.000,00
2. Darlehen der Deutschen Bank, Nürnberg		600.000,00
II. Kurzfristige Schulden		
Verbindlichkeiten aus Lieferungen und Leistungen:		
Heyn GmbH, München	120.000,00	
Hermanns OHG, Augsburg	80.000,00	
Gellert KG, Frankfurt	100.000,00	300.000,00
Summe der Schulden		**1.600.000,00**
C. Eigenkapital		
Summe des Vermögens		4.000.000,00
– Summe der Schulden		1.600.000,00
Eigenkapital (Reinvermögen)		**2.400.000,00**

Inventare sind **10 Jahre** geordnet aufzubewahren. Die Aufbewahrung kann auch auf einem **Bildträger** (Mikrofilm) oder auf einem anderen **Datenträger** (CD-ROM, DVD u. a.) erfolgen, wenn sichergestellt ist, dass die Wiedergabe oder die Daten jederzeit lesbar gemacht werden können (§§ 239 [4], 257 [3] HGB, § 147 [2] AO).

Aufbewahrung des Inventars

Merke

■ Inventur = Bestandsaufnahme,   Inventar = Bestandsverzeichnis.

■ Das Inventar ist Grundlage eines ordnungsgemäßen Jahresabschlusses.

Aufgabe 2

Welche Vermögensposten gehören zum Anlagevermögen (I) und zum Umlaufvermögen (II)? Ordnen Sie die folgenden Vermögensposten nach steigender Flüssigkeit.

1. Bankguthaben
2. Maschinen
3. Bargeld
4. Gebäude
5. Warenvorräte
6. Lastkraftwagen
7. Forderungen aus Lieferungen und Leistungen (a. LL)
8. Postbankguthaben
9. Betriebs- und Geschäftsausstattung
10. Grundstücke
11. Förderband
12. Gabelstapler

Aufgabe 3

Ordnen Sie die folgenden Verbindlichkeiten nach ihrer Laufzeit (Fälligkeit) im Bereich der langfristigen (I) und kurzfristigen (II) Schulden:

1. Verbindlichkeiten aus Lieferungen und Leistungen (a. LL)
2. Hypothekenschulden
3. Verbindlichkeiten aus Steuern
4. Darlehensschulden

Aufgabe 4

Die Sanitärgroßhandlung Karl Schnickmann e. K., Erlangen, hat folgende Inventurbestände:

Grundstück 120.000,00 €; Gebäude 440.000,00 €; Technische Anlagen und Maschinen lt. Verzeichnis 1: 61.500,00 €; Fuhrpark lt. Verzeichnis 2: 27.500,00 €; Betriebs- und Geschäftsausstattung lt. Verzeichnis 3: 160.400,00 €;

Warenvorräte lt. Verzeichnis 4: 464.100,00 €; Kundenforderungen an Hans Floßmann e. K., Tübingen, 61.500,00 €, an Fritz Herberts e. K., Offenbach, 12.600,00 €; Bankguthaben bei der Deutschen Bank, Erlangen, 62.300,00 €, bei der Stadtsparkasse, Erlangen, 40.000,00 €; Kassenbestand 13.400,00 €;

Verbindlichkeiten gegenüber Lieferanten lt. Verzeichnis 5: 153.400,00 €; Hypothekenschulden 586.000,00 €; Darlehensschulden: bei der Stadtsparkasse, Erlangen, 124.000,00 €, bei der Deutschen Bank, Erlangen, 90.000,00 €.

Stellen Sie das Inventar auf. Wie hoch ist der %-Anteil des Anlagevermögens und des Umlaufvermögens am Gesamtvermögen?

Aufgaben 5, 6

Die Werkzeuggroßhandlung Juliane Hamm e. Kffr., Würzburg, stellte zum 31. Dez. 01[1] (Aufgabe 5) und zum 31. Dez. 02[1] (Aufgabe 6) folgende Inventurwerte fest:

	5	6
Grundstücke	100.000,00	100.000,00
Gebäude: Verwaltungsgebäude	420.000,00	411.600,00
Lagergebäude	135.000,00	132.300,00
Technische Anlagen und Maschinen lt. Anlagenverzeichnis 1	170.000,00	236.400,00
Fuhrpark: 1 LKW	32.300,00	27.840,00
1 PKW	12.700,00	10.160,00
Betriebs- u. Geschäftsausstattung lt. Verzeichnis 2	91.600,00	76.900,00
Warenvorräte lt. Verzeichnis 3	483.300,00	541.400,00
Forderungen a. LL: Schnell KG, Tübingen	52.800,00	72.800,00
Rolf Peters e. K., Frankfurt	33.500,00	61.500,00
Postbankguthaben	18.900,00	29.400,00
Bankguthaben bei der Commerzbank, Würzburg	126.700,00	131.000,00
Kasse (Barbestand)	2.800,00	2.600,00
Hypothekenschulden: Stadtsparkasse, Würzburg	290.000,00	260.000,00
Darlehensschulden: Stadtsparkasse, Würzburg	160.300,00	120.225,00
Handelsbank, Frankfurt	120.700,00	90.525,00
Verbindlichkeiten a. LL lt. Verzeichnis 4	89.500,00	146.800,00

1. *Erstellen Sie die Inventare der beiden aufeinander folgenden Geschäftsjahre.*

2. *Vergleichen Sie die beiden Inventare und erklären Sie die Veränderungen im Anlage- und Umlaufvermögen, in den Schulden und im Eigenkapital.*

---

1 In diesem Lehrbuch bedeuten die Ziffern „00" = Vorjahr, „01" = 1. Jahr, „02" = 2. Jahr usw.

Aufgaben 7, 8

Baumarkt Gärtner OHG, Augsburg, stellte zum 31. Dez. 01 (Aufgabe 7) und zum 31. Dez. 02 (Aufgabe 8) folgende Inventurwerte fest, die in beiden Inventaren entsprechend zu gliedern sind:

	7	8
Grundstücke	200.000,00	200.000,00
Gebäude: Verwaltungsgebäude	550.000,00	528.000,00
Lagergebäude	280.000,00	268.400,00
Warenvorräte lt. Verzeichnis 4	396.900,00	420.700,00
Technische Anlagen und Maschinen lt. Verzeichnis 1	161.500,00	256.200,00
Forderungen a. LL lt. Verzeichnis 5	35.000,00	56.700,00
Kassenbestand	4.800,00	3.900,00
Fuhrpark lt. Verzeichnis 2	37.500,00	31.400,00
Betriebs- und Geschäftsausstattung lt. Verzeichnis 3	90.300,00	93.900,00
Bankguthaben bei der Deutschen Bank, Augsburg	73.100,00	84.200,00
bei der Stadtsparkasse, Augsburg	51.400,00	55.300,00
Verbindlichkeiten a. LL lt. Verzeichnis 6	48.600,00	67.100,00
Hypothekenschulden	414.000,00	390.000,00
Darlehensschulden: Deutsche Bank, Augsburg	192.000,00	186.400,00
Stadtsparkasse, Augsburg	120.400,00	118.400,00

Vergleichen Sie die beiden Inventare und erklären Sie bedeutende Veränderungen.

Aufgabe 9

In den Aufgaben 7 und 8 wird darauf hingewiesen, dass der Gesamtwert der Warenvorräte dem Verzeichnis 4 entnommen wurde. In diesem Verzeichnis sind die **einzelnen Warenpositionen** mit ihren **jeweiligen Einzelwerten** erfasst. In der folgenden Aufgabe ist der Inventurwert für die Position „Fliesenkleber" auf der Grundlage des **gewogenen Durchschnittspreises** aus den Einzelpreisen der zurückliegenden Lieferungen zu berechnen. Der **Inventurbestand an Fliesenkleber beträgt 24 Gebinde zu je 10 kg.**

Datum	Menge	Einzelpreis	Datum	Menge	Einzelpreis
1. Jan.	14 Gebinde	22,50 €	21. Aug.	30 Gebinde	22,90 €
5. März	40 Gebinde	22,60 €	9. Okt.	40 Gebinde	23,00 €
12. Juni	50 Gebinde	22,80 €	10. Dez.	20 Gebinde	23,10 €

Berechnen Sie den Inventurwert des Fliesenklebers im Verzeichnis 4.

Aufgabe 10

Ermitteln Sie im Rahmen der zeitlich verlegten Inventur durch Wertfortschreibung bzw. Wertrückrechnung jeweils den Vorratsbestand an Profileisen U642 zum Abschlussstichtag (31. Dez.):

a) Bestand am Tag der Inventur (1. Okt.): 32.800,00 €; Wert der Zugänge vom 1. Okt. bis 31. Dez.: 58.300,00 €. Wert der Abgänge vom 1. Okt. bis 31. Dez.: 76.300,00 €.

b) Bestand am Aufnahmetag (20. Febr.): 43.600,00 €; Wert der Abgänge vom 1. Jan. bis 20. Febr.: 22.800,00 €; Wert der Zugänge vom 1. Jan. bis 20. Febr.: 15.200,00 €.

Aufgabe 11

1. *Nach welchen Gesetzen ist der Unternehmer zur Buchführung verpflichtet?*

2. *Unterscheiden Sie zwischen Inventur und Inventar.*

3. *Worin unterscheiden sich grundlegend Anlage- und Umlaufvermögen?*

4. *Was versteht man unter körperlicher Bestandsaufnahme?*

5. *Welche Bestände können nur aufgrund einer Buchinventur festgestellt werden?*

6. *Wie lange sind Inventare aufzubewahren?*

7. *Nennen Sie die Nachteile der Stichtagsinventur und die Vorteile der permanenten Inventur.*

8. *Unterscheiden Sie zwischen vorverlegter und nachverlegter Inventur.*

2.4   Erfolgsermittlung durch Eigenkapitalvergleich

Erfolg des Unternehmens

Auf der Grundlage des Inventars lässt sich auf einfache Weise der **Erfolg des Unternehmens**, also der **Gewinn oder Verlust** des Geschäftsjahres, ermitteln. Dies geschieht durch **Eigenkapitalvergleich**, der dem „Betriebsvermögensvergleich" nach § 4 [1] Einkommensteuergesetz entspricht.

Eigenkapitalvergleich

Man vergleicht zunächst das Eigenkapital vom Ende eines Geschäftsjahres mit dem vom Schluss des vorangegangenen Geschäftsjahres. Hat sich das **Eigenkapital erhöht**, ist das positiv zu sehen und lässt grundsätzlich auf einen im Geschäftsjahr erzielten **Gewinn** schließen. Eine **Verminderung des Eigenkapitals** deutet dagegen grundsätzlich auf einen **Verlust** hin.

Beispiel

Die Möbelgroßhandlung Kurt Jansen e. K. weist in ihrem Inventar auf Seite 11 zum Schluss des Geschäftsjahres 02 ein Eigenkapital von 2.400.000,00 € aus. Zum Schluss des vorangegangenen Geschäftsjahres 01 betrug das Eigenkapital 2.120.000,00 €.

Eigenkapital zum 31. Dezember 02	2.400.000,00 €
− Eigenkapital zum 31. Dezember 01	2.120.000,00 €
= **Erhöhung des Eigenkapitals**	**280.000,00 €**

Privatentnahmen

Die Erhöhung des Eigenkapitals um 280.000,00 € kann nur dann zugleich als Gewinn des Geschäftsjahres gedeutet werden, wenn dem Betriebsvermögen während des Geschäftsjahres weder Vermögensposten für private Zwecke des Unternehmers entzogen noch private Kapitaleinlagen gemacht wurden. Hat der Unternehmer Kurt Jansen im Vorgriff auf den erwarteten Gewinn 60.000,00 € für die Anschaffung eines Sportwagens dem betrieblichen Bankkonto gegen Quittung (Beleg) entnommen, ist im Inventar die Summe des Vermögens und damit auch das Reinvermögen bzw. Eigenkapital um diesen Betrag geringer ausgewiesen. Zur genauen Ermittlung des Jahresgewinns müssen deshalb alle **Privatentnahmen** der Eigenkapitalerhöhung wieder **hinzugerechnet** werden:

> **Entnahmebeleg**
>
> Dem Geschäftskonto 119 233 815 bei der Sparkasse Nürnberg wurden heute durch Überweisung an die Sportcar GmbH 60.000,00 € privat entnommen.
>
> Leverkusen, 10. Nov. 02   *K. Jansen*

Eigenkapital zum 31. Dezember 02	2.400.000,00 €
− Eigenkapital zum 31. Dezember 01	2.120.000,00 €
= Erhöhung des Eigenkapitals	280.000,00 €
+ **Privatentnahme**	**60.000,00 €**
= **Gewinn zum 31. Dezember 02**	**340.000,00 €**

Privateinlagen

Geld- und Sachwerte, die der Unternehmer während des Geschäftsjahres in das Betriebsvermögen eingebracht hat, erhöhen das Eigenkapital. Sie sind aber nicht vom Unternehmen erwirtschaftet worden und stellen somit auch keinen Gewinn dar. Deshalb muss der Möbelgroßhändler Kurt Jansen, der ein geerbtes Grundstück im Wert von 160.000,00 € auf sein Unternehmen übertragen hat, diesen Betrag wieder von der Erhöhung des Eigenkapitals **abziehen**:

> **Kapitaleinlagebeleg**
>
> Das unbebaute Grundstück in Nürnberg, Hansastraße 50–52, wurde lt. Grundbuchauszug vom 15. Dezember 02 von mir zum Zeitwert von 160.000,00 € in das Betriebsvermögen meiner Möbelgroßhandlung eingebracht.
>
> Nürnberg, 19. Dez. 02   *K. Jansen*

	Eigenkapital zum 31. Dezember 02	2.400.000,00 €
−	Eigenkapital zum 31. Dezember 01	2.120.000,00 €
=	Erhöhung des Eigenkapitals	280.000,00 €
+	Privatentnahme	60.000,00 €
−	Privateinlage	160.000,00 €
=	Gewinn zum 31. Dezember 02	**180.000,00 €**

Erfolgsermittlung durch Eigenkapitalvergleich

Merke

> **Gewinn ist der Unterschiedsbetrag zwischen dem Eigenkapital am Schluss des Geschäftsjahres und dem Eigenkapital am Schluss des vorangegangenen Geschäftsjahres, vermehrt um den Wert der Privatentnahmen und vermindert um den Wert der Privateinlagen (§ 4 [1] EStG).**

Verzinsung des Eigenkapitals

Setzt man den Jahresgewinn ins Verhältnis zum Anfangseigenkapital, erhält man die Verzinsung (Rentabilität) des im Unternehmen arbeitenden Eigenkapitals[1]. Ein Vergleich des Ergebnisses mit einer anderen langfristigen Kapitalanlage, z. B. in Form von festverzinslichen Wertpapieren (2 % bis 5 %), zeigt, ob sich der Einsatz des Eigenkapitals gelohnt hat.

2.120.000,00 € Eigenkapital $\triangleq$ 100 %
180.000,00 € Gewinn $\triangleq$ x %

$$x \% = \frac{180.000,00 \text{ €}}{2.120.000,00 \text{ €}} = 0,0849 = 8,49 \%$$

$$\text{Rentabilität des Eigenkapitals} = \frac{\text{Jahresgewinn}}{\text{Anfangseigenkapital}}$$

Aufgabe 12

Die Textilgroßhandlung Janine Kolberg e. Kffr., Leverkusen, weist im Inventar zum 31. Dez. 02 ein Eigenkapital in Höhe von 480.000,00 € aus. Am 31. Dez. 01 betrug das Eigenkapital 450.000,00 €. Im Geschäftsjahr 02 hatte Frau Kolberg insgesamt 72.000,00 € vom Bankkonto des Unternehmens für private Zwecke abgehoben.

Wie hoch ist der Gewinn des Unternehmens zum 31. Dez. 02?

Aufgabe 13

Das Inventar der Möbelgroßhandlung Kurt Jansen e. K. (vgl. S. 11) weist ein Eigenkapital von 2.400.000,00 € aus. Am Ende des darauf folgenden Geschäftsjahres ergibt sich aus dem Inventar ein Eigenkapital von 2.540.000,00 €.

Für Privatzwecke hatte Kurt Jansen dem Geschäftsbankkonto 48.000,00 € entnommen.

a) Wie hoch ist der Gewinn des Geschäftsjahres?

b) Wie hoch ist der Verlust, wenn das Eigenkapital statt 2.540.000,00 € lediglich 2.300.000,00 € beträgt?

Aufgaben 14, 15

Die Elektrogroßhandlung Ronald Weber e. K. hat am Anfang des Geschäftsjahres ein Reinvermögen (Eigenkapital) von 590.000,00 € (680.000,00 €). Am Ende des Geschäftsjahres betragen lt. Inventur die Vermögensteile 890.000,00 € (985.000,00 €), die Schulden 210.000,00 € (150.000,00 €).

Während des Geschäftsjahres sind als Privatentnahmen 48.000,00 € (36.000,00 €) und als Einlagen 25.000,00 € (20.000,00 €) gebucht worden.

Ermitteln Sie den Erfolg des Unternehmens durch Kapitalvergleich.

---

1 Aus Vereinfachungsgründen wird zur Berechnung der Rentabilität hier das Anfangseigenkapital statt des durchschnittlichen Eigenkapitals zugrunde gelegt (siehe S. 136 f.).

2.5 Bilanz

Inventar

Das Inventar ist eine ausführliche Aufstellung der einzelnen Vermögensteile und Schulden nach Art, Menge und Wert, das ganze Bände umfassen kann. Dadurch verliert es erheblich an Übersichtlichkeit.

Bilanz

§ 242 HGB verlangt daher außer der regelmäßigen Aufstellung des Inventars noch eine **kurz gefasste Übersicht**, die es ermöglicht, mit einem Blick das **Verhältnis zwischen Vermögen und Schulden** des Unternehmens zu überschauen. Eine solche Übersicht ist die **Bilanz**.

Aktiva und Passiva

Die Bilanz ist eine **Kurzfassung des Inventars in Kontenform**. Sie enthält auf der linken Seite die Vermögensteile, auf der rechten Seite die Schulden bzw. Verbindlichkeiten (Fremdkapital) und das **Eigenkapital als Ausgleich (Saldo)**. Beide Seiten der Bilanz (ital. bilancia = Waage) weisen daher die **gleichen Summen** aus. **Aktiva** heißen die Vermögenswerte, **Passiva** die Kapitalwerte. Aktiva werden nach der Flüssigkeit und Passiva nach der Fälligkeit geordnet.

Beispiel

Aus dem Inventar auf Seite 11 ergibt sich folgende **Bilanz**:

Aktiva		Bilanz zum 31. Dezember ..		Passiva
I. Anlagevermögen		I. Eigenkapital		2.400.000,00
1. Grundstücke..............	260.000,00			
2. Gebäude...................	620.000,00	II. Schulden (Fremdkapital)		
3. Fuhrpark	170.000,00	1. Hypothekenschulden ...		700.000,00
4. Betriebs- und		2. Darlehen		600.000,00
Geschäftsausstattung ...	150.000,00	3. Verbindlichk. a. LL		300.000,00
II. Umlaufvermögen				
1. Warenvorräte	2.200.000,00			
2. Forderungen a. LL	400.000,00			
3. Bankguthaben	194.000,00			
4. Kassenbestand	6.000,00			
	4.000.000,00			4.000.000,00

Nürnberg, 10. Januar ..   *Kurt Jansen*

Die Bilanz ist vom Unternehmen unter Angabe des Datums persönlich zu unterschreiben (s. auch Seite 18).

Merke

▪ Die Bilanz ist eine kurz gefasste Gegenüberstellung von Vermögen (Aktiva) und Kapital (Passiva) in Kontenform.

▪ Grundlage für die Aufstellung der Bilanz ist das Inventar.

▪ Die Bilanz muss klar und übersichtlich gegliedert sein (§ 243 [2] HGB). Anlage- und Umlaufvermögen, Eigenkapital und Verbindlichkeiten sind gesondert auszuweisen und aufzugliedern (§§ 247, 266 HGB siehe Anhang).

Vermögensposten (Aktiva): Ordnung nach der Flüssigkeit
Kapitalposten (Passiva):   Ordnung nach der Fälligkeit

▪ Der Jahresabschluss (Bilanz und Gewinn- und Verlustrechnung) ist vom Unternehmer unter Angabe des Datums persönlich zu unterzeichnen (§ 245 HGB).

693416

2.6 Aussagewert der Bilanz

Die Bilanz lässt auf einen Blick erkennen, woher das Kapital stammt und wo es im Einzelnen angelegt (investiert) worden ist:

Inhalt der Bilanz

Aktiva	Bilanz	Passiva
Vermögensformen		**Vermögensquellen**
Vermögens- oder Aktivseite zeigt die **Formen** des Vermögens: I. Anlagevermögen .... 1.200.000,00 II. Umlaufvermögen 2.800.000,00		**Kapital- oder Passivseite** zeigt die **Herkunft** des Vermögens: I. Eigenkapital .... 2.400.000,00 II. Fremdkapital 1.600.000,00
Vermögen 4.000.000,00	=	Kapital 4.000.000,00
Wo ist das Kapital angelegt?		**Woher stammt das Kapital?**
Investierung		**Finanzierung**

▪ Die Passivseite der Bilanz gibt Auskunft über die Herkunft der finanziellen Mittel. Sie zeigt die Mittelherkunft oder Finanzierung.

▪ Die Aktivseite weist dagegen die Anlage bzw. Verwendung des Kapitals aus. Sie gibt Auskunft über die Mittelverwendung oder Investierung.

Die oben dargestellte Kurzfassung der Bilanz zeigt bereits deutlich die **Zusammensetzung (Struktur) des Kapitals und des Vermögens** in absoluten Zahlen. Man erkennt, dass das Unternehmen überwiegend mit eigenen Mitteln arbeitet. Der Unternehmer bewahrt damit seine Unabhängigkeit gegenüber seinen Gläubigern. Außerdem ist die Zinsbelastung durch fremde Mittel nicht zu hoch. Die solide Ausstattung des Unternehmens mit Kapital (die Finanzierung) kommt auch dadurch zum Ausdruck, dass nicht nur das gesamte Anlagevermögen, sondern auch ein Teil des Umlaufvermögens mit Eigenkapital beschafft (finanziert) worden ist. Ausgedrückt wird dies im Verhältnis von Eigenkapital zu Anlagevermögen.

Aussagewert der Bilanz

Die Bilanzstruktur wird noch aussagefähiger, wenn man sie **in Gliederungszahlen (%)** darstellt[1]. Dadurch werden folgende **Verhältnisse** überschaubarer:

Bilanzstruktur

 AV : UV   EK : AV   EK : FK

Aktiva			Bilanzstruktur			Passiva
Vermögensstruktur	€	%	**Kapitalstruktur**	€	%	
Anlagevermögen (AV)	1.200.000,00	30 %	Eigenkapital (EK)	2.400.000,00	60 %	
Umlaufvermögen (UV)	2.800.000,00	70 %	Fremdkapital (FK)	1.600.000,00	40 %	
Gesamtvermögen	4.000.000,00	100 %	Gesamtkapital	4.000.000,00	100 %	

▪ Die Bilanz ist eine kurz gefasste Gegenüberstellung von:

 – Vermögensformen und Vermögensquellen,
 – Mittelverwendung und Mittelherkunft,
 – Investierung und Finanzierung.

▪ Die Bilanzstruktur zeigt deutlich den Vermögens- und Kapitalaufbau.

---

1 Siehe auch Kapitel 14 Auswertung des Jahresabschlusses, S. 128 ff.

Rechnerische Gleichheit

Die rechnerische Gleichheit beider Bilanzseiten, also von Aktiva und Passiva bzw. Vermögen und Kapital, kann auch in Gleichungen ausgedrückt werden:

Bilanzgleichungen
Aktiva = Passiva
Vermögen = Kapital
Vermögen = Eigenkapital + Fremdkapital
Eigenkapital = Vermögen – Fremdkapital
Fremdkapital = Vermögen – Eigenkapital

2.7 Vergleich zwischen Inventar und Bilanz

Die Inventur ist die Voraussetzung für die Aufstellung des Inventars. Das Inventar bildet die Grundlage für die Erstellung der Bilanz:

Inventur
↓
Inventar
↓
Bilanz

Erstellen von Inventar und Bilanz

Inventar und Bilanz sind aufzustellen:

■ bei **Gründung** oder **Übernahme** eines Unternehmens,

■ regelmäßig zum **Schluss des Geschäftsjahres**,

■ bei **Veräußerung** oder **Auflösung** des Unternehmens.

Inventar und Bilanz zeigen beide den Stand des Vermögens und des Kapitals eines Unternehmens. **Sie unterscheiden sich im Wesentlichen in der Art der Darstellung:**

Inventar	Bilanz
■ **Ausführliche** Darstellung der einzelnen Vermögens- und Schuldenwerte.	■ **Kurz gefasste** überschaubare Darstellung des Vermögens und des Kapitals.
■ Angabe der Mengen, Einzelwerte **und** Gesamtwerte.	■ **Nur** Angabe der **Gesamtwerte** der einzelnen Bilanzposten.
■ Darstellung des Vermögens und des Kapitals **untereinander: Staffelform**	■ Darstellung des Vermögens und des Kapitals **nebeneinander: Kontenform**

Merke

■ Inventar und Bilanz sind 10 Jahre lang aufzubewahren (§ 257 [4] HGB bzw. § 147 [3] AO).

■ Den Jahresabschluss (Bilanz und Gewinn- und Verlustrechnung) unterzeichnen (§ 245 HGB):
  - **bei der Einzelunternehmung:** Inhaber persönlich,
  - **bei der Offenen Handelsgesellschaft (OHG):** alle Gesellschafter,
  - **bei der Kommanditgesellschaft (KG):** alle persönlich haftenden Gesellschafter,
  - **bei der Aktiengesellschaft (AG):** alle Mitglieder des Vorstandes,
  - **bei der Kommanditgesellschaft auf Aktien (KGaA):** alle persönlich haftenden geschäftsführenden Gesellschafter,
  - **bei der Gesellschaft mit beschränkter Haftung (GmbH):** alle Geschäftsführer.

Beachten Sie die Gliederung der Bilanz auf Seite 16.

Aufgaben 16, 17

Stellen Sie nach folgenden Angaben die Bilanz für die Textilgroßhandlung Heinz Jommersbach e. K., München, zum 31. Dezember .. auf.

	16	17
Gebäude	350.000,00	340.000,00
Betriebs- und Geschäftsausstattung (BGA)	48.000,00	45.000,00
Warenvorräte	575.000,00	485.000,00
Forderungen aus Lieferungen und Leistungen	22.000,00	35.000,00
Bankguthaben	80.000,00	32.000,00
Kasse	5.000,00	3.000,00
Darlehensschulden	385.000,00	290.000,00
Verbindlichkeiten aus Lieferungen und Leistungen	30.000,00	50.000,00

1. *Mit welchem Gesamtkapital, Eigenkapital und Fremdkapital arbeitet die Unternehmung?*

2. *Wie beurteilen Sie das Verhältnis der eigenen zu den fremden Mitteln?*

3. *Reichen die eigenen Mittel zur Beschaffung (Finanzierung) des Anlagevermögens aus?*

Aufgaben 18, 19

Stellen Sie nach folgenden Angaben die Bilanz für die Werkzeuggroßhandlung Marc Gruppe e. K., Leverkusen, zum 31. Dezember .. auf. Ordnen Sie die Vermögens- und Kapitalposten.

	18	19
Warenvorräte	300.000,00	320.000,00
Verbindlichkeiten aus Lieferungen und Leistungen	85.000,00	90.000,00
Kasse	5.000,00	4.000,00
Forderungen aus Lieferungen und Leistungen	40.000,00	70.000,00
Gebäude	420.000,00	400.000,00
Darlehensschulden	70.000,00	150.000,00
Hypothekenschulden	260.000,00	210.000,00
Fuhrpark	42.000,00	35.000,00
Betriebs- und Geschäftsausstattung (BGA)	128.000,00	135.000,00
Bankguthaben	80.000,00	96.000,00

1. *Mit welchem Gesamtkapital, Eigenkapital und Fremdkapital arbeitet die Unternehmung?*

2. *Wie beurteilen Sie das Verhältnis der eigenen zu den fremden Mitteln?*

3. *Reichen die eigenen Mittel zur Beschaffung (Finanzierung) des Anlagevermögens aus?*

Aufgabe 20

Stellen Sie die Bilanz der Großhandlung Karl Schnickmann e. K., Erlangen, aufgrund des Inventars (Aufgabe 4) zum 31. Dezember .. auf.

Mit welchem Gesamtkapital, Eigenkapital und Fremdkapital arbeitet die Unternehmung?

Aufgabe 21

Aufgrund der Inventare sind die Schlussbilanzen folgender Unternehmen aufzustellen:
        Juliane Hamm e. Kffr., Würzburg (Aufgaben 5/6),
        Gärtner OHG, Augsburg (Aufgaben 7/8).

Aufgabe 22

1. *Stellen Sie für die Bilanzen der Aufgaben 16 bis 21 jeweils die Bilanzstruktur dar, indem Sie den Prozentanteil des Eigen- und Fremdkapitals sowie des Anlage- und Umlaufvermögens an der Bilanzsumme (= 100 %) ermitteln (vgl. auch Muster auf S. 17 unten).*

2. *Beurteilen Sie vor allem das Verhältnis der eigenen zu den fremden Mitteln.*

3. *Wie viel Eigenkapital verbleibt nach Deckung des Anlagevermögens noch für das Umlaufvermögen?*

3 Buchen auf Bestandskonten

3.1 Wertveränderungen in der Bilanz

Bilanz

Bilanz bedeutet **Waage**.
Jeder Geschäftsfall hat Auswirkungen auf die Posten in der Bilanz, und zwar in **doppelter** Weise. Auch wenn Geschäftsfälle im Einzelnen nicht in der Bilanz dargestellt werden, können wir **vier Möglichkeiten der Bilanzveränderung** unterscheiden.

Aktivtausch

❶ Aktivtausch, d. h., der Geschäftsfall betrifft **nur die Aktivseite** der Bilanz. Die Bilanzsumme ändert sich somit nicht:

Wir kaufen eine EDV-Anlage gegen Bankscheck für 2.000,00 €.	**BGA** $+$	**Bankguthaben** $-$

Passivtausch

❷ Passivtausch, d. h., der Geschäftsfall wirkt sich **nur auf der Passivseite** aus. Daher ändert sich die Bilanzsumme nicht:

Eine kurzfristige Lieferantenschuld wird durch Aufnahme eines Darlehens ausgeglichen: 3.000,00 € (Umschuldung).	**Verbindlichk.** $-$	**Darlehen** $+$

Aktiv-Passivmehrung

❸ Aktiv-Passivmehrung, d. h., der Geschäftsfall betrifft **beide Seiten** der Bilanz. Der Erhöhung eines Aktivpostens steht auch die Erhöhung eines Passivpostens gegenüber. Die Bilanzsummen nehmen auf beiden Seiten um den gleichen Betrag zu. Die Bilanzgleichung bleibt somit gewahrt.

Wir kaufen Waren auf Ziel[1] (Verbindlichkeit) für 4.000,00 €.	**Waren** $+$	**Verbindlichk.** $+$

Aktiv-Passivminderung

❹ Aktiv-Passivminderung, auch hier betrifft der Geschäftsfall **beide Seiten** der Bilanz. Der Verminderung eines Aktivpostens entspricht die Verminderung eines Passivpostens. Die Bilanzgleichung bleibt durch Abnahme der Bilanzsumme auf beiden Seiten gewahrt.

Wir begleichen eine bereits gebuchte Lieferantenrechnung über 1.500,00 € durch Banküberweisung.	**Bankguthaben** $-$	**Verbindlichk.** $-$

Aktiva			Bilanz			Passiva	
BGA	Waren	Bankgut-haben			Eigen-kapital	Darlehens-schulden	Verbind-lichkeiten
50.000,00	20.000,00	5.000,00	= 75.000,00	75.000,00 =	51.000,00	15.000,00	9.000,00
↓		↓					
❶ 52.000,00	20.000,00	3.000,00	= 75.000,00	75.000,00 =	51.000,00	15.000,00	9.000,00
						↓	↓
❷ 52.000,00	20.000,00	3.000,00	= 75.000,00	75.000,00 =	51.000,00	18.000,00	6.000,00
	↓		↓	↓			↓
❸ 52.000,00	24.000,00	3.000,00	= 79.000,00	79.000,00 =	51.000,00	18.000,00	10.000,00
		↓	↓	↓			↓
❹ 52.000,00	24.000,00	1.500,00	= 77.500,00	77.500,00 =	51.000,00	18.000,00	8.500,00
			Summe	Summe			

---

1 Zielkäufe und Zielverkäufe sind Geschäftsfälle, bei denen ein Zahlungsziel gewährt wird, z. B. „zahlbar innerhalb von 30 Tagen". Bei dem Lieferanten entsteht dadurch eine Forderung, dei dem Kunden eine Verbindlichkeit.

Jeder Geschäftsfall wirkt sich auf mindestens zwei Posten der Bilanz aus.

Möglich sind:

- Aktivtausch: – Tauschvorgang auf der Aktivseite
- Passivtausch: – Tauschvorgang auf der Passivseite
- Aktiv-Passivmehrung: – Erhöhung auf beiden Bilanzseiten
- Aktiv-Passivminderung: – Verminderung auf beiden Bilanzseiten

Bei allen vier Möglichkeiten der Wertveränderungen bleibt das Gleichgewicht der Bilanzseiten (Bilanzgleichung) erhalten. Es verändert sich lediglich der zahlenmäßige Inhalt bestimmter Bilanzposten.

Bei jedem Geschäftsfall sind folgende Fragen zu beantworten:

1. Welche Posten der Bilanz werden berührt?
2. Handelt es sich um Aktiv- oder/und Passivposten der Bilanz?
3. Wie wirkt sich der Geschäftsfall auf die Bilanzposten aus?
4. Um welche der vier Arten der Bilanzveränderung handelt es sich?

Aufgabe 23

Aktiva: Betriebs- und Geschäftsausstattung (BGA) 120.000,00, Fuhrpark 40.000,00, Waren 65.000,00, Forderungen a. LL 25.000,00, Bank 48.000,00, Kasse 6.000,00 €.

Passiva: Eigenkapital ?, Darlehensschulden 60.000,00, Verbindlichkeiten a. LL 30.000,00 €.

Stellen Sie sich für die folgenden Geschäftsfälle zuerst die oben genannten Fragen und nennen Sie jeweils die Art der Wertveränderung. Buchen Sie danach in der Bilanz.

1. Wir kaufen Waren auf Ziel (= mit Zahlungsziel bzw. Kredit des Lieferanten) .. 4.500,00
2. Kauf eines PKWs gegen Bankscheck 18.000,00
3. Wir verkaufen eine gebrauchte EDV-Anlage bar für 2.500,00
4. Wir kaufen Waren gegen Barzahlung für 6.500,00
5. Wir begleichen die gebuchte Eingangsrechnung (Fall 1) durch Bankscheck 4.500,00
6. Ein Kunde begleicht unsere gebuchte Ausgangsrechnung durch Banküberweisung 7.200,00
7. Wir tilgen eine Darlehensschuld durch Banküberweisung 6.000,00

Aufgabe 24

Aktiva: Gebäude 250.000,00, Betriebs- und Geschäftsausstattung (BGA) 160.000,00, Waren 100.000,00, Forderungen a. LL 35.000,00, Bank 50.000,00, Kasse 5.000,00 €.

Passiva: Eigenkapital 400.000,00, Darlehensschulden 140.000,00, Verbindlichkeiten a. LL 60.000,00 €.

Buchen Sie die folgenden Geschäftsfälle und erläutern Sie die Wertveränderungen.

1. Wir begleichen eine gebuchte Eingangsrechnung durch Banküberweisung 3.800,00
2. Kauf einer EDV-Anlage gegen Bankscheck 15.000,00
3. Unser Kunde begleicht eine gebuchte Ausgangsrechnung bar 650,00
4. Eine kurzfristige Lieferantenschuld wird in eine Darlehensschuld umgewandelt 8.000,00
5. Wir kaufen Waren auf Ziel und erhalten folgende Eingangsrechnung 9.000,00
6. Unser Kunde begleicht eine Ausgangsrechnung durch Banküberweisung 4.500,00
7. Bareinzahlung auf unser Bankkonto durch uns 3.000,00
8. Teilrückzahlung unserer Darlehensschuld mit Bankscheck 12.000,00

3.2 Auflösung der Bilanz in Bestandskonten

Jeder Geschäftsfall wirkt sich auf mindestens zwei Posten der Bilanz aus. In der Praxis ist es aber nicht möglich, die Veränderungen der Aktiv- und Passivposten ständig in einer Bilanz vorzunehmen. Man benötigt eine genaue und übersichtliche

Einzelabrechnung jedes Bilanzpostens (= Konto).

Deshalb löst man die Bilanz in Konten auf. Jeder Bilanzposten erhält sein entsprechendes Konto. **Nach den Seiten der Bilanz** unterscheidet man

- Aktivkonten = Vermögenskonten,
- Passivkonten = Kapitalkonten.

Bestandskonten

Aktiv- und Passivkonten weisen im Einzelnen die **Bestände an Vermögen und Kapital** des Unternehmens aus und erfassen die **Veränderungen** dieser Bestände aufgrund der Geschäftsfälle. Sie stellen daher Bestandskonten dar. Man spricht von **aktiven und passiven Bestandskonten.** Die **linke** Seite des Kontos wird mit „**Soll**" (S), die **rechte** Seite mit „**Haben**" (H) bezeichnet.

Aktiva			**Eröffnungsbilanz**		Passiva
BGA	■	120.000,00	Eigenkapital	■	600.000,00
Waren	■	500.000,00	Darlehensschulden	■	150.000,00
Bankguth.	■	180.000,00	Verbindlichkeiten a. LL	■	50.000,00
		800.000,00			800.000,00

	S	BGA	H		S	Eigenkapital	H	
Aktiv- konten	→ AB 120.000,00					AB 600.000,00 ←		Passiv- konten

S	Waren	H		S	Darlehensschulden	H
→ AB 500.000,00					AB 150.000,00 ←	

S	Bankguthaben	H		S	Verbindlichkeiten a. LL	H
→ AB 180.000,00					AB 50.000,00 ←	

Links stehen die **Aktivkonten.** Bei ihnen stehen die **Anfangsbestände** auf der **Sollseite des Kontos,** weil sie sich auf der linken Seite der Bilanz befinden.

Rechts stehen die **Passivkonten.** Bei ihnen stehen die **Anfangsbestände** auf der **Habenseite des Kontos,** weil sie sich auf der rechten Seite der Bilanz befinden.

Soll	Aktivkonto	Haben
AB	– Abgänge	
+ Zugänge	SB	

Soll	Passivkonto	Haben
– Abgänge	AB	
SB	+ Zugänge	

Merke

- Die Zugänge stehen auf der Seite der Anfangsbestände (AB), weil sie diese Bestände erhöhen.
- Die Abgänge stehen jeweils auf der entgegengesetzten Seite.
- Saldiert man nun die Abgänge mit den Beträgen der Gegenseite, erhält man als Saldo den Schlussbestand (SB), sodass jedes Konto am Ende auf beiden Seiten (Soll und Haben) mit gleicher Summe abschließt.
- Aktiv- und Passivkonten sind Bestandskonten.

Nach Eintragung des Anfangsbestandes und Buchung der Geschäftsfälle wird das Konto folgendermaßen abgeschlossen: **Kontoabschluss**

❶ Addition der wertmäßig stärkeren Seite (hier: Soll 2.520,00 €).

❷ Übertragung dieser Summe auf die wertmäßig **schwächere** Seite (hier: Haben).

❸ Ermittlung des Saldos als Unterschiedsbetrag zwischen Soll und Haben, also des Schlussbestandes durch Nebenrechnung (hier: 1.213,00 €), und **Eintragung des Saldos** auf der **schwächeren** Seite, damit das Konto im Soll und Haben summenmäßig gleich ist.[1]

Soll (Einnahmen)			Kassenkonto		Haben (Ausgaben)
Datum	**Text**	**€**	**Datum**	**Text**	**€**
1. Jan.	Anfangsbestand	1.550,00	5. Jan.	Zahlung an H. Steinbring	850,00
5. Jan.	Bankabhebung	300,00	21. Jan.	Postwertzeichen	120,00
16. Jan.	Zahlung von H. Krüger	260,00	26. Jan.	Bürobedarf	165,00
20. Jan.	Zahlung von Harlinghausen	220,00	28. Jan.	Zeitungsinserat	172,00
29. Jan.	Barverkauf	190,00	31. Jan.	Schlussbestand (Saldo) ❸	1.213,00
	❶	2.520,00		❷	2.520,00
1. Febr.	Saldovortrag	1.213,00			

Aufgabe 25

Führen Sie ein Kassenkonto vom 25. bis 31. Januar.

25. Jan.	Anfangsbestand	2.855,00
25. Jan.	Barzahlung eines Kunden	824,00
26. Jan.	Barzahlung an einen Lieferanten	380,00
26. Jan.	Zahlung für eine Zeitungsanzeige	120,00
27. Jan.	Privatentnahme des Inhabers	400,00
28. Jan.	Abhebung von der Bank	2.800,00
28. Jan.	Gehaltsabschlagszahlung	1.620,00
29. Jan.	Zahlung für Bahnfracht	65,00
31. Jan.	Mieteinnahme	1.500,00
31. Jan.	Zahlung für Löhne an Aushilfskräfte	2.900,00

Das Kassenkonto ist abzuschließen. Wie hoch ist der Schlussbestand (Saldo)?

Aufgabe 26

Führen Sie das Konto „Verbindlichkeiten aus Lieferungen und Leistungen" vom 1. bis 6. Februar.

1. Febr.	Anfangsbestand (Saldovortrag)	16.200,00
2. Febr.	Zielkauf von Waren lt. Eingangsrechnung (ER 450)	11.100,00
3. Febr.	Wir begleichen eine Rechnung unseres Lieferanten (ER 425) durch die Bank	2.250,00
4. Febr.	Zielkauf von Waren lt. ER 451	3.450,00
5. Febr.	Wir begleichen eine Eingangsrechnung (ER 426) durch Banküberweisung von	980,00
6. Febr.	Wir begleichen Lieferantenrechnung ER 428 per Bankscheck	2.300,00

Das Konto ist abzuschließen. Wie hoch ist der Schlussbestand (Saldo) am 6. Februar?

Aufgabe 27

1. Nennen Sie jeweils einen Geschäftsfall für eine der vier möglichen Wertveränderungen und erläutern Sie die Auswirkung auf die Bilanzsumme.

2. Auf welcher Seite des Kontos „Forderungen aus Lieferungen und Leistungen" werden Zugänge (Mehrungen) und auf welcher Abgänge (Minderungen) und der Schlussbestand als Saldo gebucht?

3. Auf welcher Seite bucht man bei Darlehensschulden jeweils Zugänge und Abgänge?

---

1 Der Schlussbestand (Saldo) ist mit dem Bestand laut Inventur abzugleichen.

3.3   Buchung von Geschäftsfällen und Abschluss der Bestandskonten

Eröffnung der Aktiv- und Passivkonten

Die zum Abschluss eines Geschäftsjahres erstellte Bilanz heißt **Schlussbilanz**. Sie ist zugleich die **Eröffnungsbilanz** des folgenden Geschäftsjahres und somit Grundlage für die Eröffnung der Aktiv- und Passivkonten. Für jeden Bilanzposten wird das entsprechende Bestandskonto eingerichtet und der **Anfangsbestand** vorgetragen, und zwar bei Aktivkonten im Soll und bei Passivkonten im Haben.

Die folgenden fünf Geschäftsfälle werden auf den entsprechenden Bestandskonten gebucht, wobei jeder Sollbuchung eine betragsmäßig **gleich hohe** Habenbuchung auf einem anderen Konto gegenübersteht. Dabei ist jeweils das Gegenkonto anzugeben. Diesen **laufenden** Buchungen müssen entsprechende **Belege** (z. B. Rechnungen) zugrunde liegen.

Vor jeder Buchung sind folgende Überlegungen anzustellen:

1. **Welche Konten werden durch den Geschäftsfall berührt?**
2. **Sind es Aktiv- oder Passivkonten?**
3. **Liegt ein Zugang (+) oder Abgang (–) auf dem jeweiligen Konto vor?**
4. **Sind etwa auf beiden Konten Zugänge oder Abgänge zu buchen?**
5. **Auf welcher Kontenseite ist demnach jeweils zu buchen?**

❶ Kauf einer EDV-Anlage gegen Banküberweisung: 20.000,00 € Rechnungsbetrag.   Buchung

Die Geschäftsausstattung erhöht sich:	Aktivkonto:	Soll
Das Bankguthaben vermindert sich:	Aktivkonto:	Haben

❷ Zieleinkauf von Waren für 15.000,00 € lt. Eingangsrechnung.

Der Warenbestand nimmt zu:	Aktivkonto:	Soll
Die Verbindlichkeiten a. LL nehmen auch zu:	Passivkonto:	Haben

❸ Ein Kunde begleicht eine bereits gebuchte Rechnung durch Banküberweisung über 14.000,00 €.

Das Bankguthaben nimmt zu:	Aktivkonto:	Soll
Der Bestand an Forderungen a. LL nimmt ab:	Aktivkonto:	Haben

❹ Wir begleichen eine bereits gebuchte Lieferantenrechnung durch Banküberweisung: 3.000,00 €.

Die Verbindlichkeiten a. LL nehmen ab:	Passivkonto:	Soll
Das Bankguthaben nimmt ab:	Aktivkonto:	Haben

❺ Eine Lieferantenverbindlichkeit über 18.000,00 € wird vereinbarungsgemäß in eine Darlehensschuld umgewandelt.

Die Verbindlichkeiten a. LL nehmen ab:	Passivkonto:	Soll
Die Darlehensschulden erhöhen sich:	Passivkonto:	Haben

Erklären Sie anhand der oben genannten fünf Geschäftsfälle, welche Art der Wertveränderung in der Bilanz vorliegt. Nennen Sie auch jeweils die Auswirkung auf die Bilanzsumme.

Merke

▪ **Jeder Geschäftsfall wird doppelt gebucht, und zwar zuerst im Soll und danach im Haben.**

▪ **Bei der Buchung in den Konten wird jeweils das Gegenkonto angegeben.**

Sind alle Geschäftsfälle bis zum Jahresende gebucht, wird für jedes Aktiv- und Passivkonto der Schlussbestand ermittelt. Dieser ist mit dem Ergebnis der Inventur abzustimmen. Eine Abweichung zwischen dem tatsächlich im Unternehmen vorhandenen Ist-Bestand (Inventurwert) und dem Soll-Bestand der Finanzbuchhaltung (Schlussbestand des Kontos) führt zu einer Berichtigung des Bestandskontos durch Buchung der **Inventurdifferenz**. Ist z. B. der Warenbestand laut Inventur um 1.000,00 € niedriger als der Buchbestand des Kontos „Waren", muss dieser Schwund im Soll des Warenkontos berücksichtigt werden (= ❻ **Inventurdifferenz**). Die ggf. berichtigten Schlussbestände der Bestandskonten werden in die Schlussbilanz übernommen. Die **Schlussbilanz stimmt wertmäßig mit** dem aufgrund der Inventur aufgestellten **Inventar überein** und zeigt somit auch die im Unternehmen vorhandenen Vermögenswerte und Schulden.

Aktiva	Eröffnungsbilanz		Passiva
Betriebs- u. Geschäftsausstattg.	270.000,00	Eigenkapital	320.000,00
Waren	60.000,00	Darlehensschulden	102.000,00
Forderungen a. LL	85.000,00	Verbindlichkeiten a. LL	68.000,00
Bank	75.000,00		
	490.000,00		490.000,00

S	Betriebs- und Geschäftsausstattung		H
AB	270.000,00	SB	290.000,00
❶ Bank	20.000,00		
	290.000,00		290.000,00

S	Eigenkapital		H
❻ Inv.-D.	1.000,00	AB	320.000,00
SB	319.000,00		
	320.000,00		320.000,00

S	Waren		H
AB	60.000,00	❻ Inv.-D.	1.000,00
❷ Verb.	15.000,00	SB	74.000,00
	75.000,00		75.000,00

S	Darlehensschulden		H
SB	120.000,00	AB	102.000,00
		❺ Verb.	18.000,00
	120.000,00		120.000,00

S	Forderungen a. LL		H
AB	85.000,00	❸ Bank	14.000,00
		SB	71.000,00
	85.000,00		85.000,00

S	Verbindlichkeiten a. LL		H
❹ Bank	3.000,00	AB	68.000,00
❺ Darl.	18.000,00	❷ Waren	15.000,00
SB	62.000,00		
	83.000,00		83.000,00

S	Bank		H
AB	75.000,00	❶ BGA	20.000,00
❸ Ford.	14.000,00	❹ Verb.	3.000,00
		SB	66.000,00
	89.000,00		89.000,00

Aktiva	Schlussbilanz		Passiva
Betriebs- u. Geschäftsausstattg.	290.000,00 ←	→ Eigenkapital	319.000,00
Waren	74.000,00 ←	→ Darlehensschulden	120.000,00
Forderungen a. LL	71.000,00 ←	→ Verbindlichkeiten a. LL	62.000,00
Bank	66.000,00 ←		
	501.000,00		501.000,00

Von der Eröffnungs-bilanz über die Bestandskonten zur Schlussbilanz

Reihenfolge der Buchungsarbeiten:

1. Eröffnungsbilanz aufstellen
2. Anfangsbestände auf Aktiv- und Passivkonten vortragen
3. Geschäftsfälle auf den entsprechenden Bestandskonten buchen
4. Schlussbestände (Salden) auf den Aktiv- und Passivkonten ermitteln, mit den Inventur-werten abstimmen und bei Abweichungen um Inventurdifferenzen korrigieren.
5. Konten abschließen
6. Schlussbilanz aufstellen

Belegabkürzungen

ER = Eingangsrechnung	BA = Bankauszug	KB = Kassenbeleg
AR = Ausgangsrechnung		(z. B. Quittung)

Aufgabe 28

Buchen Sie die Geschäftsfälle und erstellen Sie die Schlussbilanz.

Anfangsbestände

Geschäftsgebäude	210.000,00	Kasse	5.000,00
BGA	170.000,00	Darlehensschulden	20.000,00
Waren	130.000,00	Verbindlichkeiten a. LL	46.000,00
Forderungen a. LL	35.000,00	Eigenkapital	?
Bankguthaben	55.000,00		

Geschäftsfälle

1. Wir begleichen die bereits gebuchte Eingangsrechnung 402 durch Banküberweisung 11.300,00
2. Wir kaufen Waren auf Ziel lt. Eingangsrechnung 414 .... 7.200,00
3. Wir tilgen die Darlehensschuld durch Überweisung lt. Bankauszug 5.000,00
4. Ein Kunde überweist den bereits gebuchten Rechnungsbetrag auf unser Bankkonto 5.200,00
5. Unsere Bareinzahlung auf Bankkonto lt. Bankauszug 2.200,00

Abschlussangabe: Die Schlussbestände auf den Konten stimmen mit der Inventur überein.

Aufgabe 29

Buchen Sie die Geschäftsfälle und erstellen Sie die Schlussbilanz.

Anfangsbestände

TA	135.000,00	Kasse	4.500,00
BGA	75.000,00	Darlehensschulden	24.000,00
Waren	122.000,00	Verbindlichkeiten a. LL	20.000,00
Forderungen a. LL	19.000,00	Eigenkapital	?
Bank	36.000,00		

Geschäftsfälle

1. ER 422: Eingangsrechnung für Waren 2.300,00
2. BA 120: Kauf einer EDV-Anlage gegen Bankscheck 8.500,00
3. BA 121: Tilgung einer Darlehensschuld mit Bankscheck 5.000,00
4. BA 122: Überweisung unseres Kunden zum Rechnungsausgleich 3.400,00
5. ER 423: Kauf eines Gabelstaplers auf Ziel (Kredit) 12.000,00
6. BA 123: Ausgleich einer Lieferantenrechnung durch Banküberweisung 4.300,00
7. BA 124: Verkauf eines gebrauchten Gabelstaplers gegen Bankscheck 2.400,00

Abschlussangabe: Die Schlussbestände auf den Konten entsprechen den Inventurwerten.

1. *Warum müssen die Schlussbestände auf den Aktiv- und Passivkonten mit den Inventurwerten abgestimmt werden?*
2. *Begründen Sie, dass Aktiv- und Passivkonten als Bestandskonten gelten.*
3. *Was versteht man unter einem Saldo? Wie ermittelt man ihn in Bestandskonten?*
4. *Vervollständigen Sie jeweils das aktive bzw. passive Bestandskonto:*

Soll	?	Haben	Soll	?	Haben
?	Abgänge		?	?	
?	?		?	Zugänge	

Nennen Sie jeweils den Geschäftsfall zu den Buchungen im folgenden Konto:

Soll	Bank		Haben
Anfangsbestand (AB)	150.000,00	2. Darlehensschulden	12.600,00
1. Forderungen a. LL	23.000,00	3. Kasse	5.400,00
4. BGA	4.600,00	5. Verbindlichkeiten a. LL	6.700,00
6. Darlehensschulden	120.000,00	Schlussbestand (SB)	272.900,00
	297.600,00		297.600,00

Nennen Sie jeweils den Geschäftsfall zu den Buchungen im folgenden Konto:

Soll	Verbindlichkeiten a. LL		Haben
3. Darlehensschulden	60.000,00	Anfangsbestand (AB)	207.000,00
4. Postbank	10.350,00	1. Waren	5.700,00
Schlussbestand (SB)	156.150,00	2. BGA	13.800,00
	226.500,00		226.500,00

Erläutern Sie den Zusammenhang zwischen den Buchungen 1. und 2. im folgenden Konto:

Soll	Verbindlichkeiten a. LL		Haben
2. BGA	23.000,00	Anfangsbestand (AB)	138.000,00
		1. BGA	23.000,00

Buchen Sie die Geschäftsfälle und erstellen Sie die Schlussbilanz.

Anfangsbestände

Geschäftsgebäude	262.000,00	Postbankguthaben	400,00
BGA	81.000,00	Kasse	4.500,00
Waren	22.000,00	Darlehensschulden	27.000,00
Forderungen a. LL	26.000,00	Verbindlichkeiten a. LL	40.000,00
Bankguthaben	39.000,00	Eigenkapital	?

Geschäftsfälle

1. BA 141: Ausgleich der Lieferantenrechnung ER 418 durch Banküberweisung ... 3.200,00
2. ER 432: Eingangsrechnung für Kauf von Waren auf Ziel 9.500,00
3. BA 142: Kunde überweist Rechnungsbetrag auf unser Postbankkonto 1.750,00
4. BA 143: Überweisung vom Postbankkonto auf Bankkonto 1.900,00
5. BA 144: Rechnungsausgleich des Kunden auf unser Bankkonto 2.150,00
6. BA 145: Tilgung einer Darlehensschuld mit Bankscheck 4.000,00
7. KB 82: Verkauf eines nicht mehr benötigten Kopiergerätes bar 250,00
8. BA 146: Unsere Bareinzahlung auf Bankkonto 2.400,00

Abschlussangabe

Die Buchbestände der Aktiv- und Passivkonten stimmen mit den Inventurwerten überein.

3.4 Buchungssatz

3.4.1 Einfacher Buchungssatz

Ordnungsgemäße Buchführung

Eine Buchführung gilt als **ordnungsgemäß**, wenn sich „**die Geschäftsfälle** […] **in ihrer Entstehung und Abwicklung verfolgen lassen**" (§ 238 [1] HGB). Deshalb muss jeder Buchung zunächst ein **Beleg** als Nachweis für die Richtigkeit zugrunde liegen. Darüber hinaus sind alle Buchungen nicht nur sachlich, sondern auch zeitlich (chronologisch) zu ordnen.

Sachliche Ordnung

Hauptbuch

Die **sachliche** Ordnung der Buchungen erfolgt durch Erfassung der Geschäftsfälle auf **Sachkonten**. So werden beispielsweise alle Bargeschäfte auf dem Sachkonto „Kasse" und alle Wareneinkäufe auf dem Sachkonto „Waren" erfasst. Die Sachkonten bilden das wichtigste „Buch" der Buchführung: das „**Hauptbuch**".

Zeitliche Ordnung

Die **zeitliche** Ordnung der Buchungen erfolgt im „**Grundbuch**", das auch „**Tagebuch**" oder „**Journal**" (frz. jour = Tag) genannt wird. Hier werden die Geschäftsfälle in chronologischer Reihenfolge in Form von

Buchungsanweisungen bzw. **Buchungssätzen**

Grundbuch

erfasst, die kurz das jeweilige Konto mit der Soll- und Habenbuchung nennen. Das **Grundbuch** bildet damit die **Grundlage** für die Buchungen auf den entsprechenden **Sachkonten des Hauptbuches**.

Beispiel

Fritz Walter e. K., Eisenhandel, erhält folgende Rechnung:

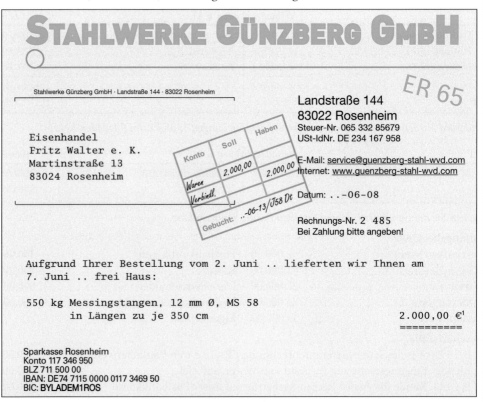

Buchungssatz

Der Buchungssatz gibt die Sachkonten an, auf denen im Soll bzw. Haben zu buchen ist. Er nennt **zuerst** das Konto, in dem im **Soll** gebucht wird, und **danach** das Konto mit der **Haben**buchung. Beide Konten werden durch das Wort „**an**" verbunden. Außer dem **Buchungssatz** werden noch **Buchungsdatum, Kurzbezeichnung** und **Nummer des jeweiligen Belegs** in das **Grundbuch** eingetragen.

---

1 Die Umsatzsteuer wird in den Belegen aus methodischen Gründen erst nach Behandlung des Abschnitts 5.3 (siehe S. 55 ff.) ausgewiesen.

Grundbuch

Datum	Beleg	Buchungssatz	Soll	Haben
..-06-13	ER 65	**Waren**	2.000,00	
		an **Verbindlichkeiten a. LL**		2.000,00

Im Hauptbuch erfolgt nun die Eintragung der Buchung auf den **Sachkonten**:

Hauptbuch

Soll	Waren	Haben	Soll	Verbindlichkeiten a. LL	Haben
Verb. a. LL	2.000,00			Waren	2.000,00

Bevor die Buchungen im Grund- und Hauptbuch erfolgen, werden die Belege mithilfe eines **Buchungsstempels** vorkontiert, der jeweils die Konten und den Betrag im Soll und Haben nennt. Datum, Journalseite und Namenszeichen des Buchhalters bestätigen die Durchführung der Buchung im Grund- und Hauptbuch.

Vorkontierung der Belege

▪ **Keine Buchung ohne Beleg!**

▪ **Der Buchungssatz nennt die Buchung auf den Konten in der Reihenfolge Sollkonto an Habenkonto.**

▪ **Zur Bildung des Buchungssatzes beantwortet man fünf Fragen (siehe S. 24).**

▪ **Das Grundbuch erfasst die Buchungen in zeitlicher Reihenfolge. Das Hauptbuch übernimmt die sachliche Ordnung der Buchungen auf den Sachkonten.**

In der Finanzbuchhaltung der Büromöbelgroßhandlung Fritz Krüger e. K., Köln, sind am 12. Dezember .. folgende Geschäftsfälle im Grundbuch zu erfassen. *Tragen Sie Buchungsdatum, Beleg und Buchungssatz ein:*

1. Barverkauf eines gebrauchten Personalcomputers lt. KB 412 450,00
2. Barabhebung vom Bankkonto lt. BA 210 .... 5.800,00
3. Zielkauf von Waren lt. ER 469 .... 14.600,00
4. Umwandlung einer Lieferantenschuld in eine Darlehensschuld lt. Brief 46 .. 13.500,00
5. Kunde überweist lt. BA 211 fälligen Rechnungsbetrag auf unser Bankkonto .. 400,00
6. Barkauf von Waren lt. KB 413 800,00
7. Eingangsrechnung (ER 470) für Kauf von Büromöbeln auf Ziel 3.600,00
8. Kauf einer Verpackungsmaschine für den Versand auf Ziel lt. ER 471 .... 34.700,00
9. Unsere Überweisung vom Postbankkonto auf Bankkonto lt. BA 212 .... 1.900,00
10. Wir begleichen eine fällige Rechnung lt. BA 213 durch Banküberweisung ... 1.800,00
11. Bareinzahlung auf Bankkonto lt. BA 214 .... 2.800,00
12. Kunde begleicht lt. BA 215 eine fällige Rechnung (AR 447) durch Überweisung 2.400,00
13. Kauf eines Kopiergerätes lt. BA 216 gegen Bankscheck 2.850,00
14. Lt. BA 217 Überweisung an Lieferanten zum Ausgleich von ER 468 600,00
15. Aufnahme eines Hypothekendarlehens bei der Sparkasse lt. BA 218 .... 14.000,00
16. Kauf eines Baugrundstücks gegen Bankscheck lt. BA 219 .... 166.000,00
17. Lt. KB 414 Barverkauf eines gebrauchten Geschäfts-PKWs 4.100,00
18. Lt. BA 220 Tilgung einer Darlehensschuld durch Banküberweisung 12.000,00
19. Kunde sandte uns lt. BA 221 einen Bankscheck zum Ausgleich von AR 451 .. 12.600,00

Aufgabe 36

Welche Geschäftsfälle liegen folgenden Buchungssätzen zugrunde?

1. Fuhrpark an Bank 30.000,00
2. Verbindlichkeiten a. LL an Bank 5.000,00
3. Bank an Kasse 8.500,00
4. Waren an Verbindlichkeiten a. LL 11.400,00
5. Kasse an Bank 2.500,00
6. Postbank an Forderungen a. LL 3.800,00
7. Kasse an Betriebs- und Geschäftsausstattung 1.200,00
8. Bank an Darlehensschulden 40.000,00
9. Betriebs- und Geschäftsausstattung an Bank 2.300,00
10. Bank an Postbank 5.400,00
11. Bank an Forderungen a. LL 6.700,00
12. Darlehensschulden an Bank 3.800,00

Aufgabe 37

Nennen Sie jeweils den Geschäftsfall und den Buchungssatz zu den Buchungen im folgenden Bank-konto:

Soll		Bank		Haben
AB	24.000,00	2. Kasse		6.000,00
1. Forderungen a. LL	4.500,00	3. Verbindlichkeiten a. LL		5.300,00
4. Darlehensschulden	50.000,00	5. Hypothekenschulden		6.700,00
6. BGA	1.500,00	SB		62.000,00
	80.000,00			80.000,00

Aufgabe 38

Kontieren Sie für die Elektrogroßhandlung Karl Wirtz e. K. den folgenden Beleg:

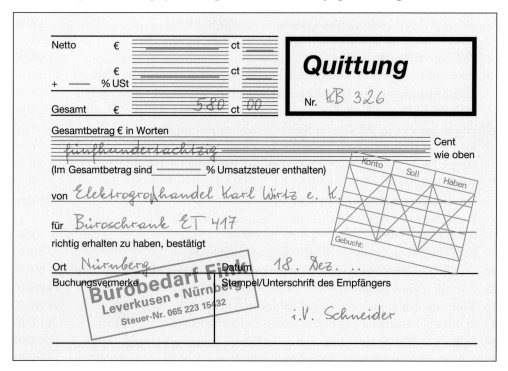

Kontieren Sie die folgenden Belege für die Elektrogroßhandlung Karl Wirtz e. K.:

Herstellung von Elektrogeräten

Franz Schneider KG

Franz Schneider KG, Postfach 12 60, 39104 Magdeburg

Elektrogroßhandel
Karl Wirtz e. K.
Rheinstraße 44
90451 Nürnberg

Konto	Soll	Haben

Gebucht:

Steuer-Nr. 543 812 22467

Eingang: ..-12-15

Ihre Bestellung vom	Unser Auftrag Nr.	Zeit der Leistung	Datum
..-12-02	K 4 089 IV	..-12-12	..-12-13

Rechnung Nr. 2 312 K

USt-IdNr.:
DE 231 457 879

Wir sandten für Ihre Rechnung auf Ihre Gefahr:

Artikel Nr.	Gegenstand	Menge/Stück	Stückpreis €	Gesamtpreis €
TS 12	Tischventilator	5	16,00	80,00
W 24	Elektro-Warmluftofen	30	41,00	1.230,00
				1.310,00[1]

Geschäftsräume:	Telefon: 0391 4869-0	Bankkonto 486 222	Postbank
Saalestraße 16	Telefax: 0391 35275	Deutsche Bank, Magdeburg	Berlin 124 45-101
39126 Magdeburg	Internet: www.schneider-elektro-wvd.de	BLZ 810 700 00	BLZ 100 100 10
	E-Mail: info@schneider-elektro-wvd.de	IBAN DE08 8107 0000 0000 4862 22	IBAN DE36 1001 0010 0012 4451 01
		BIC DEUTDE8M	BIC PBNKDEFF

Kontoauszug   **Sparkasse Nürnberg**

Konto-Nr.	Datum	Ausz.-Nr.	Blatt	Buchungstag	PN-Nr.	Wert	Umsatz
218 435 717	..-12-27	158	1				

ÜBERWEISUNG
FRANZ SCHNEIDER KG
39126 MAGDEBURG
RE NR. 2 312 K VOM 13. DEZ. ..

12-22   8744   12-22   1.310,00 S

Konto	Soll	Haben

Gebucht:

ELEKTROGROSSHANDEL
KARL WIRTZ E. K.
RHEINSTR. 44
90451 NÜRNBERG

Alter Saldo
H 117.560,00 EUR

Neuer Saldo
H 116.250,00 EUR

---

1 Aus methodischen Gründen bleibt die Umsatzsteuer noch unberücksichtigt.

3.4.2 Zusammengesetzter Buchungssatz

Bisher wurden durch die Geschäftsfälle jeweils **nur zwei Konten angerufen**. Es handelte sich um **einfache** Buchungssätze.

Zusammengesetzte Buchungssätze

Zusammengesetzte Buchungssätze entstehen, wenn durch einen Geschäftsfall **mehr als zwei Konten** berührt werden. Dabei muss die Summe der Sollbuchungen stets mit der Summe der Habenbuchungen übereinstimmen.

Beispiel 1

Wir begleichen die Rechnung unseres Lieferanten (ER 66) über 3.000,00 € durch Banküberweisung 2.600,00 € (BA 44) und Postbanküberweisung 400,00 € (BA 45).

Buchung: Soll: Haben:
           Verbindlichkeiten a. LL   Bank, Postbank

Grundbuch				
Datum	Beleg	Buchungssatz	Soll	Haben
..-06-20	ER 66	**Verbindlichkeiten a. LL**	3.000,00	
	BA 44	an **Bank**		2.600,00
	BA 45	an **Postbank**		400,00

Buchung auf den Konten des Hauptbuches:

S	Verbindlichkeiten a. LL	H
Bank/		AB	12.000,00
Postbank 3.000,00		

S	Bank	H
AB	14.000,00	Verbindlk.	2.600,00

S	Postbank	H
AB	800,00	Verbindlk.	400,00

Beispiel 2

Ein Kunde begleicht eine Rechnung (AR 1401) über 1.000,00 €, und zwar mit Bankscheck (BA 46) über 700,00 € und bar 300,00 € (KB 86).

Buchung: Soll: Haben:
           Bank, Kasse   Forderungen a. LL

Grundbuch				
Datum	Beleg	Buchungssatz	Soll	Haben
..-06-24	BA 46	**Bank**	700,00	
	KB 86	**Kasse**	300,00	
	AR 1401	an **Forderungen a. LL**		1.000,00

Übertragen Sie die Buchung auf die Konten des Hauptbuches.

Merke

Bei einfachen und zusammengesetzten Buchungssätzen gilt stets:

Summe der Sollbuchung(en) = Summe der Habenbuchung(en)

693432

Wie lauten die Buchungssätze für folgende Geschäftsfälle? Tragen Sie die Buchungssätze in das Grundbuch ein.

1. Kauf von Waren gegen bar 500,00
   auf Ziel 11.500,00   12.000,00
2. Kauf eines Baugrundstückes gegen Bankscheck 168.000,00
   gegen bar 2.000,00   170.000,00
3. Verkauf eines gebrauchten Lkw gegen bar 2.000,00
   gegen Bankscheck 14.000,00   16.000,00
4. Kunde begleicht Rechnung durch Banküberweisung 12.000,00
   gegen bar 500,00   12.500,00
5. Kauf von Büromöbeln gegen bar 1.500,00
   gegen Bankscheck 4.000,00   5.500,00
6. Tilgung eines Hypothekendarlehens durch Banküberweisung 17.000,00
   durch Postbanküberweisung 2.000,00
   gegen bar 1.000,00   20.000,00
7. Wir begleichen Rechnungen unseres Lieferanten
   durch Banküberweisung 8.000,00
   durch Postbanküberweisung 1.000,00
   gegen bar 500,00   9.500,00
8. Tilgung einer Darlehensschuld durch Banküberweisung 15.000,00
   durch Postbanküberweisung 1.000,00   16.000,00
9. Kauf einer EDV-Anlage gegen Postbanküberweisung 3.000,00
   gegen Banküberweisung 17.000,00
   gegen bar 1.000,00   21.000,00

Welche Geschäftsfälle liegen folgenden Buchungssätzen zugrunde?

	Soll	Haben
1. Kasse	1.000,00	
Bank	12.000,00	
an Fuhrpark		13.000,00
2. Waren	8.000,00	
an Kasse		1.000,00
an Bank		7.000,00
3. Betriebs- und Geschäftsausstattung	4.000,00	
an Bank		3.000,00
an Postbank		1.000,00
4. Darlehensschulden	7.000,00	
an Kasse		1.000,00
an Bank		6.000,00
5. Bank	7.000,00	
Postbank	1.000,00	
Kasse	1.000,00	
an Forderungen a. LL		9.000,00
6. Technische Anlagen und Maschinen	14.000,00	
an Kasse		2.000,00
an Bank		12.000,00
7. Verbindlichkeiten a. LL	22.000,00	
an Bank		19.000,00
an Postbank		2.000,00
an Kasse		1.000,00

3.5 Eröffnungsbilanzkonto (EBK) und Schlussbilanzkonto (SBK)

Doppelte Buchführung

In der **doppelten** Buchführung steht einer Sollbuchung stets eine Habenbuchung in gleicher Höhe gegenüber. Dieses **Prinzip der Doppik** muss natürlich auch **für die Buchung der Anfangsbestände** der Aktiv- und Passivkonten gelten. Dazu bedarf es eines **Hilfskontos** im Hauptbuch, das die **Gegenbuchungen** für die Eröffnung der aktiven und passiven Bestandskonten aufnimmt: das

Eröffnungsbilanzkonto (EBK).

Die Eröffnungsbuchungssätze für die aktiven und passiven Bestandskonten lauten:

- ▪ Aktivkonten an Eröffnungsbilanzkonto (EBK)
- ▪ Eröffnungsbilanzkonto (EBK) an Passivkonten

Das **Eröffnungsbilanzkonto** weist somit die Aktivposten im Haben und die Passivposten im Soll aus und ist deshalb das genaue **Spiegelbild der Eröffnungsbilanz**:

Aktiva	Eröffnungsbilanz	Passiva
AB der Aktivposten		AB der Passivposten

Soll	Eröffnungsbilanzkonto (EBK)	Haben
AB der Passivposten		AB der Aktivposten

Soll	Aktivkonto	Haben		Soll	Passivkonto	Haben
Anfangsbestand						Anfangsbestand

Jahresabschluss

Zum Jahresschluss werden die Aktiv- und Passivkonten abgeschlossen über das

Schlussbilanzkonto (SBK).

Die Abschlussbuchungssätze lauten:

- ▪ Schlussbilanzkonto (SBK) an Aktivkonten
- ▪ Passivkonten an Schlussbilanzkonto (SBK)

Soll	Schlussbilanzkonto (SBK)	Haben
SB der Aktivposten		SB der Passivposten

Merke

- ▪ In der Schluss- und Eröffnungsbilanz heißen die Seiten „Aktiva" und „Passiva", im Eröffnungsbilanzkonto und Schlussbilanzkonto dagegen „Soll" und „Haben".
- ▪ Das Eröffnungsbilanzkonto ist das Hilfskonto zur Eröffnung der Aktiv- und Passivkonten.
- ▪ Das Schlussbilanzkonto dient dem buchhalterischen Abschluss dieser Bestandskonten.
- ▪ Vor dem buchhalterischen Abschluss der Bestandskonten über das Schlussbilanzkonto bedarf es der Inventur und der Abstimmung der Schlussbstände der Konten mit den Inventurwerten.

Inventur zum 31. Dezember 01
↓
Inventar zum 31. Dezember 01
↓
Schlussbilanz zum 31. Dezember 01 ist zugleich die
↓

Aktiva	Eröffnungsbilanz zum 1. Januar 02		Passiva
Waren	28.000,00	Eigenkapital	50.000,00
Bank	47.000,00	Verbindlichkeiten a. LL	25.000,00
	75.000,00		75.000,00

Ort, Datum — *Unterschrift*

Hauptbuch

Soll	Eröffnungsbilanzkonto (EBK)		Haben
Eigenkapital	50.000,00	Waren	28.000,00
Verbindlichkeiten a. LL	25.000,00	Bank	47.000,00
	75.000,00		75.000,00

S	Waren		H		S	Eigenkapital		H
EBK	28.000,00	SBK	48.000,00		SBK	50.000,00	EBK	50.000,00
❶	20.000,00							
	48.000,00		48.000,00					

S	Bank		H		S	Verbindlichkeiten a. LL		H
EBK	47.000,00	❷	10.000,00		❷	10.000,00	EBK	25.000,00
		SBK	37.000,00		SBK	35.000,00	❶	20.000,00
	47.000,00		47.000,00			45.000,00		45.000,00

Soll	Schlussbilanzkonto (SBK)		Haben
Waren	48.000,00	Eigenkapital	50.000,00
Bank	37.000,00	Verbindlichkeiten a. LL	35.000,00
	85.000,00		85.000,00

Inventur zum 31. Dezember 02
↓
Inventar zum 31. Dezember 02
↓

Aktiva	Schlussbilanz zum 31. Dezember 02		Passiva
Waren	48.000,00	Eigenkapital	50.000,00
Bank	37.000,00	Verbindlichkeiten a. LL	35.000,00
	85.000,00		85.000,00

Ort, Datum — *Unterschrift*

1. Nennen Sie die Buchungssätze zur Eröffnung der obigen Aktiv- und Passivkonten.
2. Nennen Sie die Geschäftsfälle und Buchungssätze zu den Kontenbuchungen ❶ und ❷.
3. Wie lauten die Abschlussbuchungen der obigen Aktiv- und Passivkonten?

> **Die Schlussbilanz eines Geschäftsjahres ist zugleich die Eröffnungsbilanz des Folgejahres. Beide müssen inhaltlich gleich sein: Grundsatz der Bilanzidentität.**   Merke

> **Beachten Sie die Reihenfolge der Buchungs- und Abschlussarbeiten:**
>
> 1. Erstellen Sie zunächst die Eröffnungsbilanz (= Schlussbilanz des Vorjahres).
> 2. Eröffnen Sie danach die Bestandskonten mithilfe des Eröffnungsbilanzkontos (EBK).
> 3. Buchen Sie die Geschäftsfälle auf den jeweiligen Bestandskonten.
> 4. Schließen Sie die Bestandskonten über das Schlussbilanzkonto (SBK) ab.
> 5. Erstellen Sie eine ordnungsgemäß gegliederte Schlussbilanz.

Aufgabe 42

Anfangsbestände

Gebäude	270.000,00	Bankguthaben	32.000,00
BGA	140.000,00	Kasse	6.000,00
Waren	160.000,00	Verbindlichkeiten a. LL	88.000,00
Forderungen a. LL	35.000,00	Eigenkapital	555.000,00

Geschäftsfälle

1. ER 408: Kauf von Waren auf Ziel 12.200,00
2. BA 81: Kauf einer Büroschrankwand gegen Bankscheck 1.600,00
3. Kunde begleicht lt. BA 82 eine fällige Rechnung mit Bankscheck 1.800,00
4. ER 409: Zielkauf von Schreibtischen 2.100,00
5. Lt. BA 83 Bareinzahlung auf Bankkonto 1.300,00
6. BA 84: Wir begleichen die fällige Rechnung eines Lieferanten durch Banküberweisung 1.700,00
7. Kauf von Waren lt. ER 410 auf Ziel 4.000,00
8. Lt. BA 85 Ausgleich einer fälligen Kundenrechnung durch Überweisung 2.400,00

Abschlussangabe: Die Schlussbestände auf den Konten entsprechen den Inventurwerten.

Aufgabe 43

Anfangsbestände

Geschäftsgebäude	670.000,00	Postbankguthaben	13.400,00
BGA	130.000,00	Kasse	6.000,00
Waren	184.000,00	Darlehensschulden	240.000,00
Forderungen a. LL	34.000,00	Verbindlichkeiten a. LL	55.000,00
Bankguthaben	39.000,00	Eigenkapital	781.400,00

Geschäftsfälle

1. Lt. BA 112 Aufnahme eines Darlehens bei der Bank 42.600,00
2. Zielkauf von Waren lt. ER 510 .... 4.000,00
3. Lt. AR 156 Zielverkauf einer gebrauchten Verpackungsanlage zum Buchwert 12.100,00
4. Zielkauf von Waren lt. ER 511 .... 2.950,00
5. Lt. BA 113 Überweisung an Lieferanten zum Ausgleich von ER 499 .... 8.150,00
6. Lt. KB 93 Barkauf eines Aktenvernichters 300,00
7. Lt. BA 114 Bareinzahlung auf Bankkonto 1.200,00
8. Zieleinkauf von Waren lt. ER 512 .... 1.200,00
9. Lt. BA 115 Überweisung vom Postbankkonto auf Bankkonto 1.400,00
10. Lt. BA 116 Darlehenstilgung durch Bankscheck 14.000,00
11. Kunde begleicht lt. BA 117 fällige Rechnung durch Überweisung 4.400,00

Abschlussangabe: Die Schlussbestände auf den Konten entsprechen den Inventurwerten.

Aufgabe 44

1. *Begründen Sie, weshalb Aktiv- und Passivkonten Bestandskonten darstellen.*
2. *Unterscheiden Sie zwischen a) Grundbuch und b) Hauptbuch.*
3. *Erklären Sie den Grundsatz der Bilanzidentität.*
4. *Worin unterscheiden sich Schlussbilanz und Schlussbilanzkonto? Welcher Zusammenhang besteht zwischen beiden?*

4 Buchen auf Erfolgskonten

4.1 Aufwendungen und Erträge

Bisher haben wir lediglich Geschäftsfälle auf den Bestandskonten gebucht. Das Eigenkapital blieb davon unberührt, d.h., diese Geschäftsfälle hatten keinen Einfluss auf den **Erfolg (Gewinn oder Verlust)** des Unternehmens. Nun bringen aber vor allem **Einkauf, Lagerung** und **Verkauf von Waren** Geschäftsfälle mit sich, die sich auf den Erfolg und damit auf das **Eigenkapital** in einem Handelsbetrieb auswirken. Man spricht von „Aufwendungen" und „Erträgen".

Erfolg

Der Unternehmer zahlt z.B. Miete für die von ihm gemieteten Geschäftsräume, er leistet Gehaltszahlungen an die von ihm eingestellten Arbeitnehmer und er hat für die Abnutzung der Anlagegüter Abschreibungen zu buchen. Durch diese Vorgänge werden Werte (Geld, Anlagevermögen) verzehrt, ohne dass unmittelbar entsprechende Gegenwerte in Form von Vermögenszuwachs oder Schuldenverringerung zufließen. **Jeden Werteverzehr an Gütern und Diensten** in einem Unternehmen bezeichnet man als **Aufwand**. Aufwendungen **vermindern das Eigenkapital**. Zu den Aufwendungen zählen z.B.:

Aufwendungen

- ■ Der **Warenaufwand** bzw. **Wareneinsatz**, d.h. der Wert der eingekauften und an die Kunden verkauften Waren (siehe S. 46 f.)
- ■ Aufwendungen für den Einsatz von Arbeitskräften:
  - – **Löhne** für alle Arbeiter des Unternehmens
  - – **Gehälter** für alle kaufmännischen und technischen Angestellten
  - – **Gesetzliche und freiwillige Sozialabgaben**
- ■ **Wertminderungen des Anlagevermögens (Abschreibungen)**
- ■ **Aufwendungen für Miete, Betriebsteuern**
- ■ **Aufwendungen für Büromaterial, Porto, Telekommunikation, Werbung**
- ■ **Aufwendungen für Instandhaltungen, Vertriebsprovisionen** u.a.m.

■ **Aufwendungen stellen den gesamten Werteverzehr eines Unternehmens an Gütern, Diensten und Abgaben während einer Abrechnungsperiode (Monat, Quartal, Geschäftsjahr) dar.**

■ **Aufwendungen vermindern das Eigenkapital.**

Merke

Erträge sind **alle Wertzuflüsse** in das Unternehmen, die das **Eigenkapital erhöhen**. Den **Hauptertrag** eines Großhandelsunternehmens bilden natürlich die **Erlöse aus dem Verkauf der Waren**. Diese **Umsatzerlöse** sollen nicht nur die entstandenen Aufwendungen decken, sondern darüber hinaus auch einen angemessenen Gewinn erzielen. Neben den Umsatzerlösen fallen in einem Unternehmen noch weitere Erträge an, wie z.B. **Zinserträge, Erträge aus Vermietung und Verpachtung, Provisionserträge** u.a.m.

Erträge

■ **Erträge sind alle Wertzuflüsse, die den Gewinn des Unternehmens erhöhen. Die Umsatzerlöse (Verkaufserlöse) bilden den wichtigsten Ertragsposten in einem Großhandelsunternehmen.**

■ **Erträge erhöhen das Eigenkapital.**

Merke

4.2 Erfolgskonten als Unterkonten des Eigenkapitalkontos

Notwendigkeit der Erfolgskonten (Ergebniskonten)

Aufwendungen und Erträge wären an sich unmittelbar auf dem Eigenkapitalkonto zu buchen, und zwar Aufwendungen als Kapitalminderung im Soll, Erträge als Mehrung des Kapitals im Haben. Das hätte aber den Nachteil, dass das Eigenkapitalkonto unübersichtlich würde. Aus Gründen der Klarheit und Übersichtlichkeit ist es notwendig, die **einzelnen Aufwands- und Ertragsarten** kontenmäßig gesondert aufzuzeigen, damit die

Quellen des Erfolges

Aufwands- und Ertragskonten

deutlich erkennbar werden. Deshalb werden **Erfolgskonten als Unterkonten** des Eigenkapitalkontos eingerichtet, die die einzelnen Arten der Aufwendungen (**Aufwandskonten**) und Erträge (**Ertragskonten**) aufnehmen.

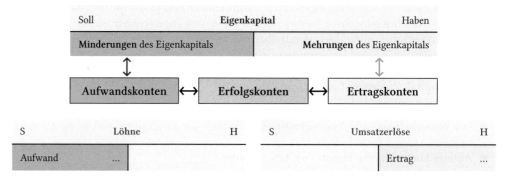

Merke	Die Erfolgskonten sind Unterkonten des Kapitalkontos. Sie bewegen sich wie das Eigenkapitalkonto. Man bucht deshalb

- auf den Aufwandskonten im Soll: die Minderungen des Eigenkapitals,
- auf den Ertragskonten im Haben: die Mehrungen des Eigenkapitals.

Beispiele für die Buchung von Aufwendungen und Erträgen

Beispiel 1

Für eine Werbeanzeige zahlen wir bar: 450,00 €.

Buchung: Werbeaufwendungen 450,00
              an Kasse 450,00

S	Werbeaufwendungen	H		S	Kasse		H
Kasse	450,00			AB	8.600,00	Werbung	450,00

Beispiel 2

Wir bezahlen Löhne 5.000,00 € und Gehälter 10.000,00 € durch Banküberweisung.

Buchung: Löhne 5.000,00
              Gehälter 10.000,00
              an Bank 15.000,00

S	Löhne	H		S	Bank		H
Bank	5.000,00			AB	60.000,00	L/G	15.000,00

S	Gehälter	H
Bank	10.000,00	

Beispiel 3

Im Betrieb entstehen weitere Aufwendungen. Banküberweisung für:
Büromaterial 800,00 €, Reparaturen 300,00 €, Betriebsteuern 400,00 €.

Buchung:	Bürobedarf	800,00	
	Instandhaltung	300,00	
	Sonstige Betriebsteuern	400,00	
	an Bank		1.500,00

S	Bürobedarf		H
Bank	800,00		

S	Bank		H
AB	60.000,00	L/G	15.000,00
		Diverse	1.500,00

S	Instandhaltung		H
Bank	300,00		

S	Sonstige Betriebsteuern		H
Bank	400,00		

Beispiel 4

Für verkaufte Waren[1] stellen wir dem Kunden 14.000,00 € in Rechnung[2].

Buchung:	Forderungen a. LL	14.000,00	
	an Warenverkauf		14.000,00

S	Forderungen a. LL		H
Warenverk.	14.000,00		

S	Warenverkauf		H
		Ford. a. LL	14.000,00

Beispiel 5

Im Betrieb entstehen weitere Erträge: Wir erhalten Provision durch Banküberweisung 5.000,00 €. Unserem Bankkonto werden 1.500,00 € Zinsen gutgeschrieben.

Buchung:	Bank	6.500,00	
	an Provisionserträge		5.000,00
	an Zinserträge		1.500,00

S	Bank		H
AB	60.000,00	Löhne/	
Prov.-/		Gehälter	15.000,00
Zinserträge	6.500,00	Diverser	
		Aufwand	1.500,00

S	Provisionserträge		H
		Bank	5.000,00

S	Zinserträge		H
		Bank	1.500,00

Merke

- Aufwands- und Ertragskonten = Erfolgskonten
- Aktiv- und Passivkonten = Bestandskonten

1 Der Einkauf und Verkauf von Waren wird auf Seite 46 ff. vertieft.
2 Aus methodischen Gründen bleibt die Umsatzsteuer noch unberücksichtigt.

4.3 Gewinn- und Verlustkonto als Abschlusskonto der Erfolgskonten

Feststellen des Unternehmenserfolgs

Am Ende des Geschäftsjahres müssen

Aufwendungen und **Erträge**

einander **gegenübergestellt** werden, um den **Erfolg** des Unternehmens festzustellen.

Diese Aufgabe übernimmt das

Konto „Gewinn und Verlust" (GuV).

Alle Aufwands- und Ertragskonten werden daher über das Gewinn- und Verlustkonto abgeschlossen. Die Buchungssätze lauten:

- GuV-Konto   an   alle Aufwandskonten
- Alle Ertragskonten an   GuV-Konto

Das **Gewinn- und Verlustkonto** weist somit auf der Sollseite die gesamten **Aufwendungen** aus, auf der Habenseite dagegen die **Erträge**. Aus dieser Gegenüberstellung ergibt sich als **Saldo** der Erfolg des Unternehmens: ein **Gewinn oder Verlust**, je nachdem, ob die Erträge oder die Aufwendungen überwiegen:

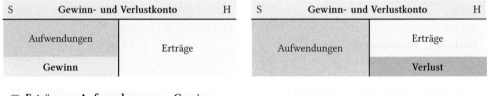

- Erträge > Aufwendungen = Gewinn
- Erträge < Aufwendungen = Verlust

Abschluss des Gewinn- und Verlustkontos über Eigenkapitalkonto

Der ermittelte Gewinn oder Verlust wird sodann auf das Eigenkapitalkonto übertragen.

Die **Abschlussbuchungen** lauten:

- bei Gewinn: GuV-Konto   an   Eigenkapitalkonto
- bei Verlust: Eigenkapitalkonto an   GuV-Konto

S	Eigenkapital	H	S	Eigenkapital	H
Schlusskapital	Anfangskapital		Verlust	Anfangskapital	
	Gewinn		Schlusskapital		

Merke
- Der Gewinn erhöht das Eigenkapital.
- Der Verlust vermindert das Eigenkapital.

Das GuV-Konto ist somit ein unmittelbares **Unterkonto des Eigenkapitalkontos**. Im Beispiel hat sich das Eigenkapital durch den Gewinn um 3.550,00 € erhöht (siehe S. 41).

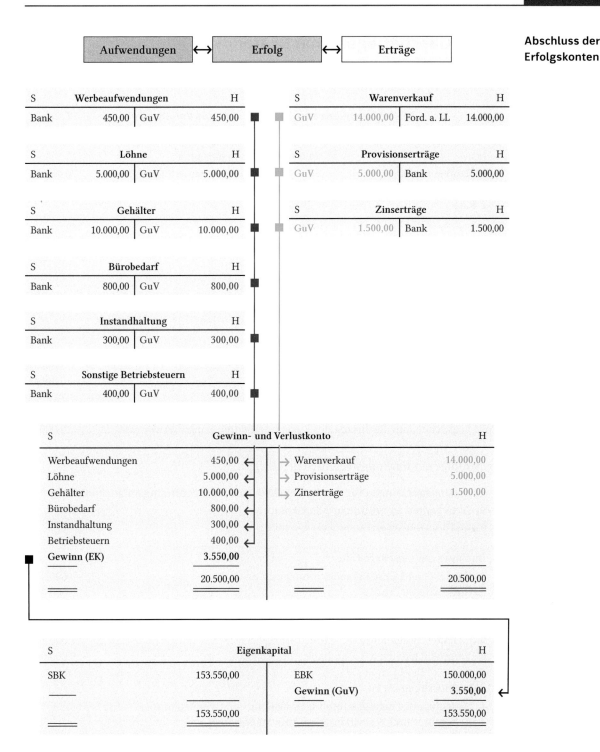

Abschluss der Erfolgskonten

Aufwendungen	↔	Erfolg	↔	Erträge				

S	Werbeaufwendungen	H		S	Warenverkauf	H
Bank	450,00	GuV 450,00		GuV 14.000,00	Ford. a. LL	14.000,00

S	Löhne	H		S	Provisionserträge	H
Bank	5.000,00	GuV 5.000,00		GuV 5.000,00	Bank	5.000,00

S	Gehälter	H		S	Zinserträge	H
Bank	10.000,00	GuV 10.000,00		GuV 1.500,00	Bank	1.500,00

S	Bürobedarf	H
Bank	800,00	GuV 800,00

S	Instandhaltung	H
Bank	300,00	GuV 300,00

S	Sonstige Betriebsteuern	H
Bank	400,00	GuV 400,00

S	Gewinn- und Verlustkonto		H
Werbeaufwendungen	450,00	Warenverkauf	14.000,00
Löhne	5.000,00	Provisionserträge	5.000,00
Gehälter	10.000,00	Zinserträge	1.500,00
Bürobedarf	800,00		
Instandhaltung	300,00		
Betriebsteuern	400,00		
Gewinn (EK)	3.550,00		
	20.500,00		20.500,00

S	Eigenkapital		H
SBK	153.550,00	EBK	150.000,00
		Gewinn (GuV)	3.550,00
	153.550,00		153.550,00

Merke

- Das Gewinn- und Verlustkonto ist das unmittelbare Unterkonto des Eigenkapitalkontos.
- Das Gewinn- und Verlustkonto sammelt auf der Sollseite alle Aufwendungen, auf der Habenseite alle Erträge.
- Der Saldo des GuV-Kontos ergibt den Gewinn oder Verlust der Rechnungsperiode, der dem Eigenkapitalkonto zugeführt wird.
- Das Gewinn- und Verlustkonto zeigt die Quellen des Erfolges.

4.4 Geschäftsgang mit Bestands- und Erfolgskonten

Bestandskonten

Aus der Bilanz des vorhergehenden Geschäftsjahres stehen folgende Anfangsbestände für das neue Geschäftsjahr zur Verfügung:

Aktiva	Schlussbilanz zum 31. Dezember des Vorjahres		Passiva
I. Anlagevermögen		I. Eigenkapital	102.000,00
BGA	100.000,00	II. Fremdkapital	
II. Umlaufvermögen		1. Darlehensschulden	30.000,00
1. Bankguthaben	50.000,00	2. Verbindlichkeiten a. LL	20.000,00
2. Kasse	2.000,00		
	152.000,00		152.000,00
Ort, Datum			*Unterschrift*

Erfolgskonten

Die nachstehenden Erfolgskonten sind zu führen: Gehälter, Zinsaufwendungen, Provisionserträge, Mieterträge.

Geschäftsfälle

1. Barkauf eines Klimagerätes 600,00
2. Wir erhalten Miete bar 800,00
3. Wir erhalten Provision durch Bankscheck 16.300,00
4. Wir zahlen Darlehenszinsen durch Banküberweisung 2.000,00
5. Gehaltsabschlagszahlung bar 1.800,00
6. Wir begleichen eine Rechnung des Lieferanten durch Banküberweisung 9.000,00

Reihenfolge der buchungstechnischen Arbeiten

I. Eröffnungsbuchungen für die Anfangsbestände über Eröffnungsbilanzkonto
   a) Aktivkonten an Eröffnungsbilanzkonto
   b) Eröffnungsbilanzkonto an Passivkonten

II. Buchung der Geschäftsfälle
   1. Betriebs- und Geschäftsausstattung an Kasse 600,00
   2. Kasse an Mieterträge 800,00
   3. Bank an Provisionserträge 16.300,00
   4. Zinsaufwendungen an Bank 2.000,00
   5. Gehälter an Kasse 1.800,00
   6. Verbindlichkeiten a. LL an Bank 9.000,00

III. Abschlussbuchungen
   1. Abschluss der **Erfolgskonten** über Gewinn- und Verlustkonto
      a) Gewinn- und Verlustkonto an Aufwandskonten
      b) Ertragskonten an Gewinn- und Verlustkonto
   2. Abschluss des **Gewinn- und Verlustkontos** über Eigenkapitalkonto
      a) bei Gewinn: Gewinn- und Verlustkonto an Eigenkapitalkonto
      b) bei Verlust: Eigenkapitalkonto an Gewinn- und Verlustkonto
   3. Abschluss der **Bestandskonten** über Schlussbilanzkonto nach Abstimmung mit den Inventurwerten
      a) Schlussbilanzkonto an Aktivkonten
      b) Passivkonten an Schlussbilanzkonto

IV. Aufstellung der Schlussbilanz mit Ort, Datum und Unterschrift.

Soll	Eröffnungsbilanzkonto		Haben
Eigenkapital 102.000,00		BGA 100.000,00	
Darlehensschulden 30.000,00		Bankguthaben 50.000,00	
Verbindlichkeiten a. LL 20.000,00		Kasse 2.000,00	
152.000,00		152.000,00	

S	BGA		H	S	Eigenkapital		H
EBK	100.000,00	SBK	100.600,00	SBK	115.300,00	EBK	102.000,00
Kasse	600,00					Gewinn	13.300,00
	100.600,00		100.600,00		115.300,00		115.300,00

S	Bankguthaben		H	S	Darlehensschulden		H
EBK	50.000,00	Zinsaufw.	2.000,00	SBK	30.000,00	EBK	30.000,00
Prov.-		Verb. a. LL	9.000,00				
Erträge	16.300,00	SBK	55.300,00				
	66.300,00		66.300,00				

S	Kasse		H	S	Verbindlichkeiten a. LL		H
EBK	2.000,00	BGA	600,00	Bank	9.000,00	EBK	20.000,00
Miet-		Gehälter	1.800,00	SBK	11.000,00		
erträge	800,00	SBK	400,00		20.000,00		20.000,00
	2.800,00		2.800,00				

S	Gehälter		H	S	Provisionserträge		H
Kasse	1.800,00	GuV	1.800,00	GuV	16.300,00	Bank	16.300,00

S	Zinsaufwendungen		H	S	Mieterträge		H
Bank	2.000,00	GuV	2.000,00	GuV	800,00	Kasse	800,00

Soll	Gewinn- und Verlustkonto		Haben
Gehälter 1.800,00		Provisionserträge 16.300,00	
Zinsaufwendungen 2.000,00		Mieterträge 800,00	
Gewinn (EK) 13.300,00			
17.100,00		17.100,00	

Soll	Schlussbilanzkonto		Haben
BGA 100.600,00		Eigenkapital 115.300,00	
Bankguthaben 55.300,00		Darlehensschulden 30.000,00	
Kasse 400,00		Verbindlichkeiten a. LL 11.000,00	
156.300,00		156.300,00	

Aktiva	Schlussbilanz zum 31. Dezember des Berichtsjahres		Passiva
I. Anlagevermögen		I. Eigenkapital 115.300,00	
BGA 100.600,00		II. Fremdkapital	
II. Umlaufvermögen		1. Darlehensschulden 30.000,00	
1. Bankguthaben 55.300,00		2. Verbindlichkeiten a. LL 11.000,00	
2. Kasse 400,00			
156.300,00		156.300,00	

Ort, Datum   *Unterschrift*

Beachten Sie die Reihenfolge der Buchungsarbeiten:

1. Richten Sie die Bestands- und Erfolgskonten ein.
2. Eröffnen Sie die Bestandskonten über das Eröffnungsbilanzkonto (EBK).
3. Bilden Sie zu den Geschäftsfällen die Buchungssätze (Grundbuch).
4. Übertragen Sie die Buchungen auf die Bestands- und Erfolgskonten (Hauptbuch).
5. Schließen Sie die Erfolgskonten über das GuV-Konto ab und übertragen Sie den Gewinn oder Verlust auf das Eigenkapitalkonto. Nennen Sie jeweils den Buchungssatz.
6. Erst zum Schluss werden alle Bestandskonten zum Schlussbilanzkonto (SBK) abgeschlossen, sofern die Inventur keine Abweichungen zwischen Buch- und Istbeständen ergibt.

Aufgabe 45

Anfangsbestände

Betriebs- und Geschäftsausstattung	80.000,00	Kasse	10.000,00
Forderungen a. LL	40.000,00	Verbindlichkeiten a. LL	50.000,00
Bankguthaben	60.000,00	Eigenkapital	140.000,00

Kontenplan: Außer den oben genannten Bestandskonten einschließlich Schlussbilanzkonto sind folgende **Erfolgskonten** einzurichten: Bürobedarf, Mietaufwendungen, Werbekosten, Zinserträge, Provisionserträge, GuV-Konto.

Geschäftsfälle

1. Zinsgutschrift auf dem Bankkonto	600,00
2. Rechnung über Büromaterial wird mit Bankscheck bezahlt	240,00
3. Unsere Banküberweisung für Geschäftsmiete	3.500,00
4. Werbeanzeige wird bar bezahlt	140,00
5. Wir erhalten Provision durch Banküberweisung	4.000,00

Abschlussangabe: Die Buchbestände stimmen mit den Inventurwerten überein.

Aufgabe 46

Anfangsbestände

BGA	60.000,00	Kasse	12.000,00
Forderungen a. LL	30.000,00	Darlehensschulden	25.000,00
Bankguthaben	40.000,00	Verbindlichkeiten a. LL	20.000,00
Postbankguthaben	9.000,00	Eigenkapital	106.000,00

Kontenplan: Außer den oben genannten Bestandskonten einschließlich Schlussbilanzkonto sind folgende **Erfolgskonten** einzurichten: Bürobedarf, Portokosten, Kosten der Telekommunikation, Gewerbesteuer, Beiträge, Zinsaufwendungen, Mietaufwendungen, Löhne, Provisionserträge, Zinserträge, GuV-Konto.

Geschäftsfälle

1. Ein Kunde begleicht Rechnung durch Banküberweisung	1.000,00
2. Zahlung der Gewerbesteuer[1] durch Banküberweisung	2.000,00
3. Postbanküberweisung für Telekommunikationsrechnung	190,00
4. Die Bank belastet uns mit Darlehenszinsen	1.500,00
5. Begleichung einer Lieferantenrechnung durch Banküberweisung	1.900,00
6. Wir erhalten Provision durch Banküberweisung	7.000,00
7. Die Bank schreibt uns Zinsen gut	1.200,00
8. Barzahlung für Porto	400,00
9. Wir zahlen Geschäftsmiete durch Banküberweisung	1.800,00
10. Lohnzahlung bar an diverse Aushilfsfahrer	4.500,00
11. Büromaterial wird durch Bankscheck bezahlt	260,00
12. Zahlung des Handelskammerbeitrages durch Banküberweisung	1.200,00

Abschlussangabe: Die Buchbestände entsprechen der Inventur.

---

[1] Beachten Sie: Die Gewerbesteuer muss handelsrechtlich als Aufwand gebucht werden (§ 242 [2] HGB) und mindert damit den Gewinn der Handelsbilanz. Zur Ermittlung des steuerpflichtigen Gewinns muss aber die Gewerbesteuer, die keine Betriebsausgabe ist (§ 4 [5b] EStG), außerhalb der Buchführung dem handelsrechtlichen Gewinn wieder hinzugerechnet werden.

693444

Anfangsbestände

Gebäude	300.000,00	Kasse	13.000,00
BGA	110.000,00	Darlehensschulden	180.000,00
Forderungen a. LL	65.000,00	Verbindlichkeiten a. LL	59.000,00
Bankguthaben	42.000,00	Eigenkapital	291.000,00

Kontenplan: Die oben angeführten **Bestandskonten** sind einschließlich Schlussbilanzkonto einzurichten; außerdem folgende **Erfolgskonten:** Bürobedarf, Portokosten, Kosten der Telekommunikation, Gewerbesteuer, Instandhaltung, Löhne, Zinsaufwendungen, Beiträge, Zinserträge, Mieterträge, Provisionserträge, Gewinn- und Verlustkonto.

Geschäftsfälle

1.	Begleichung einer Lieferantenrechnung durch Banküberweisung	9.500,00
2.	Büromaterial wird bar gekauft	480,00
3.	Zinsgutschrift der Bank	3.650,00
4.	Bankgutschrift für Mieteinnahmen	6.500,00
5.	Unsere Banküberweisung für Gewerbesteuer[1]	1.100,00
6.	Bankgutschrift für erhaltene Provisionen	7.200,00
7.	Kunde bezahlt Rechnung durch Banküberweisung	7.500,00
8.	Barzahlung für Paketgebühren	180,00
9.	Unser Bankscheck für Darlehenszinsen	800,00
10.	Banküberweisung für Löhne	7.500,00
11.	Banküberweisung für Beitrag an die Industrie- und Handelskammer	1.100,00
12.	Reparaturkosten für Kopiergerät, bar	450,00
13.	Telekommunikationsgebühren werden durch Bank überwiesen	850,00
14.	Ein Kunde wird mit Verzugszinsen belastet	35,00

Abschlussangabe: Die Buchwerte entsprechen der Inventur.

Ermitteln Sie auch den Erfolg durch Kapitalvergleich, indem Sie das Eigenkapital der Eröffnungsbilanz mit dem der Schlussbilanz vergleichen.

Die Kontenkreise der doppelten Buchführung

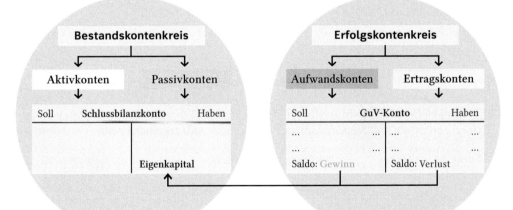

▪ Bestands- und Erfolgskonten bilden in der Buchführung je einen eigenen Kontenkreis. Das Eigenkapitalkonto ist das Bindeglied beider Kreise.

▪ Die Buchführung weist den Jahreserfolg auf zweifache Weise nach:
 1. durch Gegenüberstellung der Aufwendungen und Erträge im Gewinn- und Verlustkonto (Erfolgsquellen),
 2. durch Eigenkapitalvergleich (vgl. S. 14 f.).
 Daher: Doppelte Buchführung beinhaltet doppelte Erfolgsermittlung.

---

1 Siehe Fußnote auf S. 44.

4.5   Buchungen beim Einkauf und Verkauf von Waren

4.5.1   Wareneinkauf und Warenverkauf ohne Bestandsveränderung an Waren

Hauptaufgabe des Handelsbetriebes ist die **Gewinnerzielung aus dem Warengeschäft**: **Einkauf**, **Lagerung** und **Verkauf von Waren**.

Getrennte Warenkonten

Aus Gründen der Klarheit werden **Einkauf und Verkauf** von Waren sowie der **Bestand** an Waren jeweils auf gesonderten Konten gebucht:

S	Wareneingang	H
Einkauf von Waren		
Aufwandskonto		

S	Warenverkauf	H
	Verkauf von Waren	
	Ertragskonto	

S	Warenbestände	H
AB an Waren	SB an Waren	
	Bestandskonto	

Beispiel

Ein Fahrzeuggroßhandel hat in seinem **ersten** Geschäftsjahr **1000 Fahrräder** zum Stückpreis von 150,00 € =150.000,00 € **eingekauft**. Bis zum Schluss des Geschäftsjahres wurden **alle Fahrräder** zum Preis von je 200,00 € =200.000,00 € **verkauft**. *Wie hoch ist buchhalterisch der Warengewinn?*

Der **Einkauf von Waren** wird **direkt als Aufwand** auf dem **Aufwandskonto „Wareneingang"** erfasst. Die **Eingangsrechnungen** (ER) weisen die erforderlichen Buchungsdaten aus: Rechnungsnummer, Datum, Betrag, Name des Lieferanten, Skonto[1] u. a.

Buchung: **Wareneingang** .... an **Verbindlichkeiten a. LL** **150.000,00**

S	Wareneingang	H
Verb. a. LL	150.000,00	

S	Verbindlichkeiten a. LL	H
	WE	150.000,00

Der **Verkauf von Waren** wird als **Ertrag** auf dem Ertragskonto „Warenverkauf" gebucht. Die **Ausgangsrechnungen** (AR) enthalten die entsprechenden Daten.

Buchung: **Forderungen a. LL** ....an **Warenverkauf** **200.000,00**

S	Forderungen a. LL	H
Erlöse	200.000,00	

S	Warenverkauf	H
	Ford. a. LL	200.000,00

Der Warengewinn (Rohgewinn) wird ermittelt, indem man dem Erlös der verkauften Ware (= Ertrag) den darauf entfallenden Einkaufswert (= Aufwand) gegenüberstellt:

Erlöse der verkauften	1000 Fahrräder zu je 200,00 € = ...	200.000,00 €
− **Einkaufswert** der verkauften	1000 Fahrräder zu je 150,00 € = ...	150.000,00 €
= **Warengewinn** bzw. **Rohgewinn**	....	**50.000,00 €**

Wareneinsatz/ Aufwendungen für Waren

Da alle im Geschäftsjahr eingekauften Fahrräder im gleichen Jahr auch verkauft wurden, entspricht der **Einkauf** von Waren dem **Einsatz** bzw. **Aufwand** an Waren. Das Unternehmen musste 150.000,00 € (= 1000 Fahrräder zu je 150,00 €) aufwenden, um **Erträge** von 200.000,00 € (= Erlöse für 1000 Fahrräder zu je 200,00 €) und damit einen Warengewinn von 50.000,00 € zu erzielen.

Merke

■ Erlös der verkauften Waren   = Ertrag   →   Konto „Warenverkauf"
■ Einkaufswert der verkauften Waren/Wareneinsatz = Aufwand → Konto „Wareneingang"

---

1   Siehe S. 86 f.

Die Erfolgskonten „Wareneingang" und „Warenverkauf" werden über das Gewinn- und Verlustkonto abgeschlossen:

Abschlussbuchungen: Warenverkauf .... an GuV-Konto 200.000,00
GuV-Konto .... an Wareneingang 150.000,00

S	Wareneingang		H
Verb. a. LL 150.000,00		GuV	150.000,00

S	Warenverkauf		H
GuV	200.000,00	Ford. a. LL	200.000,00

S	Gewinn- und Verlustkonto		H
Aufwendungen f. Waren	150.000,00	Warenverkaufserlöse	200.000,00

50.000,00 € Saldo = Waren- bzw. Rohgewinn

- Das GuV-Konto weist die Quellen des Warenerfolgs (Roherfolg) aus:
  Wareneinsatz/Aufwendungen für Waren und Warenverkaufserlöse
- Die Konten „Wareneingang" und „Warenverkauf" sind die wichtigsten Erfolgskonten eines Handelsbetriebes.

Rohgewinn aus dem Warenhandelsgeschäft
+ übrige Erträge des Unternehmens
– übrige Aufwendungen

= **Gewinn (Verlust) des Unternehmens**

Der Gewinn (Verlust) des Unternehmens (Reingewinn/Reinverlust) ergibt sich erst unter Berücksichtigung aller übrigen Aufwendungen (z. B. Gehälter u. a.) und der übrigen Erträge (z. B. Zinserträge u. a.) als **Saldo des Gewinn- und Verlustkontos.**

1. *Buchen Sie auf den Konten Wareneingang, Warenverkauf, Verbindlichkeiten a. LL, Forderungen a. LL, Gewinn und Verlust und schließen Sie die Warenkonten ab:*

   – Zieleinkäufe von Waren lt. ER: 3 000 Stück zu je 200,00 € Einkaufspreis
   – Zielverkäufe von Waren lt. AR: 3 000 Stück zu je 250,00 € Verkaufspreis

2. *Nennen Sie die Buchungssätze für die Ein- und Verkäufe der Waren sowie den Abschluss der Warenkonten.*

3. *Ermitteln Sie das Rohergebnis. Unterscheiden Sie zwischen Roh- und Reingewinn.*

4. *Warum ergibt sich zum Schluss des Geschäftsjahres kein Warenbestand?*

Einkäufe von Waren zum Einkaufspreis lt. ER auf Ziel 600.000,00
Verkäufe von Waren zum Verkaufspreis lt. AR auf Ziel 750.000,00

Zum 1. Januar und 31. Dezember gibt es keinen Warenlagerbestand.

1. *Buchen Sie auf den in Aufgabe 48 genannten Konten und ermitteln Sie den Rohgewinn.*

2. *Beziehen Sie den Rohgewinn auf den Wareneinsatz und ermitteln Sie den Kalkulationszuschlag in %:*

$$\text{Kalkulationszuschlag} = \frac{\textbf{Rohgewinn}}{\textbf{Wareneinsatz}}$$

3. *Ermitteln Sie den Gewinn der Unternehmung (Reingewinn), wenn die übrigen Aufwendungen lt. GuV-Konto 120.000,00 € und die Zins- und Mieterträge 10.000,00 € betragen.*

Zieleinkäufe von Waren zum Einkaufspreis lt. ER 850.000,00
Zielverkäufe von Waren zum Verkaufspreis lt. AR 800.000,00

Lagerbestände an Waren sind lt. Inventur weder zum 1. Jan. noch zum 31. Dez. vorhanden.

Ermitteln und beurteilen Sie den Erfolg der Unternehmung, wenn die übrigen Aufwendungen 100.000,00 € und die sonstigen Erträge 120.000,00 € betragen.

4.5.2   Wareneinkauf und Warenverkauf mit Bestandsveränderung

Beispiel 1

Der o. g. Fahrzeuggroßhandel **kauft** in seinem **zweiten** Geschäftsjahr **3 000 Fahrräder** zu je 150,00 € = 450.000,00 € ein. Im gleichen Zeitraum werden aber nur **2 000 Fahrräder** zu je 200,00 € = 400.000,00 € **verkauft**. Der **Schlussbestand** zum 31. Dez. 02 beträgt somit: **1 000 Fahrräder** zu je 150,00 € = 150.000,00 €. Zum 1. Jan. 02 gab es keinen Lagerbestand.
Wie hoch ist der Rohgewinn zum 31. Dez.?

Die Warenein- und -verkäufe wurden aufgrund der Ein-/Ausgangsrechnungen erfasst:

❶ Buchung der ER: Wareneingang .... an Verbindlichkeiten a. LL 450.000,00

❷ Buchung der AR: Forderungen a. LL ... an Warenverkauf 400.000,00

Die Bestände an Waren werden auf dem Aktivkonto „**Warenbestände**" erfasst. Dieses Konto nimmt zu Beginn des Geschäftsjahres den Anfangsbestand an Waren im Soll auf und am Ende des Geschäftsjahres **im Haben den Schlussbestand** lt. Inventur:

❸ Buchung: Schlussbilanzkonto .... an Warenbestände 150.000,00

Bestandserhöhung

Im zweiten Geschäftsjahr wurden mehr Fahrräder eingekauft als verkauft. Dadurch **erhöht** sich der **Lagerbestand** um 1 000 Fahrräder zu je 150,00 € = 150.000,00 €:

> **SB > AB = Warenbestandserhöhung** ⟷ **Einkaufsmenge > Verkaufsmenge**

Der Wareneinsatz kann nur unter Beachtung der **Bestandsveränderung** ermittelt werden:

Wareneinkäufe:	3 000 Fahrräder zu je 150,00 € =	....	450.000,00 €
− Bestandserhöhung:	1 000 Fahrräder zu je 150,00 € =		150.000,00 €
= Wareneinsatz:	2 000 Fahrräder zu je 150,00 € =	....	300.000,00 €
Verkaufserlöse:	2 000 Fahrräder zu je 200,00 € =		400.000,00 €
= Rohgewinn		....	100.000,00 €

Zur buchhalterischen Ermittlung des Wareneinsatzes ist die Bestandserhöhung (= **Saldo** im Soll des Kontos „Warenbestände") auf das Wareneingangskonto **umzubuchen**:

❹ Buchung: Warenbestände .... an Wareneingang 150.000,00

Im Wareneingangskonto stehen nun den Einkäufen des Geschäftsjahres (3 000 Fahrräder = 450.000,00 €) **als Korrektur im Haben** die auf Lager genommenen 1 000 Fahrräder = 150.000,00 €, also die **Bestandserhöhung**, gegenüber. Der **Saldo ist der Wareneinsatz** (= Warenaufwand) von 2 000 Fahrrädern zu je 150,00 € = 300.000,00 €.

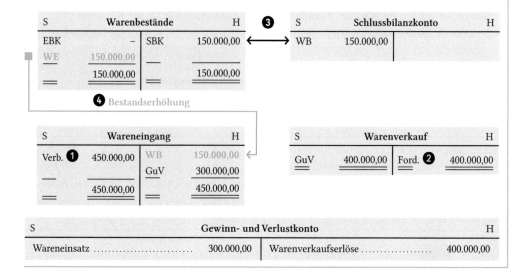

693448

Beispiel 2

Der Warenschlussbestand des 2. Geschäftsjahres ist zugleich der **Anfangsbestand** des 3. Geschäftsjahres: 1 000 Fahrräder zu je 150,00 € = **150.000,00 €**. Im **dritten** Geschäftsjahr werden **2 000 Fahrräder** zu je 150,00 € = 300.000,00 € **eingekauft**. Im gleichen Zeitraum werden jedoch **2 800 Fahrräder** zu je 200,00 € = 560.000,00 € **verkauft**. Der **Schlussbestand** zum 31. Dez. 03 beträgt somit nur noch 200 Fahrräder zu je 150,00 € = **30.000,00 €**.

Wie hoch ist der Rohgewinn?

❶ Buchung der ER: Wareneingang............. an Verbindlichkeiten a. LL 300.000,00

❷ Buchung der AR: Forderungen a. LL........ an Warenverkauf 560.000,00

Buchung der Warenbestände zum 1. Januar und 31. Dezember 03:

❸ Anfangsbestand: Warenbestände............. an Eröffnungsbilanzkonto 150.000,00

❹ Schlussbestand: Schlussbilanzkonto....... an Warenbestände 30.000,00

Nach Buchung des Schlussbestandes weist das **Konto „Warenbestände"** als **Saldo** auf der Habenseite eine **Verminderung des Warenlagerbestandes** von 120.000,00 € (= 800 Fahrräder zu je 150,00 €) aus. Im dritten Geschäftsjahr wurden also mehr Fahrräder verkauft (2 800) als eingekauft (2 000):

Bestandsminderung

SB < AB = Warenbestandsminderung ⟷ **Verkaufsmenge > Einkaufsmenge**

Wareneinkäufe:	2 000 Fahrräder zu je 150,00 € =.............................	300.000,00 €
+ **Bestandsminderung:**	800 Fahrräder zu je 150,00 € =..............................	120.000,00 €
= **Wareneinsatz:**	2 800 Fahrräder zu je 150,00 € =	**420.000,00 €**
Verkaufserlöse:	2 800 Fahrräder zu je 200,00 € =.............................	560.000,00 €
= **Rohgewinn**	....	**140.000,00 €**

Zur **buchhalterischen Ermittlung des Wareneinsatzes** (Warenaufwandes) muss die **Bestandsminderung** im Konto „Warenbestände" auf das Wareneingangskonto **umgebucht** werden:

❺ Buchung: Wareneingang...................... an Warenbestände 120.000,00

Das **Wareneingangskonto** weist nun auf der Sollseite außer den Wareneinkäufen im Geschäftsjahr (2 000 Fahrräder zu je 150,00 € = 300.000,00 €) auch die 800 Fahrräder zu je 150,00 € = 120.000,00 €, die aus dem Lagerbestand des Vorjahres verkauft wurden. Der **Wareneinsatz** beträgt somit 420.000,00 €.

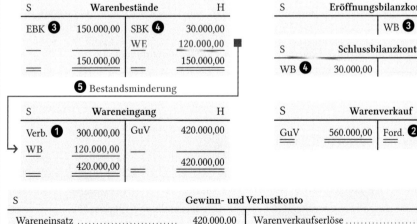

S	Gewinn- und Verlustkonto		H
Wareneinsatz	420.000,00	Warenverkaufserlöse	560.000,00

Merke

Bestandsveränderungen sind bei Ermittlung des Warenaufwandes zu berücksichtigen:

▪ **Wareneinkäufe – Bestandserhöhung = Wareneinsatz/Warenaufwand**

▪ **Wareneinkäufe + Bestandsminderung = Wareneinsatz/Warenaufwand**

Merke

Wenn Einkaufs- und Verkaufsmenge der Waren in einem Geschäftsjahr nicht übereinstimmen, kann der Wareneinsatz (Warenaufwand) erst unter Berücksichtigung der Bestandsveränderungen ermittelt werden. Die Umbuchungen lauten bei

Bestandserhöhung:	Bestandsminderung:
Warenbestände an Wareneingang	Wareneingang an Warenbestände

S	Warenbestände	H
Anfangsbestand	Schlussbestand	
Bestandserhöhung		

S	Warenbestände	H
Anfangsbestand	Schlussbestand	
	Bestandsminderung	

S	Wareneingang	H
Wareneinkäufe im Geschäftsjahr	Bestandserhöhung	
	Wareneinsatz	

S	Wareneingang	H
Wareneinkäufe im Geschäftsjahr	Warenaufwand	
Bestandsminderung		

Nennen Sie den Abschlussbuchungssatz für das Konto „Wareneingang".

Aufgabe 51

Ein Handelsbetrieb weist für das Geschäftsjahr 01 folgende Zahlen aus:

Anfangsbestand an Waren zum 1. Jan. 01	200.000,00
Wareneinkäufe vom 1. Jan. bis 31. Dez. 01 lt. ER auf Ziel	900.000,00
Warenverkäufe vom 1. Jan. bis 31. Dez. 01 lt. AR auf Ziel	1.200.000,00
Schlussbestand an Waren lt. Inventur zum 31. Dez. 01	300.000,00

1. *Buchen Sie auf den entsprechenden Konten den Anfangs- und Schlussbestand an Waren sowie die Ein- und Verkäufe von Waren. Richten Sie folgende Konten ein: Warenbestände, Wareneingang, Warenverkauf, Forderungen a. LL, Verbindlichkeiten a. LL, Eröffnungsbilanzkonto, Schlussbilanzkonto, Gewinn- und Verlustkonto.*

2. *Führen Sie den Abschluss der Konten Warenbestände, Wareneingang und Warenverkauf durch. Nennen Sie auch jeweils den Buchungssatz.*

3. *Ermitteln Sie die vorliegende Bestandsveränderung zum 31. Dez. 01 in % und erläutern Sie diese.*

4. *Ermitteln Sie rechnerisch den Rohgewinn und den Kalkulationszuschlag.*

Aufgabe 52

Der in Aufgabe 51 genannte Handelsbetrieb weist für das Geschäftsjahr 02 folgende Daten aus:

	a)	b)
Anfangsbestand an Waren zum 1. Jan. 02	?	?
Wareneingang vom 1. Jan. 02 bis 31. Dez. 02 lt. ER	820.000,00	880.000,00
Verkaufserlöse vom 1. Jan. 02 bis 31. Dez. 02 lt. AR	1.350.000,00	1.050.000,00
Schlussbestand an Waren lt. Inventur zum 31. Dez. 02	120.000,00	320.000,00

Bearbeiten Sie die Aufgabe entsprechend der obigen Aufgabenstellung (Aufgabe 51).

Aufgabe 53

In einem Geschäftsjahr beträgt der Wareneinsatz zum 31. Dezember 600.000,00 €.
Ermitteln Sie den Wareneingang, wenn zum 31. Dezember

1. *ein Mehrbestand an Waren in Höhe von 150.000,00 € und*

2. *ein Minderbestand an Waren über 100.000,00 € vorliegt.*

Buchen Sie auf den Warenkonten und schließen Sie diese entsprechend ab:

	a)	b)
Anfangsbestand an Waren	95.000,00	250.000,00
Zieleinkäufe von Waren	34.000,00	163.000,00
Barverkäufe von Waren	7.000,00	12.000,00
Zielverkäufe von Waren	84.000,00	85.000,00
Warenverkauf gegen Bankscheck	19.000,00	18.000,00
Warenschlussbestand lt. Inventur	59.000,00	280.000,00

Anfangsbestände

Betriebs- und Geschäftsausstattung	85.000,00
Warenbestände	145.000,00
Forderungen a. LL	72.000,00
Postbankguthaben	9.900,00
Bankguthaben	113.500,00
Kasse	14.200,00
Darlehensschulden	35.000,00
Verbindlichkeiten a. LL	65.000,00
Eigenkapital	339.600,00

Kontenplan

Bestandskonten: Betriebs- und Geschäftsausstattung, Warenbestände, Forderungen a. LL, Postbank, Bank, Kasse, Darlehensschulden, Verbindlichkeiten a. LL, Eigenkapital, Schluss-bilanzkonto.

Erfolgskonten: Wareneingang, Löhne, Gehälter, Bürobedarf, Kosten der Telekommunikation, Zinsaufwendungen, Zinserträge, Warenverkauf, Gewinn- und Verlustkonto.

Geschäftsfälle

1.	Verkauf von Waren auf Ziel lt. AR	4.500,00
2.	Kunde begleicht Rechnung durch Banküberweisung	9.500,00
3.	Zielkauf von Waren lt. ER	8.200,00
4.	Verkauf von Waren gegen Bankscheck	15.300,00
5.	Barkauf von Büromaterial	350,00
6.	Unsere Banküberweisung für Darlehenszinsen	1.200,00
7.	Zielverkauf von Waren lt. AR	18.800,00
8.	Banküberweisung für Gehälter	4.800,00
9.	Zinsgutschrift der Bank	3.100,00
10.	Postbanküberweisung für Löhne	3.200,00
11.	Lieferantenrechnung wird durch Banküberweisung beglichen	11.500,00
12.	Kauf einer EDV-Anlage gegen Bankscheck	5.500,00
13.	Telekommunikationsgebühren werden durch Postbanküberweisung beglichen	850,00
14.	Tilgung eines Darlehens durch Banküberweisung	10.000,00

Abschlussangaben

1. Warenbestand lt. Inventur 130.000,00
2. Alle übrigen Bestände stimmen mit den Inventurwerten überein.

Auswertung

1. Ermitteln Sie die Lagerbestandsveränderung in % des Warenanfangsbestandes. Worauf lässt die Veränderung schließen?

2. Wie hoch ist der Warenrohgewinn?

3. Ermitteln Sie den Kalkulationszuschlag in %.

Aufgabe 56

Anfangsbestände

Betriebs- und Geschäftsausstattung	65.000,00
Warenbestände	98.000,00
Forderungen a. LL	34.000,00
Postbankguthaben	8.300,00
Bankguthaben	53.000,00
Kasse	19.500,00
Darlehensschulden	24.500,00
Verbindlichkeiten a. LL	32.000,00
Eigenkapital	221.300,00

Kontenplan

Bestandskonten: Betriebs- und Geschäftsausstattung, Forderungen a. LL, Bank, Postbank, Kasse, Warenbestände, Darlehensschulden, Verbindlichkeiten a. LL, Eigenkapital, Schlussbilanzkonto.

Erfolgskonten: Wareneingang, Löhne, Mietaufwendungen, Gewerbesteuer, Provisionserträge, Zinserträge, Warenverkauf, Gewinn- und Verlustkonto.

Geschäftsfälle

1. Kauf von Büroschränken gegen Bankscheck	2.650,00
2. Zielverkauf von Waren lt. AR	12.500,00
3. Zielkauf von Waren lt. ER	9.300,00
4. Lohnzahlung bar an Aushilfskräfte im Lager	3.800,00
5. Wir erhalten Provision auf Postbankkonto	2.500,00
6. Gewerbesteuer[1] wird durch Banküberweisung bezahlt	12.800,00
7. Unsere Mietzahlung für Büroräume durch Banküberweisung	1.900,00
8. Die Bank schreibt uns Zinsen gut	1.100,00
9. Verkauf von Waren lt. AR auf Ziel	11.200,00
10. Verkauf von Waren gegen Bankscheck	16.300,00
11. Kauf von Waren lt. ER auf Ziel	4.400,00
12. Kunde begleicht Rechnung über durch Banküberweisung.	6.500,00
13. Banküberweisung an Lieferanten	6.600,00
14. Wir nehmen ein Darlehen über bei unserer Hausbank auf.	28.500,00
15. Darlehenstilgung durch Bank	17.000,00

Abschlussangaben

1. Warenbestand lt. Inventur	80.000,00

2. Alle übrigen Bestände stimmen mit den Inventurwerten überein.

Aufgabe 57

1. *Warum bezeichnet man den Warengewinn als Rohgewinn, den Warenverlust als Rohverlust? Unterscheiden Sie Rohgewinn und Reingewinn bzw. Rohverlust und Reinverlust.*

2. Das Gewinn- und Verlustkonto weist einen Warenrohgewinn von 20.000,00 €, jedoch einen Reinverlust von 5.000,00 € aus. *Erklären Sie den Tatbestand.*

3. *Nennen Sie jeweils die Auswirkung auf den Warenlagerschlussbestand:*
    a) Wareneinkaufsmenge = Warenverkaufsmenge
    b) Wareneinkaufsmenge > Warenverkaufsmenge
    c) Wareneinkaufsmenge < Warenverkaufsmenge

Aufgabe 58

In einem Großhandelsunternehmen beträgt der Anfangsbestand an Waren 200.000,00 €. Die Wareneinkäufe während des Geschäftsjahres beliefen sich auf 560.000,00 €. Der Wareneinsatz (Einkaufswert der verkauften Waren) betrug 620.000,00 €. Die Warenverkaufserlöse betrugen im gleichen Abrechnungszeitraum 590.000,00 €.

Ermitteln Sie den buchmäßigen Warenschlussbestand und das Rohergebnis aus dem Warenhandelsgeschäft.

---

1 Siehe Fußnote auf S. 44.

5 Umsatzsteuer beim Einkauf und Verkauf

5.1 Wesen der Umsatzsteuer (Mehrwertsteuer)

Viele zum Verkauf angebotene Waren legen meist einen langen Weg zurück: vom Betrieb der Urerzeugung über Betriebe der Weiterverarbeitung, des Groß- und Einzelhandels bis zum Endverbraucher. Menschen und Kapital schaffen **auf jeder Stufe** dieses Warenwegs „mehr Wert". Diesen **Mehrwert**, der sich jeweils aus der **Differenz zwischen Verkaufs- und Einkaufspreis** der Ware ergibt, besteuert der Staat mit der „Mehrwertsteuer[1]", deren Grundlage das **Umsatzsteuergesetz** ist. Die Mehrwertsteuer heißt deshalb auch offiziell **Umsatzsteuer**. Der **allgemeine** Umsatzsteuersatz beträgt **19 %**, der **ermäßigte 7 %**, z. B. für Lebensmittel und Bücher.

Mehrwert

Beispiel

Eine Wohnzimmerschrankwand, die in einem Möbeleinzelhandelsgeschäft an einen Privatkunden für **11.900,00 €** (10.000,00 € **Warenwert** + 1.900,00 € **Umsatzsteuer**) verkauft wurde, legt in der Regel vier Umsatzstufen zurück. Der Forstbetrieb mit angeschlossenem Sägewerk liefert das Holz an die Möbelwerke, die daraus die Schrankwand herstellen und an den Möbelgroßhändler verkaufen, der wiederum das Möbeleinzelhandelsgeschäft beliefert. Von dem **auf jeder Umsatzstufe** entstandenen **Mehrwert** werden 19 % Umsatzsteuer berechnet und als **Zahllast** an das Finanzamt abgeführt. Das sind für alle vier Umsatzstufen insgesamt **1.900,00 € Umsatzsteuer**, also genau der Betrag, den der **Privatkunde** als Endverbraucher an Umsatzsteuer **zu tragen und zu zahlen** hat:

Umsatzstufen	Einkaufspreis lt. ER	Verkaufspreis lt. AR	Mehrwert	Zahllast: 19 % USt vom Mehrwert
Forstbetrieb ↓	0,00 €	2.000,00 €	2.000,00 €	380,00 € USt
Möbelwerke ↓	2.000,00 €	6.500,00 €	4.500,00 €	855,00 € USt
Möbelgroßhandel ↓	6.500,00 €	8.000,00 €	1.500,00 €	285,00 € USt
Möbeleinzelhandel	8.000,00 €	10.000,00 €	2.000,00 €	380,00 € USt
Privatkunde zahlt an Einzelhandel:	11.900,00 €	= 10.000,00 €		+ 1.900,00 € USt

Die Umsatzsteuer, die auf jeder Stufe des Warenwegs an das Finanzamt abgeführt wird, **belastet nicht die Unternehmen**, sondern, wie das Beispiel zeigt, **allein den Privatkunden**, der die Rechnung des Möbeleinzelhändlers einschließlich der Umsatzsteuer im **Preis von 11.900,00 €** bezahlt. Der Einzelhändler vereinnahmt die Umsatzsteuer im Namen des Finanzamtes und führt sie entsprechend ab.

Merke

- **Auf jeder Stufe des Warenwegs entsteht ein Mehrwert.**
- **Nettoverkaufspreis > Nettoeinkaufspreis = Mehrwert**
- **Jeder Unternehmer hat zwar die Umsatzsteuer von seiner Mehrwertschöpfung als Zahllast an das Finanzamt abzuführen, sie belastet ihn jedoch nicht.**
- **Die Umsatzsteuer wird ausschließlich vom Privatkunden getragen.**

---

1 Weitere Ausführungen S. 69 f.

5.2   Ermittlung der Zahllast aus Umsatzsteuer und Vorsteuer

Umsatzsteuer-Zahllast

Wenn die Umsatzsteuer auf allen Rechnungen offen ausgewiesen wird, kann die an das Finanzamt abzuführende **Umsatzsteuer-Zahllast auf jeder Stufe des Warenwegs** sehr **schnell ermittelt** werden, wie die folgenden Beispiele zeigen:

Beispiel

Die Möbelwerke A. Klein e. K. verkaufen eine in ihrem Betrieb hergestellte Wohnzimmerschrankwand an den Möbelgroßhandel Schnell KG aufgrund der Ausgangsrechnung:

Ausgangsrechnung der Möbelwerke Klein:	
Wohnzimmerschrankwand S 404, netto	6.500,00 €
+ 19 % Umsatzsteuer	1.235,00 €
Rechnungsbetrag	7.735,00 €

Der Möbelgroßhandel Schnell KG verkauft die Wohnzimmerschrankwand an den Möbeleinzelhandel Probst GmbH aufgrund der nebenstehenden Ausgangsrechnung:

Ausgangsrechnung d. Möbelgroßhhandl. Schnell:	
Schrankwand, netto	8.000,00 €
+ 19 % Umsatzsteuer	1.520,00 €
Rechnungsbetrag	9.520,00 €

Die **Warenlieferung** der Möbelwerke an den Möbelgroßhandel **unterliegt nach § 1 Umsatzsteuergesetz der Umsatzsteuer**. Die Möbelwerke **schulden** dem Finanzamt somit **1.235,00 € Umsatzsteuer**, die sie aber vom Möbelgroßhandel zurückhaben wollen. Deshalb ist der Lieferant der Ware gesetzlich verpflichtet, die **Umsatzsteuer** in der **Ausgangsrechnung** neben dem Warenwert (Nettowert) **gesondert auszuweisen**.

Die Ausgangsrechnung der Möbelwerke ist zugleich die **Eingangsrechnung** des Möbelgroßhandels. Die in der Eingangsrechnung genannte Umsatzsteuer (1.235,00 €) darf der Möbelgroßhandel als **Vorsteuer** von der aufgrund seiner Ausgangsrechnung geschuldeten Umsatzsteuer (1.520,00 €) abziehen. **Die Vorsteuer**, also die Umsatzsteuer auf Eingangsrechnungen, **stellt** damit eine **Forderung gegenüber dem Finanzamt dar**.

Aus der Differenz zwischen den Umsatzsteuerschulden aufgrund der Ausgangsrechnungen **und den Vorsteuern** aufgrund der Eingangsrechnungen ergibt sich die an das Finanzamt abzuführende **Umsatzsteuer-Zahllast**, sofern die Schulden das Vorsteuerguthaben überwiegen. Die Umsatzsteuer-Zahllast ist dem Finanzamt in Form einer **Umsatzsteuervoranmeldung** grundsätzlich **vierteljährlich** und bei einer Vorjahres-Umsatzsteuer von mehr als 7.500,00 € **monatlich online** mitzuteilen (§ 18 [2] UStG). Vereinfacht ergibt sich für das Beispiel des Möbelgroßhandels Folgendes:

Umsatzsteuerverbindlichkeiten aufgrund der Ausgangsrechnung	1.520,00 €
− Vorsteuerguthaben aufgrund der Eingangsrechnung	1.235,00 €
= Umsatzsteuer-Zahllast	285,00 €

Durch den Abzug der Vorsteuer erreicht man, dass jeweils **nur der Mehrwert besteuert wird**, wie ein Vergleich mit der Tabelle auf Seite 53 zeigt. Der **Möbelgroßhandel** wird durch die Umsatzsteuer **nicht belastet**. Er vereinnahmt vom Einzelhandel 1.520,00 € Umsatzsteuer, von der er 1.235,00 € Vorsteuer an die Möbelwerke und 285,00 € Zahllast an das Finanzamt abführt.

Merke

■ Die Umsatzsteuerbeträge auf Ausgangsrechnungen sind Verbindlichkeiten gegenüber dem Finanzamt.

■ Die Umsatzsteuerbeträge auf Eingangsrechnungen sind Vorsteuern, die Forderungen gegenüber dem Finanzamt darstellen.

■ Die Zahllast wird meist monatlich ermittelt und bis zum 10. des Folgemonats abgeführt: Umsatzsteuer aus AR > Vorsteuer aus ER = Zahllast.

■ Nur Unternehmen und Selbstständige sind zum Vorsteuerabzug berechtigt.

5.3 Die Umsatzsteuer – ein durchlaufender Posten der Unternehmen

Der Umsatzsteuer unterliegen nach § 1 UStG alle **Lieferungen und Leistungen**, die im Inland gegen **Entgelt** von einem **Unternehmen** erbracht werden. Auch **unentgeltliche Entnahmen** von Sachgütern und sonstigen Leistungen des Unternehmens durch den Unternehmer (z. B. für Privatzwecke)[1] sind umsatzsteuerpflichtig. **Der gewerbliche Erwerb von Gütern aus EU-Mitgliedstaaten** gegen Entgelt, der sog. „**Innergemeinschaftliche Erwerb**", unterliegt ebenfalls der **deutschen Umsatzsteuer.** Während der **Export in Nicht-EU-Staaten**, in sog. Drittländer (z. B. Schweiz), **von der Umsatzsteuer befreit** ist, ist für den **Import** aus diesen Staaten **Einfuhrumsatzsteuer** zu zahlen.

Umsatzsteuer

Wie die Grunderwerbsteuer und die Versicherungsteuer zählt auch die **Umsatzsteuer** in der verwaltungsrechtlichen Einteilung der Steuern zu den **Verkehrsteuern**, die rechtliche oder wirtschaftliche Vorgänge besteuern, wie z. B. die Lieferung einer Ware oder den Erwerb eines Grundstücks. Von ihrer Wirkung aus müsste man die **Umsatzsteuer** eigentlich zu den **Verbrauchsteuern** rechnen, weil sie den **Verbrauch der privaten Haushalte belastet**, wie z. B. die Tabaksteuer, Energiesteuer, Biersteuer. **Für alle Unternehmen und Selbstständige** (Industrie- und Handelsunternehmen, Handwerker, Notare, Anwälte, Handelsvertreter u. a.) ist die **Umsatzsteuer** lediglich ein **durchlaufender Posten**, da sie die ihren Kunden in Rechnung gestellte Umsatzsteuer im Namen des Finanzamtes vereinnahmen, sie als Vorsteuer an ihre Vorlieferanten und als Zahllast an das Finanzamt abführen. Damit das korrekt geschieht und für das Finanzamt nachprüfbar wird, gibt es die gesetzliche Vorschrift, die **Umsatzsteuer** auf allen Ausgangsrechnungen **offen auszuweisen**. Diese Zusammenhänge werden noch einmal in unserem Umsatzstufenbeispiel verdeutlicht:

Durchlaufender Posten

Beispiel

Umsatzstufen	Ausgangsrechnung/ Eingangsrechnung		Umsatz- steuer	Vorsteuer	Zahllast
Forstbetrieb	Nettopreis	2.000,00 €			
	+ 19 % USt	380,00 €	380,00 €	0,00 €	380,00 €
	Bruttopreis	2.380,00 €			
Möbelwerke	Nettopreis	6.500,00 €			
	+ 19 % USt	1.235,00 €	1.235,00 €	380,00 €	855,00 €
	Bruttopreis	7.735,00 €			
Großhandel	Nettopreis	8.000,00 €			
	+ 19 % USt	1.520,00 €	1.520,00 €	1.235,00 €	285,00 €
	Bruttopreis	9.520,00 €			
Einzelhandel	Nettopreis	10.000,00 €			
	+ 19 % USt	1.900,00 €	1.900,00 €	1.520,00 €	380,00 €
	Bruttopreis	11.900,00 €			
Privatkunde	bezahlt brutto	11.900,00 €	5.035,00 €	3.135,00 €	1.900,00 €
	Probe:		Schuld —	Forderung =	Zahllast

Die aufgrund der **Umsatzsteuervoranmeldungen** abgeführten Zahllasten stellen lediglich **Vorauszahlungen** an das Finanzamt dar. Deshalb ist für das abgelaufene Geschäftsjahr noch eine **Umsatzsteuer-Jahreserklärung** zu erstellen, die zusammen mit der Einkommen- bzw. Körperschaftsteuererklärung **bis zum 31. Mai des Folgejahres** beim Finanzamt einzureichen ist.

Umsatzsteuer-Jahreserklärung

---

1 Siehe auch S. 69 f.

Vorsteuerüberhang

Sind die Vorsteuern eines Monats, Quartals oder Jahres höher als die Umsatzsteuer, erstattet das Finanzamt diesen **Vorsteuerüberhang** durch Überweisung.

Beispiel

Die Umsatzsteuervoranmeldung des Möbelgroßhandels Schnell KG weist zum 31. März folgende Zahlen aus:

Umsatzsteuer	112.000,00 €
– Vorsteuer	136.000,00 €
= **Vorsteuerguthaben** zum 31. März	24.000,00 €

Merke

- Bemessungsgrundlage der Umsatzsteuer ist das Entgelt[1], also der Nettopreis der bezogenen Lieferung oder Leistung zuzüglich aller Nebenkosten.
- Die Umsatzsteuer ist auf allen Ausgangsrechnungen gesondert auszuweisen, sofern diese auf Unternehmen oder Selbstständige ausgestellt sind.
- Bei Kleinbetragsrechnungen bis zu 150,00 € einschl. USt (z. B. Tankstellenbeleg) genügt die Angabe des Steuersatzes für die im Bruttobetrag enthaltene Umsatzsteuer.
- Die Umsatzsteuervoranmeldung ist grundsätzlich vierteljährlich und bei einer Vorjahres-Umsatzsteuer von mehr als 7.500,00 € monatlich online beim Finanzamt einzureichen.
- Für jedes Geschäftsjahr ist eine Umsatzsteuer-Jahreserklärung abzugeben.
- Ein Vorsteuerüberhang (Vorsteuer > Umsatzsteuer) wird vom Finanzamt erstattet.
- Bei Unternehmen und Selbstständigen ist die Umsatzsteuer ein durchlaufender Posten.

5.4 Buchung der Umsatzsteuer im Einkaufs- und Verkaufsbereich

5.4.1 Buchung beim Einkauf von Waren u. a.

Umsatzsteuer im Einkauf

Der Einkauf von Waren, Roh-, Hilfs- und Betriebsstoffen[2] wird aufgrund einer Eingangsrechnung (ER) gebucht. Sie weist den **Nettowert** der bezogenen Ware und die darauf entfallende **Umsatzsteuer** gesondert aus. In unserem Stufenbeispiel auf Seite 55 erhält der Möbelgroßhandel für die Lieferung der Schrankwand von den Möbelwerken Klein folgende Rechnung:

Eingangsrechnung des Möbelgroßhandels Schnell KG	
Wohnzimmerschrankwand S 404, netto	6.500,00 €
+ 19 % Umsatzsteuer	1.235,00 €
Rechnungsbetrag	7.735,00 €

Aktivkonto Vorsteuer

Die in der **Eingangsrechnung** ausgewiesene Umsatzsteuer – die sog. **Vorsteuer** – begründet für den Möbelgroßhandel eine **Forderung gegenüber dem Finanzamt**; daher wird die beim Einkauf der Ware in Rechnung gestellte Vorsteuer zunächst im

Aktivkonto „Vorsteuer"

auf der Sollseite gebucht. Im „Wareneingangskonto" wird im Soll nur der Nettobetrag erfasst. Der Rechnungsbetrag wird auf dem Konto „Verbindlichkeiten a. LL" im Haben gebucht.

Der Buchungssatz aufgrund der **Eingangsrechnung** lautet:

Wareneingang	6.500,00	
Vorsteuer	1.235,00	
an Verbindlichkeiten a. LL		7.735,00

---

1 Nach § 10 UStG ist Entgelt alles, was der Leistungsempfänger aufwendet, um die Leistung zu erhalten, jedoch abzüglich der Umsatzsteuer.
2 Rohstoffe bilden den Hauptbestandteil eines Erzeugnisses (z. B. Holz), Hilfsstoffe sind Nebenbestandteile (z. B. Leim), Betriebsstoffe sind Treibstoffe (z. B. Heizöl, Benzin).

S	Wareneingang		H
Verb. a. LL	6.500,00		

S	Vorsteuer		H
Verb. a. LL	1.235,00		

S	Verbindlichkeiten a. LL		H
		Wareneingang/ Vorsteuer	7.735,00

> Die Umsatzsteuer in der Eingangsrechnung ist die Vorsteuer. Das Konto „Vorsteuer" ist ein Aktivkonto. Es weist ein Guthaben, d. h. eine Forderung gegenüber dem Finanzamt aus.

5.4.2 Buchung beim Verkauf von Waren u. a.

Der Verkauf von Waren (Erzeugnissen) wird aufgrund einer Ausgangsrechnung (AR) gebucht. Sie weist den **Nettopreis** der Waren und die darauf entfallende **Umsatzsteuer** gesondert aus. In unserem Beispiel kauft der Möbelgroßhandel Schnell eine von den Möbelwerken Klein hergestellte Wohnzimmerschrankwand und verkauft diese an den Möbeleinzelhändler Probst auf Ziel (Nettopreis 8.000,00 €). Der Möbelgroßhandel Schnell schickt dem Möbeleinzelhändler Probst folgende Rechnung:

Umsatzsteuer im Verkauf

Ausgangsrechnung des Möbelgroßhandels Schnell KG	
Wohnzimmerschrankwand S 404, netto	8.000,00 €
+ 19 % Umsatzsteuer	1.520,00 €
Rechnungsbetrag	9.520,00 €

Der Möbelgroßhandel Schnell belastet den Einzelhändler Probst auf dem Konto „Forderungen a. LL" mit dem Rechnungsbetrag von 9.520,00 €, denn der Möbeleinzelhändler ist verpflichtet, dem Möbelgroßhandel den Nettowert der Ware und dessen Umsatzsteuerverbindlichkeiten aus dieser Lieferung zu bezahlen. Das Konto „Warenverkauf" übernimmt im Haben den Nettopreis von 8.000,00 €. Die darauf entfallende Umsatzsteuer, also die Umsatzsteuer aus dem Verkauf der Ware, wird dem Finanzamt auf dem

Passivkonto Umsatzsteuer

　　　　Passivkonto „Umsatzsteuer"

im Haben gutgeschrieben.

Der Buchungssatz aufgrund der **Ausgangsrechnung** lautet:

Forderungen a. LL 9.520,00
an Warenverkauf 8.000,00
an Umsatzsteuer 1.520,00

S	Forderungen a. LL		H
Warenverkauf/ USt	9.520,00		

S	Warenverkauf		H
		Ford. a. LL	8.000,00

S	Umsatzsteuer		H
		Ford. a. LL	1.520,00

> Das Konto „Umsatzsteuer" ist ein Passivkonto. Es weist Umsatzsteuerverbindlichkeiten gegenüber dem Finanzamt aus.

5.4.3 Vorsteuerabzug und Ermittlung der Zahllast

Ermittlung der Zahllast

Mit dem Verkauf der Wohnzimmerschrankwand an den Möbeleinzelhändler Probst entsteht für den Möbelgroßhandel Schnell zunächst eine **Umsatzsteuerschuld** in Höhe von 1.520,00 € gegenüber dem Finanzamt. Der Möbelgroßhandel hat jedoch durch die beim Einkauf der Ware geleistete Vorsteuer ein **Guthaben**, d. h. eine Forderung an das Finanzamt in Höhe von 1.235,00 €. Er braucht also nur noch den **Unterschiedsbetrag** zwischen der Umsatzsteuer beim Verkauf und der Umsatzsteuer beim Einkauf (= Vorsteuer) an das Finanzamt zu zahlen (= **Zahllast**):

	Umsatzsteuerverbindlichkeit aus dem Verkauf	1.520,00 €
−	Vorsteuerguthaben aus dem Einkauf	1.235,00 €
=	Zahllast	285,00 €

Die Zahllast in Höhe von 285,00 € entspricht somit 19 % der eigenen Mehrwertschöpfung (19 % von 1.500,00 € = 285,00 €).

Zum Schluss des Umsatzsteuervoranmeldungszeitraums[1] ist der Saldo des Kontos „Vorsteuer" (= sonstige Forderung) auf das Konto „Umsatzsteuer" (= sonstige Verbindlichkeit) zu übertragen, um die Zahllast buchhalterisch zu ermitteln:

Buchung: Umsatzsteuer .... an **Vorsteuer** 1.235,00

S	Vorsteuer		H
Verb. a. LL	1.235,00	Saldo	1.235,00

➡

S	Umsatzsteuer		H
VSt	1.235,00	Ford. a. LL	1.520,00
Zahllast	285,00		

Überweisung der Zahllast

Nach dieser Umbuchung weist nun der Saldo des Kontos „Umsatzsteuer" die Zahllast aus, die spätestens bis zum **10. des folgenden Monats** an das Finanzamt abzuführen ist:

Buchung: Umsatzsteuer .... an **Bank** 285,00

S	Bank		H
...	25.000,00	USt	285,00

←

S	Umsatzsteuer		H
VSt	1.235,00	Ford. a. LL	1.520,00
Bank	285,00		
	1.520,00		1.520,00

Merke

- ■ Zur buchhalterischen Ermittlung der Zahllast wird das Konto „Vorsteuer" über das Konto „Umsatzsteuer" abgeschlossen.
- ■ Nach der Verrechnung zeigt der Saldo auf dem Konto „Umsatzsteuer" den an das Finanzamt abzuführenden Betrag: die Zahllast.

Bei einem Steuersatz von 19 % entspricht der Rechnungs- oder Bruttobetrag stets 119 %: Warennettobetrag (= 100 %) + 19 % Umsatzsteuer. Aus dem Bruttobetrag lässt sich der Anteil der Umsatzsteuer wie folgt herausrechnen:

$$119\ \% \triangleq \text{Bruttobetrag}$$
$$19\ \% \triangleq x$$

$$x = \text{Steueranteil in } € = \frac{\text{Bruttobetrag in } € \cdot 19\ \%}{119\ \%}$$

[1] Siehe S. 54 und 56.

5.5 Bilanzierung der Zahllast und des Vorsteuerüberhangs

Zum 31. Dezember ist die Zahllast des Monats Dezember als „Sonstige Verbindlichkeit" in die Schlussbilanz einzusetzen, also zu **passivieren**.

Passivierung der Zahllast

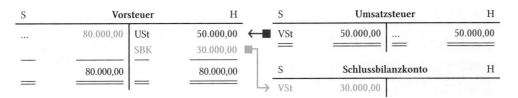

S	Vorsteuer		H		S	Umsatzsteuer		H
...	120.000,00	USt	120.000,00	■→	VSt	120.000,00	...	140.000,00
				■	SBK	20.000,00		
S	Schlussbilanzkonto		H			140.000,00		140.000,00
		USt-Z	20.000,00	←				

Buchungen zum 31. Dezember:

❶ Umsatzsteuer .... an Vorsteuer 120.000,00
❷ Umsatzsteuer .... an Schlussbilanzkonto 20.000,00

Entsprechend ist ein Vorsteuerüberhang zum 31. Dezember als **„Sonstige Forderung"** in der Schlussbilanz auszuweisen, also zu **aktivieren**. In diesem Fall ist das Konto „Umsatzsteuer" über das Konto „Vorsteuer" abzuschließen.

Aktivierung des Vorsteuerüberhangs

S	Vorsteuer		H		S	Umsatzsteuer		H
...	80.000,00	USt	50.000,00	←■	VSt	50.000,00	...	50.000,00
		SBK	30.000,00	■				
	80.000,00		80.000,00		S	Schlussbilanzkonto		H
				↘	VSt	30.000,00		

Buchungen zum 31. Dezember:

❶ Umsatzsteuer .... an Vorsteuer 50.000,00
❷ Schlussbilanzkonto .... an Vorsteuer 30.000,00

Zum Bilanzstichtag (31. Dezember) ist in der Schlussbilanz

■ die Zahllast als „Sonstige Verbindlichkeit" auszuweisen (zu passivieren),

■ ein Vorsteuerüberhang als „Sonstige Forderung" zu aktivieren.

Merke

Ein Unternehmen der Grundstoffindustrie verkauft an einen Industriebetrieb Rohstoffe im Wert von 2.000,00 € netto. Der Industriebetrieb erstellt aus den Rohstoffen fertige Erzeugnisse und verkauft diese für 6.000,00 € an den Großhandel. Der Großhandel veräußert diese Waren an den Einzelhandel für 7.600,00 €. Der Einzelhandel setzt die Waren an verschiedene Konsumenten für 11.000,00 € ab. Die Preise sind **Nettopreise**, allgemeiner Steuersatz.

Aufgabe 59

Zeichnen Sie ein Stufenschema (siehe S. 55), das den Rechnungsbetrag, die Umsatzsteuer beim Verkauf, die Vorsteuer und die Zahllast enthält. Buchen Sie auf jeder Stufe.

Ein Großhandelsunternehmen hat im Monat Oktober insgesamt Warenverkäufe von netto 500.000,00 € und Einkäufe von Waren von netto 300.000,00 € getätigt. Allgemeiner Steuersatz.

Aufgabe 60

Konten: Wareneingang, Vorsteuer, Verbindlichkeiten a. LL, Warenverkauf, Umsatzsteuer, Forderungen a. LL, Bank (Anfangsbestand 10.000,00 €).

1. Buchen Sie a) die Warenverkäufe, b) die Wareneinkäufe, c) die Ermittlung der Zahllast (31. Oktober).

2. Bis wann ist die Zahllast an das Finanzamt zu überweisen? Buchen Sie die Überweisung.

Aufgabe 61

Buchen Sie den folgenden Beleg

1. als Ausgangsrechnung in der Deutschen Papier AG und

2. als Eingangsrechnung in der Papiergroßhandlung Kern KG:

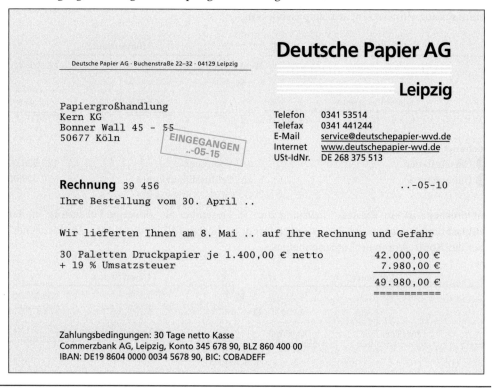

Deutsche Papier AG · Buchenstraße 22–32 · 04129 Leipzig

Deutsche Papier AG

Leipzig

Papiergroßhandlung
Kern KG
Bonner Wall 45 - 55
50677 Köln

*EINGEGANGEN
..-05-15*

Telefon	0341 53514
Telefax	0341 441244
E-Mail	service@deutschepapier-wvd.de
Internet	www.deutschepapier-wvd.de
USt-IdNr.	DE 268 375 513

Rechnung 39 456   ..-05-10

Ihre Bestellung vom 30. April ..

Wir lieferten Ihnen am 8. Mai .. auf Ihre Rechnung und Gefahr

30 Paletten Druckpapier je 1.400,00 € netto	42.000,00 €
+ 19 % Umsatzsteuer	7.980,00 €
	49.980,00 €

Zahlungsbedingungen: 30 Tage netto Kasse
Commerzbank AG, Leipzig, Konto 345 678 90, BLZ 860 400 00
IBAN: DE19 8604 0000 0034 5678 90, BIC: COBADEFF

Aufgabe 62

In der Papiergroßhandlung Kern KG liegen folgende Belege zur Buchung vor:

Beleg 1   **Beleg 2**

Netto	€	570 ct 00		
+ 19 % USt	€	108 ct 30	Nr.	KB 287
Gesamt	€	678 ct 30		

Gesamtbetrag € in Worten
~~sechshundertachtundsiebzig~~   Cent
                                                              wie oben
(Im Gesamtbetrag sind 19 % Umsatzsteuer enthalten)
von *Möbelwerke W. Kurz e. K.*

für *Reparaturarbeiten an der Heizungsanlage*

richtig erhalten zu haben, bestätigt

Ort *Dresden*   Datum ..-12-30
Buchungsvermerke   Stempel/Unterschrift des Empfängers
                          Inar Gunst e. Kfm. *Gunst*
                          Sanitär und Heizung
                          Sonnenhof 15
                          70378 Stuttgart
                          Steuer-Nr. 065 321 45739

```
TANK - RAST

S. Gunkel GmbH
Sollingstrasse 54
70469 STUTTGART
Steuer-Nr.
065 292 34560

* SÄULEN-NR. 10        9
* Diesel
* Liter 85,05 x 1,129 EUR

   TOTAL  96,02

Im Gesamtbetrag sind
19 % Umsatzsteuer
enthalten.

....-12-29  14:32

VIELEN DANK
GUTE FAHRT!
```

Nennen Sie zu den Belegen 1 und 2 jeweils den Buchungssatz.

Im Dezember hatte die Handels-GmbH, Düsseldorf, folgende Umsätze: Verkäufe netto 600.000,00 €, Einkäufe netto 800.000,00 €, allgemeiner Steuersatz.

1. *Buchen Sie die Vorgänge summarisch.*
2. *Warum ergibt sich zum 31. Dezember keine Zahllast?*
3. *Wohin gelangt der Vorsteuerüberhang beim Jahresabschluss? Buchen Sie.*
4. *Inwiefern stellt die Vorsteuer eine Forderung an das Finanzamt dar? Begründen Sie.*

Anfangsbestände

BGA	30.000,00	Bankguthaben	35.000,00
Fuhrpark	90.000,00	Kasse	6.000,00
Waren	128.000,00	Verbindlichkeiten a. LL	43.000,00
Forderungen a. LL	34.000,00	Eigenkapital	280.000,00

Kontenplan

Bestandskonten: BGA, Fuhrpark, Warenbestände, Forderungen a. LL, Vorsteuer, Bank, Kasse, Verbindlichkeiten a. LL, Umsatzsteuer, Eigenkapital, Schlussbilanzkonto.

Erfolgskonten: Wareneingang, Warenverkauf, Löhne, Gewinn- und Verlustkonto.

Geschäftsfälle

1. Zielkauf von Waren lt. ER 11–14

Nettopreis	11.000,00
+ Umsatzsteuer	2.090,00
Rechnungsbeträge	13.090,00

2. Zielkauf eines Lieferfahrzeugs lt. ER 15

Nettopreis	40.000,00
+ Umsatzsteuer	7.600,00
Rechnungsbetrag	47.600,00

3. Banküberweisung an Lieferanten, Rechnungsbeträge 8.925,00
4. Barzahlung von Löhnen an Aushilfskräfte bei der Inventur 4.400,00
5. Zielkauf von Waren lt. ER 16

Nettopreis	2.500,00
+ Umsatzsteuer	475,00
Rechnungsbetrag	2.975,00

6. Zielverkauf von Waren lt. AR 10–12

Nettopreis	23.000,00
+ Umsatzsteuer	4.370,00
Rechnungsbeträge	27.370,00

7. Banküberweisung von Kunden, Rechnungsbeträge 5.950,00
8. Zielverkauf von Waren lt. AR 13–18

Nettopreis	60.400,00
+ Umsatzsteuer	11.476,00
Rechnungsbeträge	71.876,00

9. Banküberweisung für ER 15, vgl. Geschäftsfall 2 .... 47.600,00

Abschlussangaben

1. Die Zahllast für die Umsatzsteuer ist zu ermitteln und auf die Passivseite des Schlussbilanzkontos einzustellen, d. h. zu passivieren.
2. Inventurbestand an Waren 82.000,00
3. Die übrigen Buchwerte stimmen mit den Inventurwerten überein.

Der Elektrogroßhandel Dirk Bach e. K. hat lt. ER 123 Büromaterial für brutto 178,50 €, also einschließlich 19 % Umsatzsteuer, gegen Barzahlung erworben.

Ermitteln Sie aus dem Bruttopreis (= 119 %)

1. die darin enthaltene Umsatzsteuer (= 19 %) und
2. den Nettopreis (= 100 %).

Aufgabe 66

Im Monat Juli wurden Waren für brutto 297.500,00 € eingekauft. Im gleichen Zeitraum betrugen die Bruttoverkaufserlöse für Waren 380.800,00 €.

Ermitteln Sie jeweils a) den Nettobetrag, b) die Vor- bzw. Umsatzsteuer und c) die Zahllast zum 31. Juli.

Aufgabe 67

Anfangsbestände

BGA	115.000,00	Kasse	13.500,00
Waren	180.000,00	Darlehensschulden	42.000,00
Forderungen a. LL	95.000,00	Verbindlichk. a. LL	75.000,00
Bankguthaben	135.000,00	Umsatzsteuer	8.500,00
Postbankguthaben	9.800,00	Eigenkapital	422.800,00

Kontenplan

Bestandskonten: BGA, Warenbestände, Forderungen a. LL, Vorsteuer, Kasse, Postbank, Bank, Darlehensschulden, Verbindlichkeiten a. LL, Umsatzsteuer, Eigenkapital, Schlussbilanzkonto.

Erfolgskonten: Wareneingang, Personalaufwendungen, Mietaufwendungen, Bürobedarf, Beiträge, Zinsaufwendungen, Zinserträge, Warenverkauf, Gewinn- und Verlustkonto.

Geschäftsfälle

1.	Umsatzsteuerzahlung an das Finanzamt durch Banküberweisung (Ausgleich der Zahllast des letzten Monats)	8.500,00
2.	Barzahlung für Büromaterial, brutto	952,00
3.	Warenverkäufe auf Ziel, AR 1–45, brutto	149.940,00
4.	Beitrag für die Industrie- und Handelskammer wird durch Postbanküberweisung beglichen	2.250,00
5.	Banküberweisung von Kunden	22.015,00
6.	Wareneinkäufe auf Ziel, ER 1–36, Rechnungsbeträge	80.920,00
7.	Banküberweisung an Lieferanten	19.873,00
8.	Unsere Darlehenstilgung durch Bankscheck	15.000,00
9.	Zinsgutschrift der Bank für unser Bankguthaben	2.900,00
10.	Darlehenszinsen werden durch Postbanküberweisung beglichen	2.200,00
11.	Miete für unsere Geschäftsräume wird durch Banküberweisung beglichen	2.100,00
12.	Lohnzahlung durch Banküberweisung	4.800,00

Abschlussangaben

1. Warenbestand lt. Inventur 139.900,00
2. Die übrigen Buchbestände stimmen mit den Inventurwerten überein.

Aufgabe 68

Das Möbelgroßhandelsunternehmen Werner Theuer e. Kfm. hat in der Buchhandlung Badicke das Fachbuch „Die Umsatzbesteuerung im innergemeinschaftlichen Warenverkehr" für brutto 64,20 € gegen Barzahlung erworben. Der Beleg enthält den Hinweis: „Im Betrag sind 7 % Umsatzsteuer enthalten."

Ermitteln Sie aus dem Bruttobetrag 1. den Nettowert und 2. die Umsatzsteuer.

Aufgabe 69

1. *Wie errechnet man die USt-Zahllast? Für welchen Zeitraum wird sie in der Regel ermittelt? Bis zu welchem Termin ist die USt-Zahllast spätestens an das Finanzamt abzuführen?*

2. *Im Monat Dezember beträgt die Vorsteuer 156.000,00 €, die Umsatzsteuer aufgrund der Ausgangsrechnungen nur 104.000,00 €. Buchen Sie den Abschluss zum 31. Dezember.*

3. *Erläutern Sie, inwiefern die Umsatzsteuer für das Unternehmen grundsätzlich ein „durchlaufender" Posten ist.*

Zum 31. Dezember weisen die Konten „Vorsteuer" und „Umsatzsteuer" folgende Beträge aus:

S	Vorsteuer		H	S	Umsatzsteuer		H
...	230.000,00	...	200.000,00	...	520.000,00	...	600.000,00

1. *Schließen Sie die obigen Konten ab. Richten Sie dazu das Schlussbilanzkonto ein.*
2. *Nennen Sie die Buchungssätze.*
3. *Was sagt Ihnen der Saldo zum 31. Dezember?*

Die nachstehenden Konten weisen zum 31. Dezember folgende Summen aus:

S	Vorsteuer		H	S	Umsatzsteuer		H
...	450.000,00	...	360.000,00	...	730.000,00	...	770.000,00

1. *Schließen Sie die obigen Konten ab. Richten Sie dazu das Schlussbilanzkonto ein.*
2. *Nennen Sie die Buchungssätze.*
3. *Was sagt Ihnen der Saldo zum 31. Dezember?*

Ergänzen Sie folgende Aussagen:

1. Die Umsatzsteuer ist nur vom ... zu tragen. Sie belastet das ... nicht.
2. Nur Unternehmen und Personen, die umsatzsteuerpflichtige Lieferungen und Leistungen im ... gegen ... erbringen, sind zum Abzug der ... berechtigt.
3. Die Vorsteuer stellt eine ... gegenüber dem Finanzamt dar. Die Umsatzsteuer ist dagegen eine ... gegenüber dem Finanzamt.
4. Die Zahllast wird in der Regel ... ermittelt und bis zum ... des ... an das Finanzamt überwiesen.
5. Die Zahllast des Monats Dezember ist in der Schlussbilanz zu ... . Ein Vorsteuerüberhang ist zum 31. Dezember zu ... .
6. Mehrwert ist der ... zwischen dem Nettoverkaufs- und Nettoeinkaufspreis. Durch den Vorsteuerabzug wird erreicht, dass auf jeder Stufe des Warenwegs nur der ... dieser Stufe besteuert wird.
7. In Rechnungen an ... ist die Umsatzsteuer ... auszuweisen. Die Rechnungen enthalten den ..., die ... und den ... .
8. In Kleinbetragsrechnungen bis ... € (einschließlich Umsatzsteuer) genügt die Angabe des im Rechnungsbetrag enthaltenen ... .

Ordnen Sie die Begriffe Zahllast, Vorsteuerüberhang, Aktivierung und Passivierung entsprechend zu.

1. Umsatzsteuer des Monats Dezember > Vorsteuer des Monats Dezember
2. Umsatzsteuer des Monats Dezember < Vorsteuer des Monats Dezember

1. Sowohl Lieferungen als auch Leistungen unterliegen nach § 1 UStG der Umsatzsteuer. *Nennen Sie jeweils einige Beispiele.*
2. *Ergänzen Sie:*
   a) Die Umsatzsteuer in der Eingangsrechnung ist die ...steuer. Das Konto ...steuer ist ein ...konto.
   b) Die Umsatzsteuer in der Ausgangsrechnung ist die ...steuer. Das Konto ...steuer ist ein ...konto.
3. *Erläutern Sie die Bemessungsgrundlage für die Umsatzsteuer.*

6 Einführung in die Abschreibung der Sachanlagen

6.1 Ursachen, Buchung und Wirkung der Abschreibung

Sachanlagen

Das Anlagevermögen ist dazu bestimmt, dem Unternehmen **langfristig** zu dienen. Bei **abnutzbaren Anlagegütern** (z. B. Gebäude, Maschinen, Computer) ist die Nutzungsdauer jedoch begrenzt. Der Wert dieser **Sachanlagen** mindert sich durch

- Nutzung (Gebrauch),
- natürlichen Verschleiß,
- technischen Fortschritt und
- außergewöhnliche Ereignisse.

Diese Wertminderungen werden in der Regel zum Jahresschluss als **Aufwand** auf dem Konto

Abschreibungen auf Sachanlagen (SA)

erfasst. Statt Abschreibung heißt es im Steuerrecht „Absetzung für Abnutzung" (**AfA**).

Beispiel

Die Anschaffungskosten einer Maschine, die eine Nutzungsdauer von 10 Jahren hat, betragen 120.000,00 €. Die Maschine kann somit **jährlich gleich bleibend (linear)** mit 12.000,00 € (120.000,00 € : 10) abgeschrieben werden. Dadurch vermindert sich der Gewinn des Unternehmens um 12.000,00 €.

S	Techn. Anlagen u. Maschinen		H
AB	120.000,00	Abschr.	12.000,00
		SBK	108.000,00

S	Abschreibungen auf Sachanlagen		H
TA u. Maschinen		GuV-	
	12.000,00	Konto	12.000,00

S	Schlussbilanzkonto		H
TA u. Maschinen			
	108.000,00		

S	GuV-Konto		H
...	200.000,00	...	250.000,00
Abschr.	12.000,00		
Gewinn	?		

Buchungen:
1. Abschreibungen auf SA .... an TA u. Maschinen 12.000,00
2. GuV-Konto .... an Abschreibungen auf SA 12.000,00
3. Schlussbilanzkonto .... an TA und Maschinen 108.000,00

Merke

- Die Wertminderung der Anlagegüter wird durch Abschreibungen erfasst.
- Durch die Abschreibung werden die Anschaffungskosten eines Anlagegutes auf seine Nutzungsdauer (Jahre) verteilt.
- Abschreibungen mindern als Aufwand den Gewinn und somit auch die gewinnabhängigen Steuern, wie z. B. die Einkommensteuer.

Abschreibungen

In der Kalkulation der Verkaufspreise der Waren werden die **Abschreibungen als Kosten** eingesetzt. **Über die Verkaufserlöse fließen** die einkalkulierten **Abschreibungsbeträge** in Form von liquiden Mitteln (Geld) in das Unternehmen **zurück**. Diese Mittel stehen nun wiederum für **Anschaffungen (Investitionen)** im Sachanlagevermögen zur Verfügung. Das Unternehmen finanziert somit die Anschaffung von Sachanlagegütern in erster Linie aus **Abschreibungsrückflüssen**. Die Abschreibung stellt deshalb ein bedeutendes **Mittel der Finanzierung** dar.

Abschreibungs-kreislauf

Abschreibungen bewegen sich nahezu in einem Kreislauf. Aus dem Anlagevermögen fließen sie über die Verkaufserlöse in das Umlaufvermögen (Bank) und von dort durch Neuanschaffungen in das Anlagevermögen zurück.

Merke

Abschreibungen finanzieren Investitionen in Sachanlagen.

6.2 Berechnung der Abschreibung

Jährlicher Abschreibungsbetrag

Der jährliche Abschreibungsbetrag wird in der Regel aufgrund handelsrechtlicher Vorschriften nach der linearen oder degressiven Methode berechnet. In unserem Ausgangsbeispiel soll die Maschine jeweils zum Jahresschluss **linear mit 10 %** der **Anschaffungskosten** bzw. **degressiv mit 25 %** vom jeweiligen **Buchwert** (Restwert) abgeschrieben werden. Im ersten Fall ergeben sich jährlich **gleich bleibende** und im zweiten **fallende** Abschreibungsbeträge. Durch die Abschreibung verringert sich jährlich der Buch- bzw. Restwert des Anlagegutes:

Lineare Abschreibung	Ermittlung des Buchwertes	Degressive Abschreibung
120.000,00 €	Anschaffungswert	120.000,00 €
− 12.000,00 €	− Abschreibung am Ende des 1. Jahres	− 30.000,00 €
= 108.000,00 €	= Buchwert am Ende des 1. Jahres	= 90.000,00 €
− 12.000,00 €	− Abschreibung am Ende des 2. Jahres	− 22.500,00 €
= 96.000,00 €	= Buchwert am Ende des 2. Jahres	= 67.500,00 €
10 % Abschreibung von den Anschaffungskosten	*Führen Sie das Beispiel zu Ende.*	**25 % Abschreibung vom Buchwert**

Lineare Abschreibung

Bei der linearen Abschreibung erfolgt die Abschreibung in jedem Jahr der Nutzung von den **Anschaffungskosten** des Anlagegutes. Die **Abschreibungsbeträge** sind daher **gleich hoch**. Nach Ablauf der Nutzungsdauer ist der Buchwert gleich null. Sollte sich das Anlagegut nach Ablauf der Nutzungsdauer noch weiterhin im Betrieb befinden, so ist es mit einem **Erinnerungswert von 1,00 €** im Anlagekonto auszuweisen. Im Beispiel dürften dann am Ende des 10. Jahres nur 11.999,00 € abgeschrieben werden.

$$\text{Abschreibungsbetrag} = \frac{\text{Anschaffungskosten}}{\text{Nutzungsjahre}} = \frac{120.000,00 €}{10 \text{ Jahre}} = 12.000,00 €/\text{Jahr}$$

$$\text{Abschreibungssatz} = \frac{1}{\text{Nutzungsjahre}} = \frac{1}{10 \text{ Jahre}} = 0,1/\text{Jahr} = 10\%/\text{Jahr}$$

Degressive Abschreibung

Bei der degressiven Abschreibung wird die Abschreibung nur im ersten Nutzungsjahr von den Anschaffungskosten vorgenommen, in den folgenden Jahren dagegen vom jeweiligen **Buch- oder Restwert**. Dadurch ergeben sich **jährlich fallende Abschreibungsbeträge**. Bei der degressiven Abschreibung wird der Nullwert des Anlagegutes nach Ablauf der Nutzungsdauer nie erreicht. Der **Abschreibungssatz** sollte daher bei degressiver Abschreibung **höher** sein als bei linearer Abschreibung, wodurch insbesondere auch einer **Wertminderung durch technischen Fortschritt** (z. B. Modellwechsel) Rechnung getragen wird.

Steuerrechtliche Regelung

Handelsrechtlich sind beide Abschreibungsmethoden zugelassen. Im **Steuerrecht** ist die degressive Abschreibung abgeschafft worden. Abnutzbare Anlagegüter, die im Jahr 2008 oder ab 2011 angeschafft wurden, müssen daher für die Steuerbilanz linear abgeschrieben werden. Auf Anschaffungen aus den Jahren vor 2008 sowie 2009 und 2010 dürfen auch für steuerliche Zwecke weiter degressive Abschreibungen verrechnet werden, wobei je nach Zugangsjahr unterschiedliche Prozentsätze und Höchstbeträge zulässig sind.

Merke

- Handelsrechtlich dürfen abnutzbare Anlagegüter über ihre Nutzungsdauer linear oder degressiv abgeschrieben werden.
- Steuerrechtlich ist für Zugänge von beweglichen Wirtschaftsgütern in 2008 und ab 2011 die degressive Abschreibungsmethode abgeschafft, so dass linear abgeschrieben werden muss.
- Abschreibungsgrundlage sind die Anschaffungs- bzw. Herstellungskosten.

Beispiele	**Nutzungsdauer (Jahre) von Anlagegütern lt. AfA-Tabelle:**

1. Betriebliche Gebäude	25–33	6. Personalcomputer	3
2. Lagereinrichtungen	14	7. Drucker, Scanner u. a.	3
3. Hochregallager	15	8. Registrierkassen	6
4. Büromöbel	13	9. Lastkraftwagen	9^1
5. Großrechner	7	10. Personenwagen	6^1

Ermitteln Sie die entsprechenden Abschreibungssätze (in Prozent).

$$\text{Abschreibungsbetrag} = \frac{\text{Anschaffungskosten}}{\text{Nutzungsdauer}} \qquad \text{Abschreibungssatz} = \frac{1}{\text{Nutzungsdauer}}$$

Aufgabe 75	Die Anschaffungskosten einer Maschine, die am 3. Januar 2010 angeschafft wurde, belaufen sich auf 400.000,00 €. Die Nutzungsdauer beträgt 10 Jahre.

a) *Ermitteln Sie bei linearer Abschreibung jeweils den Abschreibungsbetrag und -satz.*

b) *Welcher AfA-Satz ist steuerlich für die degressive Abschreibung anzuwenden?*

c) *Stellen Sie die Abschreibungsbeträge bei linearer und degressiver Abschreibung wenigstens für die ersten vier Jahre in einer Tabelle gegenüber und ermitteln Sie für jedes Jahr den Buch- bzw. Restwert.*

d) *Buchen Sie für das erste Jahr die Abschreibung auf Maschinen (lineare Abschreibung). Richten Sie dazu folgende Konten ein: TA und Maschinen, Abschreibungen auf Sachanlagen, Schlussbilanzkonto, GuV-Konto.*

e) *Wie hätte sich der Maschinenkauf in 2016 steuerlich ausgewirkt?*

Aufgabe 76	*Es sind folgende Konten einzurichten:*

TA und Maschinen 290.000,00 €, Betriebs- und Geschäftsausstattung 120.000,00 €, Abschreibungen auf Sachanlagen, GuV-Konto, Schlussbilanzkonto.

Buchen Sie die Abschreibungen auf TA und Maschinen 58.000,00 €, auf Betriebs- und Geschäftsausstattung 12.000,00 €. Schließen Sie die Bestandskonten und das Konto Abschreibungen auf Sachanlagen ab und stellen Sie danach das Schlussbilanzkonto auf.

Aufgabe 77	*Folgende Konten sind einzurichten:*

TA und Maschinen 220.000,00 €, Betriebs- und Geschäftsausstattung 90.000,00 €, Fuhrpark 140.000,00 €, Abschreibungen auf Sachanlagen, GuV-Konto, Schlussbilanzkonto.

Lt. Inventur sind folgende Schlussbestände vorhanden:

TA und Maschinen 196.000,00 €, Betriebs- und Geschäftsausstattung 81.000,00 €, Fuhrpark 113.000,00 €.

Buchen Sie die Abschreibungen und schließen Sie diese Konten ab.

Aufgabe 78	**Anfangsbestände**

TA und Maschinen 120.000,00 €, Betriebs- und Geschäftsausstattung 35.000,00 €, Fuhrpark 30.000,00 €, Waren 44.000,00 €, Forderungen a. LL 9.000,00 €, Bank 48.000,00 €, Kasse 8.000,00€, Verbindlichkeiten a. LL 24.000,00 €, Darlehensschulden 30.000,00 €, Eigenkapital 240.000,00 €.

Bestandskonten: TA und Maschinen, Betriebs- und Geschäftsausstattung, Fuhrpark, Warenbestände, Forderungen a. LL, Bank, Kasse, Verbindlichkeiten a. LL, Darlehensschulden, Eigenkapital, Umsatzsteuer, Vorsteuer, Schlussbilanzkonto.

Erfolgskonten: Wareneingang, Löhne, Gewerbesteuer, Abschreibungen auf Sachanlagen, Warenverkauf, Gewinn- und Verlustkonto.

Geschäftsfälle

1. Kauf von Waren auf Ziel, netto	3.800,00
+ Umsatzsteuer	722,00

---

1 Bei besonders starker Belastung ist eine Verkürzung der Nutzungsdauer möglich.

693466

2. Banküberweisung eines Kunden 3.332,00
3. Banküberweisung an einen Lieferanten 2.380,00
4. Banküberweisung für Gewerbesteuer[1] 950,00
5. Lohnzahlung durch Banküberweisung 4.100,00
6. Teilrückzahlung eines Darlehens durch Banküberweisung 3.500,00
7. Verkauf von Waren auf Ziel, netto 68.200,00
   + Umsatzsteuer 12.958,00

Abschlussangaben
1. Abschreibungen: TA und Maschinen 12.000,00 €, BGA 2.500,00 €, Fuhrpark 3.000,00 €.
2. Endbestand an Waren lt. Inventur 11.650,00
3. Die übrigen Inventurwerte stimmen mit den Buchwerten überein.

Auswertung

1. Wie hoch sind die gesamten Aufwendungen der Abrechnungsperiode?

2. Welche Erträge stehen diesen Aufwendungen gegenüber?

3. Wie hoch ist demnach der Erfolg (Gewinn oder Verlust)?

4. Wie wirkt sich ein Gewinn bzw. Verlust auf das Eigenkapital aus?

5. Weisen Sie den Erfolg auch durch Kapitalvergleich nach, indem Sie das Eigenkapital am Ende des Geschäftsjahres mit dem zu Beginn des Jahres vergleichen.

Anfangsbestände   **Aufgabe 79**

TA und Maschinen 150.000,00 €, Betriebs- und Geschäftsausstattung 40.000,00 €, Fuhrpark 50.000,00 €, Waren 38.000,00 €, Forderungen a. LL 20.000,00 €, Bank 38.000,00 €, Kasse 9.500,00 €, Verbindlichkeiten a. LL 28.000,00 €, Darlehensschulden 40.000,00 €, Eigenkapital 277.500,00 €.

Kontenplan: wie in Aufgabe 78, zusätzlich Konto „Gehälter".

Geschäftsfälle
1. Verkauf von Waren auf Ziel, brutto 32.011,00
2. Kauf einer Maschine gegen Bankscheck, netto 5.000,00
   + Umsatzsteuer 950,00
3. Aufnahme eines Darlehens bei der Bank 25.000,00
4. Lohnabschlagszahlung bar 5.100,00
5. Banküberweisung eines Kunden 2.975,00
6. Banküberweisung für Gewerbesteuer[1] 900,00
7. Zieleinkauf von Waren, Rechnungsbetrag 17.850,00
8. Gehaltsabschlagszahlung bar 3.500,00
9. Verkauf von Waren, gegen bar, brutto 7.735,00
   auf Ziel, brutto 45.458,00

Abschlussangaben
1. Abschreibungen: TA und Maschinen 6.000,00 €, BGA 3.000,00 €, Fuhrpark 7.000,00 €.
2. Inventurbestand an Waren 12.800,00

Aufgabe 80

1. Unterscheiden Sie zwischen linearer und degressiver Abschreibung.

2. Erläutern Sie die Gewinnauswirkung bei beiden Abschreibungsmethoden im Jahr der Anschaffung des Anlagegegenstandes.

3. Welchen besonderen Vorteil hat die degressive Abschreibung?

4. Erläutern Sie den Kreislauf der Abschreibung.

5. Inwiefern ist die Abschreibung ein Mittel der Selbstfinanzierung?

---

1 Siehe Fußnote auf S. 44.

7   Privatentnahmen und Privateinlagen

7.1   Die Privatkonten

Zum Lebensunterhalt entnimmt der persönlich haftende Unternehmer seinem Unternehmen Geld- und Sachwerte. Überweisungen für Privatzwecke erfolgen oft über die betrieblichen Bankkonten, wie z. B. Zahlungen für Lebens- und Krankenversicherung, Einkommen- und Kirchensteuer u. a. Diese **Privatentnahmen**, die meist im Vorgriff auf den zu erwartenden Jahresgewinn erfolgen, **mindern** jedoch zunächst das im Unternehmen arbeitende **Eigenkapital**. Zuweilen bringt der Unternehmer aber auch Geld- oder Sachwerte aus seinem Privatvermögen in das Unternehmen ein, wie z. B. ein Grundstück aus einer Erbschaft. Diese **Privateinlagen erhöhen das Eigenkapital** seines Unternehmens.

Privatkonten

Privatentnahmen und Privateinlagen verändern das Eigenkapital. Aus Gründen der Übersichtlichkeit werden sie aber nicht direkt über das Eigenkapitalkonto, sondern zunächst auf **Unterkonten des Eigenkapitalkontos** gebucht, den Konten

Privatentnahmen   und   Privateinlagen[1].

Das Konto „Privatentnahmen" erfasst im Soll die Entnahmen und das Konto „Privateinlagen" im Haben die Einlagen. Zum Jahresschluss werden die Privatkonten über das Eigenkapitalkonto abgeschlossen.

Abschlussbuchungen:

- Eigenkapital   an   Privatentnahmen
- Privateinlagen   an   Eigenkapital

Beispiel

❶ Großhändler Kurz entnimmt dem betrieblichen Bankkonto 22.000,00 € für Privatzwecke.
Buchung:
Privatentnahmen .... an **Bank** 22.000,00
❷ Kurz bringt seinen Privat-PKW ins Betriebsvermögen ein: 10.000,00 € Zeitwert.
Buchung:
Fuhrpark .... an **Privateinlagen** 10.000,00

S	Privatentnahmen		H
Bank	22.000,00	EK	22.000,00

S	Privateinlagen		H
		EK	10.000,00
		Fuhrpark	10.000,00

S	Eigenkapital		H
Privatentnahmen	22.000,00	Anfangsbestand	200.000,00
Schlussbestand	238.000,00	Privateinlagen	10.000,00
		Gewinn (GuV)	**50.000,00**
	260.000,00		260.000,00

Merke

- Das Privatkonto ist ein Unterkonto des Eigenkapitalkontos.
- Das Eigenkapital verändert sich durch
  - Privatentnahmen und Einlagen aus dem Privatvermögen sowie durch den
  - Gewinn oder Verlust des Geschäftsjahres.

---

1 Die Privatkonten können nur für den Einzelunternehmer oder den unbeschränkt haftenden Gesellschafter einer Offenen Handelsgesellschaft (OHG) oder Kommanditgesellschaft (KG) eingerichtet werden.

693468

7.2 Unentgeltliche Entnahme von Waren, sonstigen Gegenständen und Leistungen

Der **Umsatzsteuer unterliegen** nicht nur Lieferungen und Leistungen eines Unternehmens gegen Entgelt, sondern auch **unentgeltliche Entnahmen von Sachgütern und sonstigen Leistungen** des Unternehmens durch den Unternehmer **zu unternehmensfremden (z. B. privaten)** Zwecken. Dabei handelt es sich im Wesentlichen um

Entnahme
§ 3 [1b] und [9a] UStG)

- Privatentnahmen von Gegenständen wie Waren und Anlagegütern,
- den privaten Einsatz betrieblicher Gegenstände wie Fahrzeuge, Werkzeuge, Maschinen,
- die private Inanspruchnahme betrieblicher Leistungen wie Reparaturarbeiten,

sofern die entnommenen oder genutzten Gegenstände zum Vorsteuerabzug berechtigt haben. Der **Unternehmer** wird dadurch umsatzsteuerlich **dem Endverbraucher gleichgestellt**. Die genannten Vorgänge werden im Haben der Ertragskonten

> „**Entnahme von Waren**" sowie
> „**Entnahme von sonstigen Gegenständen und Leistungen**" (kurz: ... v. s. G. u. L.)

gebucht. Für jede Entnahme ist ein **Eigenbeleg** zu erstellen, der den Nettoentnahmewert sowie die Umsatzsteuer ausweist.

Möbelgroßhändler Kurz entnimmt dem Warenlager den Esstisch TE 56 zum Einstandswert von 700,00 € + 19 % Umsatzsteuer für Privatzwecke.

Buchungen: ❶ Privatentnahmen ...... 833,00 an **Entnahme von Waren** 700,00
                      an **Umsatzsteuer** 133,00

        ❷ Entnahme von Waren... ... an **GuV-Konto** 700,00

Möbel-groß-handel
Privatentnahme Esstisch TE 56 Werner **KURZ** e. K.
Einstandswert .... 700,00 €
+ 19 % Umsatzsteuer............... 133,00 €
Entnahme, brutto .... 833,00 €
Stuttgart, ..-08-10 _Werner Kurz_

S	Privatentnahmen		H
❶ Entn./USt	833,00		

S	Entnahme von Waren		H
❷ GuV	700,00	❶ Privatentn.	700,00

S	Umsatzsteuer		H
		❶ Privatentn.	133,00

S	GuV-Konto		H
		❷ Entn.	700,00

Möbelgroßhändler Kurz lässt die Heizung seines Wohnhauses durch den eigenen Betrieb warten. **Die Buchungsanweisung für diese private Inanspruchnahme einer betrieblichen Leistung lautet:**

7,5 Arbeitsstunden zu je 40,00 €	300,00 €
+ 19 % Umsatzsteuer	57,00 €
Entnahme, brutto	**357,00 €**

Buchung: Privatentnahmen .... 357,00 an **Entnahme v. s. G. u. L.** 300,00
                                       an **Umsatzsteuer** 57,00

Die private Nutzung des Geschäftswagens wird durch Führung eines **Fahrtenbuchs** oder nach der **1 %-Bruttolistenpreisregelung** nachgewiesen und ermittelt. Der **private Nutzungsanteil** unterliegt der **Umsatzsteuer**. Bei Anschaffung des Fahrzeugs kann der **volle Vorsteuerabzug** geltend gemacht werden. **Buchung:** Fuhrpark und Vorsteuer an Verbindlichkeiten a. LL.

Private Nutzung des Geschäftswagens

Bei der Ermittlung des USt-pflichtigen privaten Nutzungsanteils an den Fahrzeugkosten bleiben die **vorsteuerfreien** Kosten (z. B. Kfz-Steuer/-Versicherung) **außer Ansatz**.

Der private Nutzungsanteil an den Geschäftswagenkosten kann **ermittelt werden**

1. **durch Einzelnachweis:** Die zurückgelegten Kilometer sind jeweils für Dienst- und Privatfahrten getrennt in einem Fahrtenbuch ordnungsgemäß nachzuweisen;
2. **alternativ mithilfe der 1 %-Bruttolistenpreisregelung:** Die private Nutzung muss **für jeden Kalendermonat mit 1 % des inländischen Listenpreises[1] des Fahrzeugs zum Zeitpunkt der Erstzulassung zuzüglich Sonderausstattung und einschließlich Umsatzsteuer** angesetzt werden. Diese Ein-Prozent-Pauschalmethode kann nur angewendet werden, wenn die **betriebliche Nutzung** des Firmenwagens **mehr als 50 %** beträgt.

Das Ergebnis aus beiden Berechnungsmethoden ist **umsatzsteuerpflichtig (19 %).**

Beispiel

Die Gesamtkosten eines Geschäftswagens des Möbelgroßhändlers Kurz (z. B. AfA, Wartungs- und Treibstoffkosten u. a.) betragen in einem Geschäftsjahr nach Abzug der vorsteuererfreien Kosten 10.000,00 €. Herr Kurz nutzt das Fahrzeug lt. Fahrtenbuch zu 25 % privat.

Nutzungsentnahme, netto	2.500,00 €
+ 19 % Umsatzsteuer	475,00 €
Nutzungsentnahme, brutto	**2.975,00 €**

Buchung: Privatentnahmen ...... 2.975,00 an Entnahme v. s. G. u. L. 2.500,00
 an Umsatzsteuer 475,00

Der private Anteil an den laufenden Telekommunikationskosten (Telefonmiete[2], Grund-/ Gesprächsgebühren) ist **keine umsatzsteuerpflichtige Leistungsentnahme** (A 3.4 [4] UStAE). Deshalb sind die **Telekommunikationskosten** und die **Vorsteuer** um den **privaten Anteil zu korrigieren.**

Beispiel

Möbelgroßhändler Kurz nutzt das Geschäftstelefon zu 10 % privat. Januar-Telefonrechnung:

Miete, Grund-/Gesprächsgebühren	1.000,00 €
+ 19 % Umsatzsteuer	190,00 €
Rechnungsbetrag	**1.190,00 €**

Buchungen:
❶ Kosten d. Telekommunikation 1.000,00
 Vorsteuer .... 190,00 an Bank 1.190,00
❷ Privatentnahmen .... 119,00 an Kosten d. Telekommunikation 100,00
 an Vorsteuer 19,00

Merke

Unentgeltliche Entnahmen von vorsteuerabzugsberechtigten Gegenständen und sonstigen Leistungen eines Unternehmens durch den Unternehmer zu unternehmensfremden Zwecken sind grundsätzlich umsatzsteuerpflichtig (§ 3 [1b] und [9a] UStG).

Aufgabe 81

Richten Sie das Bankkonto (AB 200.000,00 €), das Konto „Unbebaute Grundstücke" (AB 0,00 €), das Eigenkapitalkonto (AB 300.000,00 € + 80.000,00 € Gewinn lt. GuV-Konto) und die Privatkonten ein. Buchen Sie für den Möbelgroßhandel W. Kurz e. K. unter Nennung des jeweiligen Buchungssatzes die folgenden Geschäftsfälle auf den genannten Konten:

1. *W. Kurz zahlt aus seinem Privatvermögen 20.000,00 € auf das betriebliche Bankkonto ein.*
2. *W. Kurz überweist 2.800,00 € Miete für ein Ferienhaus vom Geschäftsbankkonto.*
3. *Für private Ausgaben entnimmt W. Kurz 2.500,00 € dem Geschäftsbankkonto.*
4. *W. Kurz begleicht seine Zahnarztrechnung über das Geschäftsbankkonto: 640,00 €.*
5. *W. Kurz hat sein Erbgrundstück ins Betriebsvermögen eingebracht: 160.000,00 € Zeitwert.*
6. *W. Kurz überweist seine Einkommen- und Kirchensteuervorauszahlung in Höhe von 36.500,00 € über das Geschäftsbankkonto an das Finanzamt.*

Schließen Sie die Privatkonten unter Nennung der Buchungssätze ab, ermitteln Sie danach den Schlussbestand im Eigenkapitalkonto und erläutern Sie die Veränderungen in diesem Konto.

---

1 Der Listenpreis mindert sich bei Elektro- und Hybridfahrzeugen um die darin enthaltenen Kosten des Batteriesystems (§ 6 [1] Nr. 4 S. 2 EStG).

2 Bei gekauften Telefonanlagen sind die Abschreibungen in Höhe der Privatnutzung anteilig als umsatzsteuerpflichtige Entnahme zu buchen: Privatentnahmen an Entnahme v. s. G. u. L. und Umsatzsteuer.

Richten Sie die Konten Eigenkapital, Gewinn und Verlust, Privatentnahmen und Privateinlagen ein und übertragen Sie die folgenden Buchungsbeträge:

	a)	b)
Anfangsbestand des Eigenkapitalkontos	500.000,00	400.000,00
Gesamtaufwendungen	650.000,00	580.000,00
Gesamterträge	790.000,00	540.000,00
Privatentnahmen	120.000,00	60.000,00
Privateinlagen	40.000,00	50.000,00

1. Schließen Sie das Gewinn- und Verlustkonto und die Privatkonten ab.

2. Ermitteln Sie im Eigenkapitalkonto den Schlussbestand.

3. Erläutern Sie die Auswirkungen der privaten Vorgänge und des Gewinn- und Verlustkontos auf den Anfangsbestand des Eigenkapitals.

Erläutern Sie jeweils die Auswirkung auf das Anfangseigenkapital:

1. Gewinn > Entnahmen　　　　　　　3. Verlust < Einlagen

2. Gewinn < Entnahmen　　　　　　　4. Verlust > Einlagen

Richten Sie für den Möbelgroßhandel W. Kurz e. K. folgende Konten ein: Fuhrpark, Privatentnahmen, Privateinlagen, Bank (AB 95.000,00 €), Vorsteuer, Umsatzsteuer, Entnahme von Waren, Entnahme v. s. G. u. L., Kosten der Telekommunikation, GuV-Konto. Buchen Sie jeweils unter Nennung des Buchungssatzes die folgenden Geschäftsfälle auf Konten und schließen Sie die Konten „Entnahme von Waren", „Entnahme v. s. G. u. L.", „Privatentnahmen" und „Privateinlagen" ab.

1. Die Telefonrechnung für Februar (gemietete Anlage) wird mit 1.785,00 € (1.500,00 € netto + 285,00 € USt) durch Bankabbuchung beglichen. Der private Nutzungsanteil beträgt 250,00 € netto + USt.

2. W. Kurz entnimmt einen Schrank S 345 zum Einstandswert von 600,00 € für Privatzwecke.

3. Das neu angeschaffte Geschäftsfahrzeug (50.000,00 € Anschaffungskosten + 19 % USt) wird von Herrn Kurz auch privat genutzt (Gesamtkosten 12.000,00 €, privater Nutzungsanteil lt. Fahrtenbuch 25 %). *Buchen Sie die Anschaffung und die private Nutzung des Fahrzeugs.*

4. W. Kurz überweist die Rechnung für den Kauf eines Kleinwagens seiner Tochter in Höhe von 10.500,00 € über das Geschäftsbankkonto.

5. Das Geschäftsbankkonto weist für Herrn Kurz eine Gutschrift für erstattete Einkommen- und Kirchensteuer aus: 12.800,00 €.

6. Herr Kurz lässt das Unkraut im Garten seines Privathauses von einem Angehörigen seines Betriebes beseitigen. Kosten: 150,00 € netto + USt.

Nennen Sie als Buchhalter/-in des Möbelgroßhandels W. Kurz e. K. die Buchungssätze zu folgenden fünf Belegen:　**Beleg 1**　　　　　　　　**Beleg 3**

Beleg 1

Quittung — Möbelgroßhandel Werner **KURZ** e. K.

Barentnahme für den Haushalt
2.000,00 €.

Stuttgart, ..-12-12

Werner Kurz

Beleg 2

Entnahme für Privatzwecke — Möbelgroßhandel Werner **KURZ** e. K.

Schreibtisch ST 306
Einstandswert .... 400,00 €
+ 19 % Umsatzsteuer ... 76,00 €
　　　　　　　　　　 476,00 €

Stuttgart, ..-12-13　*Werner Kurz*

Beleg 3

Beleg für Kontoinhaber/Zahler-Quittung

BIC des Kreditinstituts des Kontoinhabers
SOLADEST600

Zahlungsempfänger
**Hermann-Gmeiner-Fonds Deutschland e. V.
Menzinger Straße 23, 80638 München**

IBAN des Zahlungsempfängers
DE69 7007 0010 0001 1111 11

BIC des Kreditinstituts des Zahlungsempfängers
DEUTDEMM

Betrag: Euro, Cent
650,00

Kunden-Referenznummer
- noch Verwendungszweck (nur für Zahlungsempfänger)
**Spende zur Förderung
der SOS-Kinderdörfer
in aller Welt**

Kontoinhaber/Zahler: Name, Vorname
W. Kurz e. K., Stuttgart

IBAN des Kontoinhabers
DE14 6005 0101 0072 3814 79

Beleg 4

Beleg 5

Beleg Nr. 604

Möbel-groß-handel
Werner KURZ e. K.

Buchungsanweisung

Privater Anteil an den Nov.-Telefon-
kosten: netto 150,00 € + 28,50 € USt.
Die bereits gebuchte Telekom-Rechnung
(gemietete Anlage) lautete über netto
3.000,00 € + 570,00 € USt.

Stuttgart, ..-12-13   W. Kurz

Aufgabe 86

Anfangsbestände

Geschäftsausstattung	180.000,00	Bankguthaben	33.000,00
Fuhrpark	45.000,00	Kasse	8.000,00
Waren	87.000,00	Verbindlichkeiten a. LL	48.000,00
Forderungen a. LL	44.000,00	Umsatzsteuer	6.000,00
		Eigenkapital	343.000,00

Kontenplan

Weitere einzurichtende Konten: Eröffnungsbilanzkonto, Vorsteuer, Wareneingang, Löhne, Instandhaltung, Bürobedarf, Mietaufwendungen, Abschreibungen auf Sachanlagen, Warenverkauf, Entnahme von Waren, Entnahme v. s. G. u. L., Gewinn- und Verlustkonto, Privatentnahmen, Privateinlagen, Schlussbilanzkonto.

Geschäftsfälle

1. BA 1: Unsere Banküberweisung für Miete: Betrieb 1.200,00
   privat 300,00
2. BA 2: Banküberweisung an Lieferanten: Rechnungsbetrag 14.756,00
3. KB 1: Privatentnahme in bar 350,00
4. Zielverkauf von Waren lt. AR 966–978, netto 54.800,00
   + Umsatzsteuer 10.412,00
5. KB 2: Barzahlung der Prämie für die private Lebensversicherung 700,00
6. BA 3: Banküberweisung der Umsatzsteuer-Zahllast 6.000,00
7. Zielkauf von Waren lt. ER 806–809, netto 9.500,00
   + Umsatzsteuer 1.805,00
8. KB 3: Barentnahme des Inhabers für Urlaubsreise 1.200,00
9. KB 4: Barzahlung von Löhnen an Putzhilfen 4.200,00
10. KB 5: Barkauf von Schreibmaterial, brutto 297,50
11. KB 6: Barzahlung der Fahrzeugreparatur, brutto 476,00
12. PE 1: Privatentnahme von Waren, Nettowert 1.200,00
13. Die Heizungsanlage im Einfamilienhaus des Geschäftsinhabers
    wurde durch den eigenen Betrieb instand gesetzt. Kosten 500,00
    + Umsatzsteuer 95,00
14. BA 4: Kapitaleinlage des Geschäftsinhabers durch Bankeinzahlung 20.000,00

Abschlussangaben

1. Abschreibungen: Geschäftsausstattung 8.000,00 €, Fuhrpark 2.000,00 €.
2. Inventurbestand an Waren 70.000,00

Ermitteln Sie auch den Erfolg durch Kapitalvergleich.

Aufgabe 87

1. *Welcher Zusammenhang besteht zwischen Gewinn und Privatentnahmen?*
2. *Was versteht man im Sinne des Umsatzsteuergesetzes unter „Entnahmen"?*
3. *Begründen Sie, weshalb die unentgeltlichen Entnahmen umsatzsteuerpflichtig sind.*
4. *Begründen Sie, weshalb privat entnommene Waren zum Einstandspreis (Bezugspreis) und nicht zum Verkaufspreis gebucht werden müssen.*
5. *Wie bucht der Einzelunternehmer seine Barspende an das Rote Kreuz?*

8   Kontenrahmen des Groß- und Außenhandels

8.1   Aufgaben und Aufbau des Kontenrahmens

Früher konnte jeder Kaufmann seine Buchführung nach eigenem Ermessen aufbauen und die Konten nach Art, Bezeichnung und Zahl selbst bestimmen. Dadurch herrschte in den Buchhaltungen der Unternehmen ein ungeordnetes Vielerlei, das einerseits Vergleiche mit früheren Rechnungsperioden (**Zeitvergleiche**) erschwerte und andererseits Vergleiche mit branchengleichen Betrieben (**Betriebsvergleiche**) unmöglich machte. Nun soll aber gerade die Buchführung **kontenmäßig** die **Grundlagen** schaffen **für Zeit- und Betriebsvergleiche**, für die **Kosten- und Leistungsrechnung**, **Statistik** und **Planungsrechnung** sowie für den nach gesetzlichen Gliederungsvorschriften zu erstellenden **Jahresabschluss**. Dazu bedarf es eines **Kontenordnungssystems**, das die **Konten** nach bestimmten Gesichtspunkten **gliedert**, **einheitlich bezeichnet**, für die EDV **datengerecht** gestaltet und darüber hinaus auch die Belange des jeweiligen **Wirtschaftszweiges** berücksichtigt. Es gibt deshalb Kontenrahmen für den Groß- und Außenhandel, den Einzelhandel, die Industrie, das Handwerk, Banken und Versicherungen.

Anforderungen an ein Kontenordnungssystem

Der **erste Kontenrahmen für den Groß- und Außenhandel** (1937) entsprach bereits weitgehend den Anforderungen, die an ein einheitliches und übersichtliches Kontenordnungssystem gestellt werden. Dieser Kontenrahmen musste jedoch den durch das **Bilanzrichtlinien-Gesetz** (1985) eingetretenen Änderungen, insbesondere in den Gliederungsvorschriften für den Jahresabschluss, angepasst werden. In der 1988 vom „Bundesverband des Deutschen Groß- und Außenhandels e. V. (BGA)" herausgegebenen **Neufassung des Kontenrahmens** entsprechen nunmehr auch die Kontenbezeichnungen den Posten der Bilanz (§ 266 HGB) und Gewinn- und Verlustrechnung (§ 275 HGB).

Der Kontenrahmen für den Groß- und Außenhandel[1] ist wie alle Kontenrahmen nach dem **Zehnersystem** (Dezimal-Klassifikation) aufgebaut. Die **Konten** werden zunächst **nach Sachgruppen** in

Aufbau des Großhandelskontenrahmens

> 10 Klassen von 0 bis 9

geordnet. Die **Reihenfolge der Kontenklassen** entspricht dabei weitgehend dem **Betriebsablauf in einem Großhandelsbetrieb** (Prozessgliederungsprinzip):

Kontenklasse	Inhalt der Kontenklassen
0	Anlage- und Kapitalkonten
1	Finanzkonten
2	Abgrenzungskonten
3	Wareneinkaufs- und Warenbestandskonten
4	Konten der Kostenarten
5	Konten der Kostenstellen
6	Konten für Umsatzkostenverfahren
7	frei
8	Warenverkaufskonten (Umsatzerlöse)
9	Abschlusskonten

---

1   Siehe Anlage im Anhang.

8.2 Kontenrahmen und Kontenplan

Im Kontenrahmen lässt sich jede der 10 Konten**klassen** (**ein**stellige Ziffer) in 10 Konten**gruppen** (**zwei**stellige Ziffer), jede Kontengruppe in 10 Konten**arten** (**drei**stellige Ziffer) und jede Kontenart in 10 Konten**unterarten** (**vier**stellige Ziffer) untergliedern.

<table>
<tr><td>Beispiel</td><td colspan="4">Aus der Kontennummer 1311 erkennt man die</td></tr>
</table>

Kontenklasse:	1	Finanzkonten	Kontenrahmen
Kontengruppe:	13	Banken	
Kontenart:	131	Kreditinstitute	
Kontenunterart:	1311	Kreissparkasse	Kontenplan
(= Konten des Unternehmens)	1312	Deutsche Bank	

Kontenplan

Der Kontenrahmen für den Groß- und Außenhandel bildet die **einheitliche Grundordnung** für die Aufstellung **betriebsindividueller Kontenpläne** der Unternehmen dieses Wirtschaftszweiges. **Aus dem Kontenrahmen** entwickelt jedes Unternehmen seinen **eigenen Kontenplan**, der auf seine **besonderen Belange** (Branche, Struktur, Größe, Rechtsform) ausgerichtet ist. So lässt sich im Kontenplan eine weitere Untergliederung der Kontenarten in Kontenunterarten entsprechend den Bedürfnissen des Unternehmens vornehmen. Der Kontenplan enthält somit nur die im Unternehmen geführten Konten.

Vereinfachung der Buchungsarbeit

Der Kontenplan vereinfacht die Buchungen im Grund- und Hauptbuch, da die Kontenbezeichnungen durch Kontennummern ersetzt werden.

Geschäftsfall: Herr Kurz entnimmt der Geschäftskasse für Privatzwecke 1.800,00 €.

Buchungssatz

statt: **Privatentnahmen** an Kasse 1.800,00
kurz: **1610** an **1510** 1.800,00

S	1610 Privatentnahmen	H		S	1510 Kasse		H
1510	1.800,00			...	7.500,00	1610	1.800,00

EDV-Kontenrahmen

Soll der Kontenrahmen des Groß- und Außenhandels zugleich auch als EDV-Kontenrahmen verwendet werden (wie für dieses Lehrbuch vorgesehen), ist jedes **Sachkonto des Hauptbuches** in der Regel mit einer **vierstelligen** Kontenziffer zu versehen. **Personenkonten** (Kunden- und Lieferantenkonten) haben stets **fünfstellige** Kontenziffern.

Merke

■ Der Kontenrahmen bildet für alle Unternehmen eines Wirtschaftszweiges die einheitliche Grundordnung für die Gliederung und Bezeichnung der Konten. Der Kontenrahmen ermöglicht damit

– eine Vereinfachung und Vereinheitlichung der Buchungs- und Abschlussarbeiten sowie
– Zeit- und Betriebsvergleiche zur Überwachung der Wirtschaftlichkeit.

■ Der Kontenplan enthält nur die im Unternehmen geführten Konten.

8.3 Kontenrahmen des Groß- und Außenhandels im Überblick

Anlage- und Kapitalkonten

Klasse 0

Die Kontenklasse 0 enthält die Anlage- und Kapitalkonten. Sie bilden die **Grundlage des Groß- und Außenhandelsunternehmens** und sind im Wesentlichen nach dem **Bilanzgliederungsschema** des § 266 HGB (siehe Anhang) gegliedert. Die Kontengruppe „**06 Eigenkapital**" berücksichtigt **die Rechtsform** des Unternehmens und enthält Eigenkapitalkonten für Einzelkaufleute, Personenhandelsgesellschaften und Kapitalgesellschaften.

Finanzkonten

Klasse 1

Die Kontenklasse 1 enthält die Finanzkonten des Unternehmens. Sie geben Auskunft über die Liquidität und erfassen den Geldverkehr über **Kasse, Bank und Postbank** und den kurzfristigen Kreditverkehr mit den Kunden (**Forderungen a. LL**) und Lieferanten (**Verbindlichkeiten a. LL**) sowie dem Finanzamt im Hinblick auf **Vorsteuer und Umsatzsteuer**. Zu den Finanzkonten rechnen auch sonstige Verbindlichkeiten sowie die Konten „**1610 Privatentnahmen**" und „**1620 Privateinlagen**".

Abgrenzungskonten

Klasse 2

Die Kontenklasse 2 enthält die Konten, die eine **sachliche** Abgrenzung der Aufwendungen und Erträge gegenüber dem reinen **Warenhandelsgeschäft** als dem eigentlichen **Betriebszweck** ermöglichen sollen. Die Abgrenzungskonten erfassen im Wesentlichen die **neutralen** (betriebsfremden, außergewöhnlichen und periodenfremden) **Aufwendungen und Erträge** und bilden damit eine wichtige **Vorstufe der Kosten- und Leistungsrechnung**, in der erst eine exakte **Abgrenzungsrechnung** durchgeführt werden kann, und zwar **in tabellarischer Form**, um das reine „**Betriebsergebnis**" und das „**Neutrale Ergebnis**" des Unternehmens zu ermitteln. Die Klasse 2 enthält auch Konten für sonstige betriebliche Erträge, wie z. B. die **Entnahme von sonstigen Gegenständen und Leistungen**.

Die **Abgrenzungskonten** der Kontenklasse 2 werden **direkt** über das **Gewinn- und Verlustkonto** abgeschlossen.

Wareneinkaufs- und Warenbestandskonten

Klasse 3

In der Kontenklasse 3 werden die Waren**eingänge** und die Waren**bestände** (Anfangs- und Schlussbestand) auf **getrennten** Konten erfasst. Erst unter Berücksichtigung der **Warenbestandsveränderung** lässt sich auf dem Wareneingangskonto der **Wareneinsatz** ermitteln. Wareneingänge und Warenbestände können **nach Warengruppen** gegliedert werden. Da die Wareneingänge nach § 255 HGB zu ihren Anschaffungskosten zu erfassen sind, müssen in dieser Kontenklasse auch die **Warenbezugskosten** als Anschaffungsnebenkosten, die **Warenrücksendungen** und alle Anschaffungskostenminderungen (Nachlässe, Boni und Skonti von Lieferanten) auf entsprechenden **Unterkonten** des Wareneingangskontos gebucht werden.

Konten der Kostenarten

Klasse 4

Die Konten der Klasse 4 erfassen nur bedingt die im Rahmen des Warenhandelsgeschäftes anfallenden **betriebsnotwendigen** Aufwendungen = **Kosten**. Zur **genauen Ermittlung des Betriebsergebnisses** und für Zwecke der Kostenrechnung bevorzugt man die **tabellarische Form** der Abgrenzung und Erfassung aller Kosten einschließlich der kalkulatorischen Kostenarten im Rahmen der Kosten- und Leistungsrechnung.

Die Kostenkonten der Klasse 4 werden direkt zum Gewinn- und Verlustkonto abgeschlossen.

Konten der Kostenstellen

Klasse 5

In der Kontenklasse 5 können für die Kostenstellen des Betriebes Konten eingerichtet werden: z. B. Einkauf, Lager, Vertrieb, Verwaltung, Fuhrpark u. a. **Branchen- und betriebsbedingt** sind **unterschiedliche Aufteilungen** erforderlich. In der Praxis wird die **Kostenstellenrechnung** in der Regel nicht kontenmäßig, sondern **tabellarisch** durchgeführt.

Klasse 6	Konten für Umsatzkostenverfahren

Kapitalgesellschaften, die ihre **Gewinn- und Verlustrechnung** in Form des Umsatzkosten-verfahrens **veröffentlichen** (siehe Anhang: § 275 [3] HGB), können in der Kontenklasse 6 die dazu erforderlichen Konten einrichten.

Klasse 7	Frei

Klasse 8	Warenverkaufskonten/Umsatzerlöse

In der Kontenklasse 8 werden die eigentlichen **betrieblichen Erträge** des Groß- und Außenhan-delsunternehmens erfasst: die **Erlöse aus Warenverkäufen**. Die Gliederung nach **Warengruppen** muss mit den Wareneingangs- und Warenbestandskonten der Klasse 3 korrespondieren. **Warenrücksendungen** der Kunden und **Erlösberichtigungen** durch Nachlässe, Boni und Skonti an Kunden sind entsprechenden **Unterkonten** zuzuordnen.

In der Kontenklasse 8 werden auch sonstige Erlöse wie die unentgeltliche **Entnahme von Waren und Mieterträge**[1] erfasst. Die Konten der Klasse 8 werden in der Regel direkt über das **GuV-Konto** abgeschlossen.

Klasse 9	Abschlusskonten

Die Kontenklasse 9 enthält das **Eröffnungsbilanzkonto 9100** und die Abschlusskonten „**9300 Gewinn und Verlust**" und „**9400 Schlussbilanzkonto**". Nach Bedarf kann dem GuV-Konto noch das Konto „**9200 Warenabschluss**" (siehe Kontenrahmen) vorgeschaltet werden.

Merke	Der Kontenrahmen für den Groß- und Außenhandel folgt dem Prozessgliederungsprinzip.

Aufgabe 88	*Wie lauten die Kontenbezeichnungen und Geschäftsfälle?*

1. 0330 und 1410 an 1710
2. 3010 und 1410 an 1710
3. 1010 an 8010 und 1810
4. 4000 an 1310
5. 4710 und 1410 an 1510
6. 4400 und 1410 an 1310
7. 1710 an 1310
8. 1610 an 8710 und 1810
9. 1310 an 1010

Aufgabe 89	Anfangsbestände

BGA	160.000,00	Kasse	3.000,00
Fuhrpark	120.000,00	Waren	120.000,00
Forderungen a. LL	78.000,00	Verbindlichkeiten a. LL	88.000,00
Bankguthaben	107.000,00	Eigenkapital	500.000,00

Kontenplan: 0330, 0340, 0610, 1010, 1310, 1410, 1510, 1610, 1710, 1810, 3010, 3910, 4020, 4100, 4810, 4910, 8010, 8710, 9100, 9300, 9400.

Geschäftsfälle

1. Wareneinkäufe lt. ER 73–78, brutto ... 15.232,00
2. Kauf eines Pkw (Betrieb) gegen Bankscheck, brutto ... 22.253,00
3. Gehaltszahlung durch Banküberweisung ... 4.800,00
4. Warenverkäufe lt. AR 92–96 auf Ziel, brutto ... 80.920,00
5. Banküberweisung an Lieferanten zum Ausgleich von ER 71 ... 16.898,00
6. Privatentnahme von Waren lt. Entnahmebeleg, Warenwert ... 450,00
7. Barabhebung bei der Bank ... 2.100,00
8. Unsere Geschäftsmiete wird durch Bank überwiesen ... 7.800,00
9. Barkauf von Schreibmaterial einschließlich USt ... 416,50
10. Banküberweisung eines Kunden zum Ausgleich von AR 89 ... 19.278,00

Abschlussangaben

1. Warenendbestand lt. Inventur ... 98.420,00
2. Abschreibungen lt. Anlagenkartei: BGA 3.200,00 €, Fuhrpark 2.400,00 €.

---

[1] Mieterträge sind aufgrund der Neudefinition der Umsatzerlöse durch das BilRUG künftig den Umsatzerlösen zuzuordnen (§ 277 [1] HGB).

Anfangsbestände

BGA	242.000,00	Bankguthaben	142.000,00
Fuhrpark	88.000,00	Kasse	5.800,00
Eigenkapital	479.800,00	Verbindlichkeiten a. LL	112.600,00
Darlehensschulden	150.000,00	Umsatzsteuer	13.400,00
Forderungen a. LL	98.000,00	Waren	180.000,00

Kontenplan

0330, 0340, 0610, 0820, 1010, 1310, 1410, 1510, 1610, 1620, 1710, 1810, 2780, 3010, 3910, 4020, 4100, 4400, 4700, 4821, 4910, 8010, 8710, 8720, 9100, 9300, 9400.

Geschäftsfälle

1.	Banküberweisung der Umsatzsteuer-Zahllast	13.400,00
2.	Bankabbuchung für Tilgungsrate des Darlehens	22.000,00
3.	Unsere Banküberweisung für Miete: Betrieb	18.600,00
	privat	1.200,00
4.	Wareneinkäufe lt. ER 79–83 auf Ziel, brutto	29.155,00
5.	Barzahlung der Fahrzeuginspektion einschließlich USt	416,50
6.	Warenverkäufe lt. AR 97–103 auf Ziel, brutto	173.264,00
7.	Banküberweisung der Gehälter	11.400,00
8.	Barentnahme des Inhabers für den Haushalt	800,00
9.	Zahlung von Werbeanzeigen durch Bank, netto	1.750,00
10.	Barzahlung für Wertmarken der Frankiermaschine	1.200,00
11.	Barverkauf eines Pkw zum Buchwert, netto	2.300,00
	+ Umsatzsteuer	437,00
12.	Banküberweisung von Kunden zum Ausgleich von AR 95–96	13.566,00
13.	Privateinlage durch Bankeinzahlung	20.000,00
14.	Entnahme von Waren für private Zwecke, netto	3.000,00
15.	Private Inanspruchnahme betrieblicher Leistungen, netto	1.500,00
16.	Bankgutschrift für Verkaufsprovisionen, netto	4.500,00
	+ Umsatzsteuer	855,00

Abschlussangaben

1. Warenschlussbestand lt. Inventur ... 120.000,00
2. Abschreibungen lt. Abschreibungsliste: BGA 5.300,00 €, Fuhrpark 2.200,00 €.

Ermitteln Sie auch den Erfolg des Unternehmens durch Kapitalvergleich.

1. *Worin unterscheiden sich Kontenrahmen und Kontenplan?*
2. *Unterscheiden Sie Kontenklasse, Kontengruppe, Kontenart, Kontenunterart.*
3. *Ordnen Sie die Kontenklassen des Großhandelskontenrahmens nach a) Bestandskonten und b) Erfolgskonten.*
4. *Begründen Sie die Notwendigkeit eines Kontenrahmens.*
5. *Welches Prinzip liegt dem Aufbau des Großhandelskontenrahmens zugrunde?*
6. *Weshalb ist es sinnvoll, die Warenkonten der Klasse 3 und die Warenverkaufskonten der Klasse 8 nach Warengruppen (z. B. Kühlschränke, Elektroherde u. a.) zu gliedern?*

9   Bezugskosten, Gutschriften und Skonti

9.1   Bezugskosten

Bezugskosten als Anschaffungsnebenkosten

Beim Einkauf von Waren fallen **neben dem Kaufpreis** der Ware in der Regel auch noch **Bezugskosten** an. Dazu zählen:

- **Transportkosten**: Verpackung, Bahnfrachten, Hausfrachten, Versicherungen,
- **Zölle** und
- **Vermittlungsgebühren**: Provisionen, Maklergebühren.

Anschaffungskosten

Bezugskosten stellen **Anschaffungsnebenkosten** dar. Zusammen mit dem Kaufpreis der Ware (**Anschaffungspreis** nach Abrechnung der Mengen- und Wertabzüge) bilden sie handelsrechtlich die **Anschaffungskosten der Ware** (§ 255 [1] HGB). Beim Einkauf sind die Waren zu ihren Anschaffungskosten zu buchen. Die Vorsteuer gehört nicht zu den Anschaffungskosten. Sie ist als Forderung gegenüber dem Finanzamt auf dem Konto „1410 Vorsteuer" zu buchen.

Buchung

Bezugskosten können **direkt** auf dem Konto „**3010 Wareneingang**" (= Aufwendungen für Waren) gebucht werden. Für die Kalkulation der Warenpreise ist es jedoch übersichtlicher, sie zunächst **gesondert** auf einem **Unterkonto des Wareneingangskontos** zu erfassen:

     3020 **Warenbezugskosten**

Beispiel

❶ Zieleinkauf von Waren lt. ER 176 ab Werk 5.000,00
   + 19 % Umsatzsteuer 950,00   5.950,00

❷ Barzahlung der Frachtkosten für obige Lieferung 600,00
   + 19 % Umsatzsteuer 114,00   714,00

❶ **Buchung aufgrund der Eingangsrechnung:** *Nennen Sie den Buchungssatz.*
❷ **Buchung aufgrund der Speditionsrechnung:**
   3020 Warenbezugskosten 600,00
   1410 Vorsteuer 114,00
     an 1510 Kasse 714,00

Umbuchung der Bezugskosten

Die **Warenbezugskosten** werden als Anschaffungsnebenkosten monatlich oder vierteljährlich **auf das Wareneingangskonto umgebucht**:

❸ 3010 **Wareneingang** .... an 3020 **Warenbezugskosten** 600,00

Anschaffungskosten

Nach Umbuchung der Bezugskosten weist das Wareneingangskonto die **Anschaffungskosten oder den Einstandswert** der eingekauften Waren aus: **5.600,00 €.** Das entspricht den handels- und steuerrechtlichen Vorschriften.

Merke

Bei der Anschaffung sind alle Vermögensgegenstände des Anlage- und Umlaufvermögens buchhalterisch mit ihren Anschaffungskosten zu erfassen (§ 255 [1] HGB).

a) Eingangsrechnung 4984: Warenwert 8.200,00 €, berechnete Fracht 500,00 € zuzüglich Umsatzsteuer.

b) Barzahlung der Hausfracht 119,00 € einschließlich Umsatzsteuer.

1. Buchen Sie die Fälle a) und b).   *2. Ermitteln Sie die Anschaffungskosten.*

Vorläufige Summenbilanz der Großhandlung E. Wette OHG	Soll	Haben
0330 BGA	104.704,00	2.500,00
0610 Eigenkapital	–	371.500,00
1010 Forderungen a. LL	844.200,00	782.300,00
1310 Bank	938.400,00	712.800,00
1410 Vorsteuer	108.507,00	88.600,00
1510 Kasse	65.200,00	53.400,00
1610 Privatentnahmen	48.400,00	–
1710 Verbindlichkeiten a. LL	463.400,00	542.100,00
1810 Umsatzsteuer	88.600,00	172.311,00
2610 Zinserträge	–	1.300,00
3010 Wareneingang	540.400,00	–
3020 Warenbezugskosten	41.300,00	–
3910 Warenbestände	110.000,00	–
4890 Diverse Aufwendungen	280.600,00	–
4910 Abschreibungen auf Sachanlagen	–	–
8010 Warenverkauf	–	890.600,00
8710 Entnahme von Waren	–	12.000,00
8720 Provisionserträge	–	4.300,00
Abschlusskonten: 9300 und 9400	3.633.711,00	3.633.711,00

Geschäftsfälle

1. Eingangsrechnung 53 456, Warenwert	8.500,00	
Verpackungskosten	200,00	
Bahnfracht	450,00	
+ Umsatzsteuer	1.738,50	10.888,50
2. Barzahlung der Hausfracht hierauf einschließlich Umsatzsteuer		238,00
3. ER 53 457, Warenwert	6.500,00	
Fracht	450,00	
Transportversicherung	100,00	
+ Umsatzsteuer	1.339,50	8.389,50
4. Zinsgutschrift der Bank		2.600,00
5. Privatentnahme von Waren einschließlich Umsatzsteuer		595,00
6. Wir erhalten Provision durch Banküberweisung	6.800,00	
+ Umsatzsteuer	1.292,00	8.092,00

Abschlussangaben

1. Warenendbestand lt. Inventur 160.000,00
2. Abschreibungen auf BGA 15.000,00
3. Im Übrigen entsprechen die Buchwerte der Inventur.

1. Bilden Sie die Buchungssätze und buchen Sie auf den Konten des Hauptbuches.

2. Nennen Sie die Umbuchungen.

3. Ermitteln Sie a) den Einstandswert (Anschaffungskosten) der Waren, b) den Wareneinsatz und c) den Warenrohgewinn.

9.2   Gutschriften

Gutschriften werden erteilt, wenn **Waren zurückgesandt** oder nachträglich im **Preis ermäßigt** werden, weil sie falsch oder mit Mängeln geliefert wurden, oder wenn wegen Erreichens einer bestimmten Umsatzhöhe ein **nachträglicher Rabatt (Bonus)** gewährt wird. Gutschriften dieser Art ergeben sich beim Einkauf und Verkauf von Waren.

Unterkonten

Rücksendungen von Waren, Nachlässe und Boni könnten direkt auf dem Wareneingangs- bzw. Warenverkaufskonto gebucht werden. Das hätte jedoch den Nachteil, dass deren **Höhe** später nicht ohne Weiteres festgestellt werden kann. Deshalb richtet man entsprechende **Unterkonten** ein, die **über das Wareneingangs- bzw. Warenverkaufskonto abzuschließen** sind:

3010 Wareneingang	8010 Warenverkauf
3050 Rücksendungen an Lieferanten	8050 Rücksendungen von Kunden
3060 Nachlässe von Lieferanten	8060 Nachlässe an Kunden
3070 Lieferantenboni	8070 Kundenboni

Steuerberichtigung

Bemessungsgrundlage für die Umsatzsteuer ist der **Nettopreis** der Ware. Jede **nachträgliche** Minderung dieses Wertes aufgrund von Rücksendungen, Preisnachlässen und Boni muss daher auch zu einer entsprechenden **Minderung (Berichtigung)** der Beträge auf den Konten „Vorsteuer" und „Umsatzsteuer" führen.

9.2.1   Rücksendungen, Nachlässe und Boni beim Wareneinkauf

Rücksendungen an Lieferanten

Rücksendungen an die Lieferanten vermindern den Wareneingang, die Vorsteuer und die Verbindlichkeiten aus diesen Warenlieferungen.

Beispiel

❶ Wareneinkauf auf Ziel lt. ER 186: netto 4.000,00 € + 760,00 € USt.

❷ Bei Lieferung wird festgestellt, dass Waren im Wert von 800,00 € netto beschädigt sind. Vereinbarungsgemäß werden diese Waren an den Lieferanten zurückgeschickt, von dem wir folgende **Gutschriftsanzeige** erhalten:

Nettowert der zurückgesandten Waren	800,00 €
+ 19 % Umsatzsteuer	152,00 €
Gutschrift vom Lieferanten, brutto	**952,00 €**

❶ Buchung aufgrund der Eingangsrechnung: *Nennen Sie den Buchungssatz.*

❷ Buchung aufgrund der Gutschriftsanzeige des Lieferanten:
1710 Verbindlichkeiten a. LL 952,00
      an   3050   Rücksendungen an Lieferanten........................ 800,00
      an   1410   Vorsteuer 152,00

❸ Abschluss des Unterkontos (Umbuchung):
3050 Rücksendungen an Lieferanten an 3010   Wareneingang 800,00

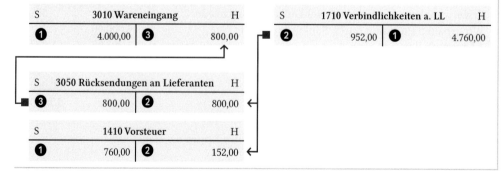

Merke

Warenrücksendungen an die Lieferanten vermindern den Wareneingang, die Vorsteuer und die Verbindlichkeiten aus den Warenlieferungen.

Preisnachlässe von Lieferanten, die uns nachträglich aufgrund einer Mängelrüge gewährt werden, mindern den Anschaffungspreis der eingekauften Waren, die Vorsteuer und die Verbindlichkeiten aus dieser Warenlieferung.

Nachlässe von Lieferanten

Beispiel

❶ Wareneinkauf auf Ziel lt. ER 187: netto 3.000,00 € + 570,00 € USt.

❷ Aufgrund einer Mängelrüge gewährt uns der Lieferant einen Preisnachlass von 20 %. Die **Gutschriftsanzeige des Lieferanten** lautet:

Nettonachlass auf den Warenwert	600,00 €
+ 19 % Umsatzsteuer	114,00 €
Bruttonachlass	**714,00 €**

Warennettopreis	3.000,00 €	– 20 %	**Nettonachlass**	600,00 €	=	2.400,00 €
+ Vorsteuer	570,00 €	– 20 %	**Steuerberichtigung**	114,00 €	=	456,00 €
= **Bruttopreis**	3.570,00 €	– 20 %	**Bruttonachlass**	714,00 €	=	2.856,00 €

❶ Buchung aufgrund der Eingangsrechnung: *Nennen Sie den Buchungssatz.*

❷ Nettobuchung des Preisnachlasses aufgrund der Gutschriftsanzeige:
```
1710 Verbindlichkeiten a. LL                        714,00
        an  3060  Nachlässe von Lieferanten                    600,00
        an  1410  Vorsteuer                                    114,00
```

❸ Umbuchung am Ende der Rechnungsperiode:
```
3060  Nachlässe von Lieferanten    an  3010  Wareneingang        600,00
```

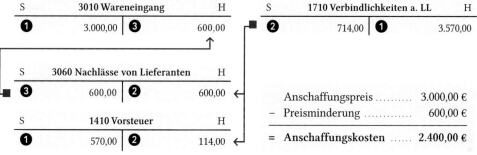

Anschaffungspreis	3.000,00 €
– Preisminderung	600,00 €
= **Anschaffungskosten**	**2.400,00 €**

Nach Umbuchung der Nachlässe ergeben sich im Wareneingangskonto die Anschaffungskosten der eingekauften Waren gemäß § 255 [1] HGB: 2.400,00 €.

Anschaffungskosten

Der Bonus ist ein **Mengen-, Treue- oder Umsatzrabatt**, der **am Ende einer Periode** (Quartal, Halbjahr oder Jahr) für den insgesamt erreichten **Warenumsatz** zusätzlich gewährt wird. Die uns von Lieferanten gewährten Boni mindern ebenfalls nachträglich den Anschaffungspreis der Waren.

Nachträgliche Rabatte (Boni) von Lieferanten

Beispiel

Ein Lieferant gewährt uns für das 1. Quartal eine Umsatzvergütung von 3 % auf 80.000,00 € Warenumsatz. Die **Gutschriftsanzeige des Lieferanten** lautet:

2.400,00 € Nettobonus + 456,00 € USt = 2.856,00 €

```
Buchung:  1710 Verbindlichkeiten a. LL                    2.856,00
            an  3070  Lieferantenboni                           2.400,00
            an  1410  Vorsteuer                                  456,00
```
Wie lautet der Buchungssatz für den Abschluss des Kontos „3070 Lieferantenboni"?

Nachlässe und Boni von Lieferanten mindern die Anschaffungspreise der eingekauften Waren, die Vorsteuer und die Verbindlichkeiten a. LL.

Merke

9.2.2   Rücksendungen, Nachlässe und Boni beim Warenverkauf

Rücksendungen von Kunden

Senden unsere Kunden beanstandete Waren an uns zurück, so vermindern sich die **Verkaufserlöse**, die **Umsatzsteuer** sowie die **Forderungen a. LL.** Rücksendungen werden auf einem **Unterkonto des Warenverkaufskontos** erfasst.

Beispiel

❶ Warenverkauf auf Ziel lt. AR 197: netto 5.000,00 € + 950,00 € USt.

❷ Kunde sendet beschädigte Waren an uns zurück. **Gutschrift an Kunden:**

> 1.000,00 € Nettowarenwert + 190,00 € USt = **1.190,00 €**

❶ Buchung aufgrund der Ausgangsrechnung: *Nennen Sie den Buchungssatz.*

❷ Buchung der Warenrücksendung des Kunden:

8050	Rücksendungen von Kunden	1.000,00
1810	Umsatzsteuer	190,00
	an 1010 Forderungen a. LL	1.190,00

❸ Abschluss des Unterkontos:

8010 **Warenverkauf** .... an 8050 **Rücksendungen von Kunden** 1.000,00

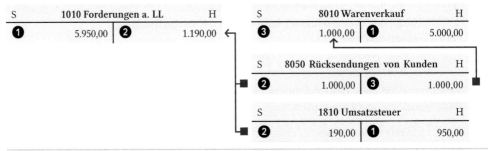

Nachlässe an Kunden

Preisnachlässe, die wir **nachträglich Kunden** gewähren, stellen **Erlösberichtigungen** dar, die auf einem eigenen **Unterkonto** des Warenverkaufskontos gebucht werden.

Beispiel

Wir gewähren einem Kunden, dem wir Waren zum Nettopreis von 10.000,00 € + 1.900,00 € = 11.900,00 € brutto verkauft hatten, wegen Mängelrüge einen **Preisnachlass** von 20 %.

> 2.000,00 € netto + 380,00 € USt = **2.380,00 €**

❶ Buchung aufgrund der Ausgangsrechnung: *Nennen Sie den Buchungssatz.*

❷ Buchung des dem Kunden gewährten Preisnachlasses:

8060	Nachlässe an Kunden	2.000,00
1810	Umsatzsteuer	380,00
	an 1010 Forderungen a. LL	2.380,00

❸ Umbuchung am Ende der Rechnungsperiode:

8010 **Warenverkauf** .... an 8060 **Nachlässe an Kunden** 2.000,00

S	1010 Forderungen a. LL	H		S	8010 Warenverkauf	H
❶	11.900,00	❷ 2.380,00	←	❸ 2.000,00	❶	10.000,00

	S	8060 Nachlässe an Kunden	H
	❷	2.000,00	❸ 2.000,00

Verkaufserlöse	10.000,00 €
– Preisnachlass	2.000,00 €
= Berichtigte Erlöse	**8.000,00 €**

S	1810 Umsatzsteuer	H
❷	380,00	❶ 1.900,00

Kundenboni

Kundenboni werden auf Konto 8070 erfasst und wie Nachlässe gebucht.

Merke

Warenrücksendungen von Kunden sowie Nachlässe und Boni an Kunden mindern die Verkaufserlöse, die Umsatzsteuer und die Forderungen a. LL.

Buchen Sie auf den Konten 1010, 1410, 1710, 1810, 3010, 3050, 3060, 3070, 8010, 8050, 8060, 8070. **Aufgabe 94**

1. Zieleinkauf von Waren lt. ER 406–428, netto 50.000,00
   + Umsatzsteuer 9.500,00   59.500,00
2. Rücksendung beschädigter Waren an Lieferanten, netto 1.000,00
   + Umsatzsteuer 190,00   1.190,00
3. Zielverkäufe von Waren lt. AR 807–840, netto 45.000,00
   + Umsatzsteuer 8.550,00   53.550,00
4. Kunde sendet beschädigte Waren zurück (AR 811), netto 2.000,00
   + Umsatzsteuer 380,00   2.380,00
5. Lieferant (ER 410) gewährt uns Preisnachlass
   für beschädigte Waren, Nettowert 800,00
6. Kunde (AR 812) erhält von uns eine Gutschrift über einen
   Preisnachlass wegen Mängelrüge, einschließlich USt (brutto) 1.428,00
7. Warenlieferant gewährt uns einen Bonus, brutto 3.570,00
8. Kunde erhält von uns Gutschrift über einen Bonus, netto 1.500,00

a) Zieleinkauf von Waren lt. ER 450: Warenwert 5.000,00 € + 950,00 € USt. **Aufgabe 95**

b) Rücksendung beschädigter Waren (ER 450): Warenwert 2.000,00 €.

1. Buchen Sie die Geschäftsfälle a) und b) auf Konten. Schließen Sie das Konto 3050 ab.

2. Nennen Sie die entsprechenden Buchungen beim Lieferanten.

c) Zielverkauf von Waren lt. AR 754: 8.000,00 € netto + 1.520,00 € USt.

d) Aufgrund einer Mängelrüge erhält der Kunde von uns eine Gutschrift einschließlich Umsatzsteuer von 595,00 €.

1. Buchen Sie die Geschäftsfälle c) und d) und schließen Sie das Konto 8060 ab.

2. Wie lauten die entsprechenden Buchungen beim Kunden?

Buchen Sie die folgenden Geschäftsfälle auf den Konten 1010, 1410, 1710, 1810, 3010, 3050, 3060, 8010, 8050, 8060 und ermitteln Sie jeweils die erforderlichen Steuerberichtigungen. **Aufgabe 96**

1. Zieleinkauf von Waren, Warenwert lt. ER 567: 5.800,00 €.

2. Rücksendung beschädigter Waren an Lieferanten (ER 567): Warenwert 1.800,00 €.

3. Auf die übrigen Waren (ER 567) gewährt uns der Lieferant noch 20 % Nachlass.

4. Zielverkauf von Waren, Netto- bzw. Warenwert lt. AR 859: 6.000,00 €.

5. Kunde sendet beschädigte Waren (AR 859) zurück: 2.000,00 € netto.

6. Kunde (AR 859) erhält im Übrigen noch einen Preisnachlass von brutto 238,00 €.

a) Ein Warenlieferant gewährt uns wegen Mängelrüge einen Preisnachlass von 10 % des Rechnungsbetrages. Der Rechnungsbetrag (ER 488) lautete über 11.900,00 €. **Aufgabe 97**

b) Wir gewähren einem Kunden aufgrund seiner Mängelrüge nachträglich einen Preisnachlass von 20 % des Rechnungsbetrages. Die Ausgangsrechnung (AR 811) weist einen Rechnungsbetrag von 17.850,00 € aus.

1. Ermitteln Sie jeweils die Gutschrift und die Steuerberichtigung.

2. Erstellen Sie die entsprechende Gutschriftsanzeige.

3. Nennen Sie den Buchungssatz aufgrund der Gutschriftsanzeige der Fälle a) und b).

Gutschrift über eine Umsatzvergütung von 3 % auf den Nettowarenumsatz des 2. Halbjahres in Höhe von 350.000,00 €. **Aufgabe 98**

1. Erstellen Sie die Gutschriftsanzeige.

2. Wie bucht a) der Lieferant und b) der Kunde?

3. Erläutern Sie die Auswirkung der Boni im Ein- und Verkaufsbereich.

Aufgabe 99

Buchen Sie im Grund- und Hauptbuch. Erstellen Sie den Jahresabschluss zum 31. Dezember.

Kontenplan und vorläufige Saldenbilanz zum 27. Dez.	Soll	Haben
0330 Betriebs- und Geschäftsausstattung	248.000,00	–
0340 Fuhrpark	84.000,00	–
0610 Eigenkapital	–	450.000,00
1010 Forderungen a. LL	222.324,00	–
1310 Bank	140.000,00	–
1410 Vorsteuer	105.542,00	–
1510 Kasse	19.200,00	–
1610 Privatentnahmen	72.000,00	–
1710 Verbindlichkeiten a. LL	–	224.700,00
1810 Umsatzsteuer	–	249.166,00
3010 Wareneingang	808.400,00	–
3020 Warenbezugskosten	20.800,00	–
3050 Rücksendungen an Lieferanten	–	5.000,00
3060 Nachlässe von Lieferanten	–	3.500,00
3070 Lieferantenboni	–	1.500,00
3910 Warenbestände	150.000,00	–
4100 Mietaufwendungen	62.000,00	–
4620 Ausgangsfrachten	8.500,00	–
4700 Betriebskosten, Instandhaltung	16.800,00	–
4800 Allgemeine Verwaltungskosten	132.700,00	–
4890 Diverse Aufwendungen	155.000,00	–
4910 Abschreibungen auf Sachanlagen	–	–
8010 Warenverkauf	–	1.357.500,00
8050 Rücksendungen von Kunden	48.400,00	–
8060 Nachlässe an Kunden	7.100,00	–
8070 Kundenboni	2.900,00	–
8710 Entnahme von Waren	–	12.300,00
Abschlusskonten: 9300 und 9400	2.303.666,00	2.303.666,00

Geschäftsfälle vom 27. Dezember bis 31. Dezember

1. Zieleinkäufe von Waren, ab Werk, ER 460–466
   Warenwert ... 19.700,00
   + Umsatzsteuer ... 3.743,00   23.443,00

2. Eingangsfrachten hierauf bar, Nettofrachtbetrag ... 850,00
   + Umsatzsteuer ... 161,50   1.011,50

3. Rücksendung mangelhafter Waren an Lieferanten (ER 462)
   Warenwert ... 900,00
   + Umsatzsteuer ... 171,00   1.071,00

4. Lieferant schreibt uns aufgrund unserer Mängelrüge
   einschließlich Umsatzsteuer gut, brutto ... 714,00

5. Zielverkäufe von Waren, frei dort, AR 962–968
   Warenwert ... 52.400,00
   + Verpackungskosten ... 800,00
   + Umsatzsteuer ... 10.108,00   63.308,00

6. Ausgangsfrachten hierauf bar, brutto ... 1.666,00

7. Lastschrift der Bank für Mietüberweisung ... 6.500,00
   Darin enthalten ist die Miete für die Wohnung des Inhabers ... 900,00

8. Gutschriftsanzeige (Mängelrüge) an Kunden (AR 963), brutto ... 773,50

9. Kunde erhält von uns einen Bonus, netto ... 1.500,00

10. Gutschriftsanzeige (Mängelrüge) eines Lieferanten (ER 465), brutto 416,50
11. Kunde sendet mangelhafte Waren zurück (AR 964), brutto 952,00
12. Lieferant gewährt uns einen Bonus von netto 2.000,00

Abschlussangaben
1. 25 % Abschreibung vom Buchwert auf 0330 und 0340.
2. Warenendbestand lt. Inventur 200.000,00
3. Im Übrigen entsprechen die Buchwerte der Inventur.

Aufgabe 100

Kontenplan und vorläufige Saldenbilanz der Aufgabe 99
Geschäftsfälle

1. Banküberweisung für Ausgangsfrachten (AR 978–982)
   einschließlich Umsatzsteuer 1.190,00
2. Zielverkäufe von Waren, ab hier, AR 978–982
   Warenwert 27.000,00
   + Umsatzsteuer .... 5.130,00 | 32.130,00
3. Einem Kunden (AR 966) werden aufgrund seiner Mängelrüge
   gutgeschrieben, brutto 1.130,50
4. Privatentnahme von Waren, Warenwert 600,00
5. Gutschriften an Kunden aufgrund von Mängelrügen
   (AR 978–982), brutto 1.071,00
6. Rücksendung beschädigter Waren (ER 458), Warenwert 700,00
7. Zieleinkäufe von Waren, ab Werk, ER 489–490
   Warenwert 15.400,00
   + Fracht und Transportversicherung 600,00
   + Umsatzsteuer .... 3.040,00 | 19.040,00
8. Barzahlung der Hausfracht hierauf einschließlich USt 238,00
9. Gutschriftsanzeige des Lieferanten aufgrund unserer Mängelrüge
   (ER 432) einschließlich Umsatzsteuer 892,50
10. Banküberweisung für LKW-Reparatur, netto 2.800,00
    + Umsatzsteuer .... 532,00 | 3.332,00
11. Kunde sendet wegen Falschlieferung Waren (AR 980) zurück
    und erhält von uns eine Gutschrift einschließlich USt 2.975,00
12. Banküberweisung der Lebensversicherungsprämie des
    Geschäftsinhabers 860,00
13. Lieferant gewährt uns einen Bonus, brutto 3.570,00

Abschlussangaben
1. Abschreibungen auf BGA: 32.000,00 €; auf Fuhrpark: 18.000,00 €.
2. Inventurwert des Warenschlussbestandes 250.000,00

Aufgabe 101

1. *Wie hoch sind in den Aufgaben 99/100 jeweils a) die berichtigten Verkaufserlöse,
   b) der Wareneinsatz, c) der Rohgewinn und d) der Reingewinn?*

2. *Halten Sie die Höhe des Reingewinns für angemessen, wenn man für die Arbeitsleistung des
   Geschäftsinhabers einen Unternehmerlohn (= Vergütung für eine vergleichbare Tätigkeit) von
   90.000,00 € je Geschäftsjahr zugrunde legt?*

3. *Welche Gründe sprechen für die gesonderte buchhalterische Erfassung der Bezugskosten, Rücksendungen, Nachlässe und Boni?*

4. *Erläutern Sie die Zusammensetzung der Anschaffungskosten nach § 255 [1] HGB.*

9.3   Lieferanten- und Kundenskonti

Bedeutung des Skontos

Ein- und Ausgangsrechnungen werden meist innerhalb einer bestimmten Zahlungsfrist unter Abzug von Skonto beglichen. Der Skonto ist eine **Zinsvergütung für vorzeitige Zahlung**. Er enthält aber auch eine **Prämie für die Ersparung von Risiko und Aufwand**, die mit Zielverkäufen verbunden sind. Ein Skonto von 2 % entspricht beispielsweise einem Jahreszinssatz von 36 %, wenn die Zahlungsbedingungen lauten: „Zahlbar innerhalb von 10 Tagen mit 2 % Skonto oder 30 Tage netto Kasse". Es lohnt sich also, alle Rechnungen innerhalb der Skontofrist zu bezahlen.

Lieferantenskonti

■ Der Skonto, der uns von Lieferanten gewährt wird, **mindert** nachträglich den **Anschaffungspreis** der eingekauften Waren und muss deshalb auch auf einem **Unterkonto des Wareneingangskontos** gebucht werden: „**3080 Lieferantenskonti**".

Kundenskonti

■ Skonti, die wir den Kunden gewähren, **schmälern** die **Verkaufserlöse**. Sie sind auf einem **Unterkonto des Warenverkaufskontos** zu erfassen: „**8080 Kundenskonti**".

Buchungsverfahren

Skonti können **netto oder brutto** gebucht werden, je nachdem, ob man die Vor- bzw. Umsatzsteuer **sofort oder später** entsprechend berichtigen will.

9.3.1   Lieferantenskonti

Beispiel

❶ Wareneinkauf auf Ziel lt. ER 460: 10.000,00 € netto + 1.900,00 € USt.

❷ ER 460 wird von uns abzüglich 2 % Skonto durch Banküberweisung beglichen.

	100 % Nettopreis	10.000,00 €	– 2 % **Nettoskonto**	200,00 €	=	9.800,00 €
+	19 % Vorsteuer	1.900,00 €	– 2 % **Vorsteuerberichtigung**	38,00 €	=	1.862,00 €
=	119 % **Bruttopreis**	11.900,00 €	– 2 % **Bruttoskonto**	238,00 €	=	11.662,00 €

Nettobuchung

Der vom Lieferanten gewährte Skonto wird **direkt** mit dem **Nettobetrag** gebucht, wobei die darauf entfallende **Vorsteuerberichtigung sofort** vorgenommen wird.

❶ Buchung aufgrund der ER 460: *Nennen Sie den Buchungssatz.*

❷ Buchung des Rechnungsausgleichs:
```
1710 Verbindlichkeiten a. LL ..... 11.900,00   an  3080 Lieferantenskonti .....      200,00
                                                an  1410 Vorsteuer ...............       38,00
                                                an  1310 Bank ...................   11.662,00
```
❸ Abschlussbuchung: 3080 Lieferantenskonti.. an 3010 Wareneingang 200,00

S	3010 Wareneingang	H
❶ 10.000,00	❸	200,00

S	1710 Verbindlichkeiten a. LL	H
❷ 11.900,00	❶	11.900,00

S	3080 Lieferantenskonti	H
❸ 200,00	❷	200,00

S	1410 Vorsteuer	H
❶ 1.900,00	❷	38,00

S	1310 Bank	H
	❷	11.662,00

	Anschaffungspreis	10.000,00 €
–	Lieferantenskonto, netto	200,00 €
=	**Anschaffungskosten**	9.800,00 €

Bruttobuchung

Der Skonto kann auch zunächst **brutto** gebucht werden:
```
❷ 1710 Verbindlichkeiten a. LL .... 11.900,00 an  3080 Lieferantenskonti ....   238,00
                                              an  1310 Bank ..................  11.662,00
```

Zum Monatsende – bei Ermittlung der Zahllast – wird der Vorsteueranteil aus der **Summe der Bruttoskonti** ermittelt und umgebucht:[1]   **Steuerberichtigung**

119 % = Bruttoskonti $\qquad$ 119 % $\triangleq$ 238,00 € $\qquad$ $x = \dfrac{238,00\ €\ \cdot\ 19\ \%}{119\ \%} = 38,00\ €$

19 % = Steuerberichtigung $\qquad$ 19 % $\triangleq$ $\quad$ x $\quad$ €

$$\text{Steuerberichtigungsbetrag} = \frac{\text{Bruttoskonti} \cdot 19\ \%}{119\ \%}$$

❸ Umbuchung: 3080 Lieferantenskonti .... an 1410 Vorsteuer 38,00

S	3080 Lieferantenskonti	H
❸ 38,00	❷	238,00

S	1710 Verbindlichkeiten a. LL	H
❷ 11.900,00	❶	11.900,00

S	1410 Vorsteuer	H
❶ 1.900,00	❸	38,00

S	1310 Bank	H
	❷	11.662,00

Wie lautet der Buchungssatz für den Abschluss des Kontos „3080 Lieferantenskonti"?

9.3.2   Kundenskonti

❶ Warenverkauf auf Ziel lt. AR 812: 15.000,00 € netto + 2.850,00 € USt.

❷ Wir erhalten vom Kunden den Rechnungsbetrag abzüglich 2 % Skonto (Bank).

Rechnungsbetrag lt. AR 812 .... 17.850,00 €

– 2 % Skonto (brutto) .... 357,00 €

= **Bankgutschrift** .... 17.493,00 €

Steuerberichtigung =

$\dfrac{357,00\ €\ \cdot\ 19\ \%}{119\ \%} = 57,00\ €$

❶ Buchung der AR 812: *Nennen Sie den Buchungssatz.*

❷ Nettobuchung: 1310 Bank 17.493,00
$\qquad\qquad$ 8080 Kundenskonti ... 300,00
$\qquad\qquad$ 1810 Umsatzsteuer .... 57,00 an 1010 Forder. a. LL 17.850,00

❸ Abschlussbuchung: 8010 Warenverkauf .... an 8080 Kundenskonti .. 300,00

S	1010 Forderungen a. LL	H
❶ 17.850,00	❷	17.850,00

S	8010 Warenverkauf	H
❸ 300,00	❶	15.000,00

S	1810 Umsatzsteuer	H
❷ 57,00	❶	2.850,00

S	1310 Bank	H
❷ 17.493,00		

Verkaufserlöse .... 15.000,00 €

– Kundenskonto, netto .... 300,00 €

= **Berichtigte Erlöse** .... 14.700,00 €

S	8080 Kundenskonti	H
❷ 300,00	❸	300,00

Nennen Sie für das vorliegende Beispiel auch die Bruttobuchung des Kundenskontos.

▦ **Bei Lieferantenskonto ist die Vorsteuer, bei Kundenskonto die Umsatzsteuer zu berichtigen.**

▦ **Lieferantenskonti mindern die Anschaffungspreise, Kundenskonti die Erlöse.**

---

1 In der EDV erfolgt die Steuerberichtigung mit Eingabe des Bruttobetrages automatisch (Programmfunktion).

Merke

Die Umsatzsteuer-Zahllast kann am Ende des USt-Voranmeldezeitraums erst nach Vornahme der anteiligen Berichtigungen auf den Steuerkonten ermittelt werden:

S	1410 Vorsteuer	H
Vorsteuerbeträge aufgrund von Eingangsrechnungen	Berichtigungen – Rücksendungen an Lieferanten – Preisnachlässe von Lieferanten – Lieferantenboni – Lieferantenskonti	

S	1810 Umsatzsteuer	H
Berichtigungen – Rücksendungen von Kunden – Preisnachlässe an Kunden – Kundenboni – Kundenskonti	Umsatzsteuerbeträge aufgrund von Ausgangsrechnungen	

Aufgabe 102

Die Eingangsrechnung 8857 über 2.975,00 € (Warenwert 2.500,00 € + 475,00 € USt) wird unter Abzug von 2 % Skonto durch Banküberweisung an den Lieferanten beglichen.

Konten: 1310 (AB 85.000,00 €), 1410, 1710, 3010, 3080.

1. *Buchen Sie den Eingang der Waren aufgrund der ER 8857.*
2. *Ermitteln Sie die Steuerberichtigung und buchen Sie beim Rechnungsausgleich den Skonto*
   a) netto und b) brutto.
3. *Wie lauten die entsprechenden Buchungen beim Lieferanten?*

Aufgabe 103

Der Kunde begleicht unsere Ausgangsrechnung 4459 über 17.850,00 € (Warenwert 15.000,00 € + 2.850,00 € USt) abzüglich 2 % Skonto durch Postbanküberweisung.

Konten: 1010, 1320, 1810, 8010, 8080.

1. *Buchen Sie den Verkauf der Waren aufgrund der AR 4459.*
2. *Buchen Sie den Skonto beim Zahlungseingang a) netto und b) brutto.*
3. *Nennen Sie die entsprechenden Buchungen zu 1. und 2. auch beim Kunden.*

Aufgabe 104

Auszug aus der vorläufigen Summenbilanz	Soll	Haben
1410 Vorsteuer	52.500,00	48.350,00
1810 Umsatzsteuer	72.150,00	83.450,00
3080 Lieferantenskonti (brutto)	?	3.808,00
8080 Kundenskonti (brutto)	2.975,00	?

1. *Ermitteln Sie am Monatsende die Steuerberichtigungen und buchen Sie.*
2. *Ermitteln Sie nach den Berichtigungsbuchungen die Umsatzsteuer-Zahllast.*

Aufgabe 105

Auszug aus der vorläufigen Summenbilanz	Soll	Haben
1410 Vorsteuer	28.640,00	14.450,00
1810 Umsatzsteuer	43.560,00	66.350,00
3080 Lieferantenskonti (brutto)	?	5.474,00
8080 Kundenskonti (brutto)	6.307,00	?

Ermitteln und buchen Sie die Steuerberichtigungen. Wie hoch ist die Zahllast?

Aufgabe 106

Buchen Sie die Skonti in der folgenden Aufgabe a) netto und b) brutto.

Bestände: Forderungen a. LL 29.750,00 €, Bankguthaben 225.600,00 €, Vorsteuer 2.400,00 €, Verbindlichkeiten a. LL 28.560,00 €, Umsatzsteuer 5.800,00 €.

Konten: 1010, 1310, 1410, 1710, 1810, 3080, 8080.

Geschäftsfälle

1. Kunde begleicht AR 256 durch Banküberweisung
   abzüglich 2 % Skonto, Rechnungsbetrag 5.950,00
2. Banküberweisung an den Lieferanten zum Ausgleich von ER 456
   abzüglich 2 % Skonto, Rechnungsbetrag 26.775,00
3. Banküberweisung der Umsatzsteuer-Zahllast an das Finanzamt .... ?

693488

Kontenplan und vorläufige Saldenbilanz	Soll	Haben
0330 Betriebs- und Geschäftsausstattung	210.000,00	–
0340 Fuhrpark	78.000,00	–
0610 Eigenkapital	–	400.000,00
1010 Forderungen aus Lieferungen und Leistungen	249.016,00	–
1310 Bank	270.600,00	–
1410 Vorsteuer	59.278,00	–
1510 Kasse	8.400,00	–
1610 Privatentnahmen	76.000,00	–
1710 Verbindlichkeiten aus Lieferungen und Leistungen	–	198.000,00
1810 Umsatzsteuer	–	277.894,00
3010 Wareneingang	899.200,00	–
3020 Warenbezugskosten	18.800,00	–
3050 Rücksendungen an Lieferanten	–	8.500,00
3070 Lieferantenboni	–	3.400,00
3080 Lieferantenskonti	–	19.300,00
3910 Warenbestände	120.000,00	–
4890 Diverse Aufwendungen	380.400,00	–
4910 Abschreibungen auf Sachanlagen	–	–
8010 Warenverkauf	–	1.535.000,00
8060 Nachlässe an Kunden	26.900,00	–
8070 Kundenboni	17.500,00	–
8080 Kundenskonti	28.000,00	–
Abschlusskonten: 9300 und 9400	2.442.094,00	2.442.094,00

Geschäftsfälle

1. Banküberweisungen von Kunden: Rechnungsbeträge 33.320,00
   - Bruttoskonti (2 %) 666,40   32.653,60
2. Gutschriftsanzeige an Kunden für Boni:
   2,5 % von 480.000,00 € Jahres-Nettoumsatz 12.000,00
   + Umsatzsteuer 2.280,00   14.280,00
3. Die Eingangsrechnung ER 1406
   Warenwert 22.500,00
   + Umsatzsteuer 4.275,00   26.775,00
   wurde versehentlich als Ausgangsrechnung gebucht.
   Stornieren Sie die Falschbuchung und buchen Sie ER 1406.
4. AR 1450–1460, Warenwert 82.000,00
   + Umsatzsteuer 15.580,00   97.580,00
5. Banküberweisungen an Lieferanten: Rechnungsbeträge 29.750,00
   - Bruttoskonti (2 %) 595,00   29.155,00
6. Kunde erhält Preisnachlass wegen Mängelrüge, brutto 595,00
7. Lieferanten schreiben uns Boni gut:
   3 % auf den Jahres-Nettoumsatz von 680.000,00 € 20.400,00
   + Umsatzsteuer 3.876,00   24.276,00
8. Rücksendung beschädigter Waren an Lieferanten, Warenwert 3.500,00

Abschlussangaben: 1. Abschreibungen auf BGA: 52.000,00 €; auf Fuhrpark: 15.600,00 €.
            2. Warenschlussbestand lt. Inventur 80.000,00 €.

Auswertung

1. Wie hoch ist a) der Rohgewinn und b) der Reingewinn des Unternehmens?

2. Ermitteln und beurteilen Sie die Rentabilität (Verzinsung) des Eigenkapitals in %, indem Sie den Reingewinn nach Abzug eines jährlichen Unternehmerlohnes in Höhe von 84.000,00 € zum eingesetzten Eigenkapital (400.000,00 €) in Beziehung setzen.

3. Wie beurteilen Sie das Verhältnis zwischen Eigenkapital und Fremdkapital?

4. Welche Vermögensteile werden durch eigene Mittel (Eigenkapital) gedeckt (finanziert)?

| **Aufgabe 108** | Die Konten „1410 Vorsteuer" und „1810 Umsatzsteuer" weisen zum 31. Dezember folgende Zahlen aus: |

S	1410 Vorsteuer	H	S	1810 Umsatzsteuer	H
...	182.800,00	... 172.600,00	...	168.000,00	... 176.200,00

Wie lauten die Buchungssätze zum Abschluss der beiden Konten?

| **Aufgabe 109** | *Erläutern Sie in folgenden Fällen jeweils den Buchungsvorgang:* |

1. 0610 an 9300	9. 1610 an 2780 und 1810	17. 3020 und 1410 an 1310
2. 3910 an 3010	10. 1810 an 1410	18. 8050 und 1810 an 1010
3. 1310 an 1620	11. 1610 an 8710 und 1810	19. 1710 an 3060 und 1410
4. 8710 an 9300	12. 4910 an 0330	20. 1310 an 8720 und 1810
5. 9400 an 3910	13. 9400 an 1410	21. 8080 und 1810 an 1010
6. 9300 an 3010	14. 9300 an 0610	22. 2060 an 1510
7. 1620 an 0610	15. 1810 an 9400	23. 1310 an 2610
8. 0610 an 1610	16. 8010 und 1810 an 1010	24. 1710 an 3010 und 1410

| **Aufgabe 110** | *Erklären Sie, ob nachstehende Geschäftsfälle den Jahresgewinn einer Unternehmung* ❶ *mindern,* ❷ *mehren oder* ❸ *nicht verändern:* |

1. Ausgleich einer Eingangsrechnung durch Banküberweisung.
2. Privatentnahme bar.
3. Zahlung der Gehälter und Löhne.
4. Unentgeltliche Entnahme von Waren.
5. Warenbestandserhöhung zum 31. Dezember.
6. Verkauf von Waren auf Ziel.
7. Inhaber leistet Kapitaleinlage durch Bankeinzahlung.
8. Kassenfehlbetrag lt. Inventur.
9. Überweisung der Umsatzsteuer an das Finanzamt.
10. Bankgutschrift für Provisionserträge.
11. Abschreibung auf Gebäude.
12. Verkauf eines nicht mehr benötigten Lkw zum Buchwert.
13. Entnahme von sonstigen Gegenständen und Leistungen (z. B. private Inanspruchnahme betrieblicher Leistungen).
14. Verminderung des Warenbestandes zum 31. Dezember.
15. Warenlieferant gewährt Preisnachlass wegen Mängelrüge.
16. Kunde begleicht Rechnung unter Skontoabzug.

| **Aufgabe 111** | 1. *Nennen Sie die wichtigsten Aufgaben der Finanzbuchhaltung.* |

2. *Welcher Zusammenhang besteht zwischen Inventur, Inventar, Schluss- und Eröffnungsbilanz?*
3. *Nennen Sie Beispiele für eine körperliche und buchmäßige Inventur.*
4. *Was bedeutet der Grundsatz der Bilanzidentität?*
5. *Erklären Sie jeweils anhand eines Beispiels die vier typischen Wertveränderungen der Bilanzposten und ihre Auswirkung auf die Bilanzsumme.*
6. *Um welche Art der Wertveränderung handelt es sich bei folgenden Buchungen:*
   a) *Abschreibungen auf Sachanlagen an Betriebs- und Geschäftsausstattung*
   b) *Forderungen a. LL an Warenverkauf und Umsatzsteuer*
   c) *Gehälter an Bank*
   d) *Bank an Zinserträge*
   e) *Verbindlichkeiten a. LL an Darlehensschulden?*

10 Abschluss in der Betriebsübersicht

Zum Ende des Geschäftsjahres sind alle Bestands- und Erfolgskonten abzuschließen, um den Jahresabschluss des Großhandelsunternehmens zu erstellen:

Jahresabschluss-arbeiten

Schlussbilanz und Gewinn- und Verlustrechnung

Bevor das geschieht, ist zunächst von allen Vermögensteilen und Schulden **Inventur** zu machen und das Inventar als Grundlage der Schlussbilanz aufzustellen. Im Anschluss daran sind **Umbuchungen** vorzunehmen, die den **Abschluss der Konten vorbereiten**. So sind aufgrund der Inventur **Bewertungskorrekturen** (z. B. Abschreibungen auf das Anlagevermögen) und **Berichtigungsbuchungen** (z. B. Kassendifferenz) erforderlich. Die Bestandsveränderung auf dem Konto „3910 Warenbestände" ist zu ermitteln und auf das Konto „3010 Wareneingang" umzubuchen. Außerdem sind alle **Unterkonten** (z. B. die Privatkonten) über die entsprechenden Hauptkonten abzuschließen. Schließlich ist der Saldo des Kontos „1410 Vorsteuer" auf das Konto „1810 Umsatzsteuer" umzubuchen, um die Zahllast buchhalterisch zu ermitteln.

Reihenfolge der Jahresabschlussarbeiten:

1. Inventur → Inventar → Schlussbilanz

2. **Umbuchungen (vorbereitende Abschlussbuchungen):**
   - Buchung der Abschreibungen
   - Ermittlung und Buchung der Warenbestandsveränderung
   - Abschluss der Unterkonten über die entsprechenden Hauptkonten
   - Verrechnung der Konten „1410 Vorsteuer" und „1810 Umsatzsteuer"
   - Berichtigungsbuchungen aufgrund der Inventur

3. **Abschlussbuchungen:**
   - Abschluss der **Erfolgskonten** über das Gewinn- und Verlustkonto:
     - Gewinn- und Verlustkonto   an   Aufwandskonten
     - Ertragskonten   an   Gewinn- und Verlustkonto

   - Abschluss des **Gewinn- und Verlustkontos** über das Eigenkapitalkonto:
     - bei Gewinn:
       Gewinn- und Verlustkonto   an   Eigenkapital
     - bei Verlust:
       Eigenkapital   an   Gewinn- und Verlustkonto

   - Abschluss der **Bestandskonten** über das Schlussbilanzkonto:
     - Schlussbilanzkonto   an   Aktivkonten
     - Passivkonten   an   Schlussbilanzkonto

Vor dem endgültigen **Abschluss der Konten** kann man einen Probeabschluss in Form einer tabellarischen **Betriebsübersicht** machen, die auch als **Hauptabschlussübersicht** bezeichnet wird.

Betriebsübersicht

Die Betriebsübersicht wird erstellt, um

Aufgaben

- die **rechnerische Richtigkeit** der Buchungen **zu überprüfen**,
- eine **zusammenfassende Übersicht über** das abgelaufene **Geschäftsjahr** als Informations- und **Entscheidungsgrundlage** der Unternehmensleitung **zu gewinnen**,
- den **kontenmäßigen Jahresabschluss vorzubereiten** oder auch
- einen **kurzfristigen Abschluss** (z. B. Monatsabschluss) **zu erstellen**.

Betriebsübersicht (Hauptabschlussübersicht) zum 31. Dezember ..

Kto.-Nr.	Konto	Summenbilanz S	Summenbilanz H	Saldenbilanz I S	Saldenbilanz I H	Umbuchungen S	Umbuchungen H	Saldenbilanz II S	Saldenbilanz II H	Schlussbilanz Aktiva	Schlussbilanz Passiva	GuV-Rechnung Aufw.	GuV-Rechnung Erträge
0330	BGA	240.000	10.000	230.000	–	–	46.000	184.000	–	184.000	–	–	–
0610	Eigenkapital	–	520.000	–	520.000	36.000	–	–	484.000	–	484.000	–	–
1010	Forderungen a. LL	934.500	788.200	146.300	–	–	–	146.300	–	146.300	–	–	–
1310	Bank	924.400	734.700	189.700	–	–	–	189.700	–	189.700	–	–	–
1410	Vorsteuer	148.657	142.857	5.800	–	–	5.800	–	–	–	–	–	–
1610	Privatentnahmen	36.000	–	36.000	–	–	36.000	–	–	–	–	–	–
1710	Verbindlichkeiten a. LL	585.000	683.200	–	98.200	–	–	–	98.200	–	98.200	–	–
1810	Umsatzsteuer	142.857	167.257	–	24.400	5.800	–	–	18.600	–	18.600	–	–
3010	Wareneingang	570.000	–	570.000	–	50.000	80.000	540.000	–	–	–	540.000	–
3020	Bezugskosten	50.000	–	50.000	–	–	50.000	–	–	–	–	–	–
3910	Warenbestände	100.000	–	100.000	–	80.000	–	180.000	–	180.000	–	–	–
4000	Personalkosten	115.400	–	115.400	–	–	–	115.400	–	–	–	115.400	–
4100	Mietaufwendungen	48.000	–	48.000	–	–	–	48.000	–	–	–	48.000	–
4800	Allgemeine Verwaltung	31.700	–	31.700	–	–	–	31.700	–	–	–	31.700	–
4910	Abschreibungen auf SA	–	–	–	–	46.000	–	46.000	–	–	–	46.000	–
8010	Warenverkauf	–	892.500	–	892.500	12.200	–	–	880.300	–	–	–	880.300
8080	Kundenskonti	12.200	1.708	12.200	–	–	12.200	–	–	–	–	–	–
		3.940.422	3.940.422	1.535.100	1.535.100	230.000	230.000	1.481.100	1.481.100	700.000	600.800	781.100	880.300
	Jahresgewinn										99.200	99.200	
										700.000	700.000	880.300	880.300

Beispiel

Beim Elektrogroßhandel Schneider KG ergeben sich auf den Konten zum 31. Dezember .. die obigen Soll- und Habensummen (Summenbilanz).

Abschlussangaben
1. Abschreibung auf BGA 46.000,00
2. Warenendbestand lt. Inventur 180.000,00
3. Im Übrigen Buchbestände = Inventurbestände

Erläuterung der Umbuchungen
1. Warenbestandsveränderung:
   Schlussbestand an Waren 180.000,00
   – Anfangsbestand an Waren 100.000,00
   = Bestandserhöhung: 3910 an 3010 ... 80.000,00
2. Bezugskosten: 3010 an 3020 .... 50.000,00
3. Kundenskonti: 8010 an 8080 .... 12.200,00
4. Abschreibung: 4910 an 0330 .... 46.000,00
5. Abschluss des Privatkontos: 0610 an 1610 ... 36.000,00
6. Abschluss des Vorsteuerkontos: 1810 an 1410 ... 5.800,00

Eigenkapital zum 1. Jan. .... 520.000,00 €
– Privatentnahmen .... 36.000,00 €
= .... 484.000,00 €
+ Jahresgewinn .... 99.200,00 €
= Eigenkapital zum 31. Dez. .. .. 583.200,00 €

693492

Die Betriebsübersicht (Hauptabschlussübersicht) umfasst in der Regel 6 Spalten:[1]

Summenbilanz   **Spalte 1**

Sie bildet den Ausgangspunkt und damit die **Grundlage der Betriebsübersicht**, da sie die **Soll- und Habensummen aller Bestands- und Erfolgskonten** übernimmt. Die Summen enthalten die Anfangsbestände und die Veränderungen durch die Geschäftsfälle.

Da bei jeder Buchung der Betrag doppelt gebucht wird, und zwar einmal im Soll und einmal im Haben, müssen in der Summenbilanz die Endsummen der Soll- und Habenseite gleich groß sein. Weichen die beiden Summen voneinander ab, so wurden unterschiedliche Beträge im Soll und im Haben gebucht (z. B. Gegenbuchung fehlt, Betrag wurde zweimal im Soll gebucht, Rechenfehler). Die Summenbilanz erweist sich somit als wirksames **Kontrollinstrument** für die **rechnerische** Richtigkeit der Buchungen. Sie wird daher auch als Probebilanz bezeichnet.

In der Summenbilanz sind bereits wichtige Zahlen auf den Konten zu erkennen, wie z. B. die Höhe der entstandenen und ausgeglichenen Forderungen und Verbindlichkeiten, die Bewegungen auf den Finanzkonten sowie Höhe und Zusammensetzung der Aufwendungen und Erträge.

Saldenbilanz I   **Spalte 2**

Jedes Konto, das in die Summenbilanz übernommen wurde, wird saldiert. Der **Saldo** erscheint in der Saldenbilanz I – im Gegensatz zum Konto – auf der wertmäßig **größeren** Seite. Auch hier muss die Sollsumme gleich der Habensumme sein (Summengleichheit).

Umbuchungen (vorbereitende Abschlussbuchungen)   **Spalte 3**

Die Umbuchungsspalte nimmt die vorbereitenden Abschlussbuchungen (siehe S. 91) auf, die im Anschluss an die Inventur nach den Regeln der Doppik durchgeführt werden. Deshalb muss auch hier Summengleichheit im Soll und im Haben bestehen.

Saldenbilanz II   **Spalte 4**

Aus den Zahlen der Saldenbilanz I **und** den Umbuchungen ergeben sich die **endgültigen** Salden der Saldenbilanz II. Soll und Haben müssen übereinstimmen.

Schlussbilanz   **Spalte 5**

Diese Spalte übernimmt die **Salden der Bestandskonten** aus der Saldenbilanz II. Aktiva und Passiva können hier in der Regel zunächst nicht summengleich sein. Die **Differenz bedeutet Gewinn oder Verlust**, je nachdem, welche Seite überwiegt. Der Saldo der Schlussbilanz muss aber genauso groß sein wie der Saldo der Gewinn- und Verlustrechnung in der Spalte 6 (**Abstimmung!**).

Gewinn- und Verlustrechnung (Erfolgsrechnung)   **Spalte 6**

In diese Spalte sind **alle Aufwendungen und Erträge** der Saldenbilanz II zu übernehmen. Zu den Aufwendungen gehört vor allem der auf dem Konto „3010 Wareneingang" ausgewiesene **Wareneinsatz**.

Der **Saldo** der Erfolgsrechnung ist der **Gewinn oder Verlust** des Unternehmens.

Nach Erstellung der Betriebsübersicht (Hauptabschlussübersicht) werden die Umbuchungen auf die Konten des Hauptbuches übertragen. Sodann erfolgt der eigentliche buchhalterische Abschluss der Konten.   **Abschlussbuchungen aufgrund der Betriebsübersicht**

▣ Die Betriebsübersicht, auch Hauptabschlussübersicht genannt, dient vor allem der Vorbereitung des Jahresabschlusses.   Merke

▣ Sie gibt eine Gesamtübersicht über das abgelaufene Geschäftsjahr und ist zugleich Informations- und Entscheidungsgrundlage.

---

1 Die achtspaltige Betriebsübersicht enthält noch zusätzlich die Spalten „Eröffnungsbilanz" und „Umsatzbilanz", aus deren Addition sich die „Summenbilanz" ergibt.

Aufgaben 112, 113

112 Summenbilanz		Erstellen Sie die Betriebsübersicht.	113 Summenbilanz	
Soll	Haben	Konten	Soll	Haben
264.000,00	11.000,00	0330 BGA	216.000,00	9.000,00
–	528.000,00	0610 Eigenkapital	–	430.000,00
14.000,00	44.000,00	0820 Darlehensschulden	12.300,00	38.000,00
1.027.950,00	867.050,00	1010 Forderungen a. LL	828.750,00	709.450,00
997.240,00	808.170,00	1310 Bank	825.160,00	661.230,00
163.517,00	157.137,00	1410 Vorsteuer	133.778,00	128.558,00
39.600,00	–	1610 Privatentnahmen	32.400,00	–
643.500,00	751.520,00	1710 Verbindlichkeiten a. LL	526.500,00	614.880,00
157.137,00	183.977,00	1810 Umsatzsteuer	128.558,00	150.518,00
582.000,00	–	3010 Wareneingang	548.000,00	–
210.000,00	–	3910 Warenbestände	100.000,00	–
126.940,00	–	4000 Personalkosten	103.860,00	–
58.400,00	–	4100 Mietaufwendungen	50.000,00	–
34.870,00	–	4800 Allgemeine Verwaltung	28.530,00	–
–	–	4910 Abschreibungen auf SA	–	–
–	968.300,00	8010 Warenverkauf	–	792.200,00
4.319.154,00	4.319.154,00	Summen	3.533.836,00	3.533.836,00
		Abschlussangaben		
50.600,00		1. Abschreibung auf BGA	41.400,00	
198.000,00		2. Wareninventurbestand	170.000,00	

Aufgaben 114, 115

114 Summenbilanz		Erstellen Sie die Betriebsübersicht.	115 Summenbilanz	
Soll	Haben	Konten	Soll	Haben
303.077,00	–	0330 BGA	237.600,00	–
100.800,00	11.880,00	0340 Fuhrpark	84.000,00	9.900,00
–	668.400,00	0610 Eigenkapital	–	557.000,00
1.093.950,00	936.377,00	1010 Forderungen a. LL	911.625,00	780.315,00
1.080.234,00	872.823,00	1310 Bank	900.196,00	727.353,00
183.217,00	176.326,00	1410 Vorsteuer	152.681,00	146.939,00
42.768,00	–	1610 Privatentnahmen................	50.600,00	–
711.212,00	861.802,00	1710 Verbindlichkeiten a. LL	592.680,00	718.168,00
176.326,00	205.314,00	1810 Umsatzsteuer	146.939,00	171.095,00
643.200,00	–	3010 Wareneingang	360.300,00	–
62.160,00	–	3020 Bezugskosten	52.500,00	–
150.000,00	–	3910 Warenbestände	300.000,00	–
137.095,00	–	4000 Personalkosten.................	114.246,00	–
57.024,00	–	4100 Mietaufwendungen	47.520,00	–
72.459,00	–	4800 Allgemeine Verwaltung	60.383,00	–
–	–	4910 Abschreibungen auf SA	–	–
–	1.132.600,00	8010 Warenverkauf..................	–	931.500,00
38.080,00	6.080,00	8060 Nachlässe an Kunden	17.850,00	2.850,00
23.800,00	3.800,00	8080 Kundenskonti	19.040,00	3.040,00
4.875.402,00	4.875.402,00	Summen	4.048.160,00	4.048.160,00
		Abschlussangaben		
230.000,00		1. Warenendbestand	210.000,00	
61.000,00		2. Abschreibung auf BGA	47.500,00	
17.700,00		3. Abschreibung auf Fuhrpark	14.800,00	

Kontenplan und vorläufige Summenbilanz	Soll	Haben
0330 Betriebs- und Geschäftsausstattung	320.000,00	–
0610 Eigenkapital	–	592.000,00
1010 Forderungen a. LL	1.420.500,00	1.210.300,00
1310 Bank	1.642.300,00	1.480.300,00
1410 Vorsteuer	176.464,00	105.100,00
1610 Privatentnahmen	85.400,00	–
1710 Verbindlichkeiten a. LL	980.800,00	1.130.500,00
1810 Umsatzsteuer	270.500,00	365.864,00
2610 Zinserträge	–	5.800,00
2780 Entnahme von sonstigen Gegenständen und Leistungen . .	–	3.600,00
3010 Wareneingang	920.600,00	–
3020 Bezugskosten	82.400,00	–
3060 Nachlässe von Lieferanten	2.850,00	17.850,00
3910 Warenbestände	480.500,00	–
4000 Personalkosten	220.300,00	–
4100 Mietaufwendungen	120.000,00	–
4700 Betriebskosten, Instandhaltung	12.800,00	–
4800 Allgemeine Verwaltung	122.300,00	–
4910 Abschreibungen auf Sachanlagen	–	–
8010 Warenverkauf	–	1.980.600,00
8050 Rücksendungen von Kunden	29.750,00	4.750,00
8080 Kundenskonti	35.700,00	5.700,00
8710 Entnahme von Waren	–	2.600,00
8720 Provisionserträge	–	18.200,00
Abschlusskonten: 9300 und 9400	6.923.164,00	6.923.164,00

Geschäftsfälle vom 30. Dezember bis 31. Dezember

1. Warenlieferant stellt für Transport nachträglich in Rechnung 2.500,00
   + Umsatzsteuer 475,00

2. Entnahme von Waren für Privatzwecke, Warenwert 1.500,00

3. Lastschrift der Bank für Mietüberweisungen 9.500,00
   Darin ist die Miete für die Wohnung des Geschäftsinhabers enthalten 900,00

4. Der Geschäftsinhaber lässt die Umzäunung seines Privathauses von
   Mitarbeitern seines eigenen Betriebes reparieren. Kosten netto 1.650,00

5. Wir erhalten Verkaufsprovision durch Banküberweisung, netto 36.800,00
   + Umsatzsteuer 6.992,00

6. Kunde sendet beschädigte Waren zurück, Warenwert 4.000,00

7. Zinsgutschrift der Bank 2.100,00

8. Gutschriftsanzeige des Warenlieferanten aufgrund unserer Mängelrüge 3.500,00
   + Umsatzsteuer 665,00

Abschlussangaben

1. Abschreibung auf BGA 48.000,00

2. Warenschlussbestand 160.000,00

Buchen Sie zunächst die Geschäftsfälle auf Konten. Übertragen Sie die Soll- und Habensumme eines jeden Kontos in die Summenbilanz der Betriebsübersicht und führen Sie den Abschluss in der Betriebsübersicht durch. Erstellen Sie danach den kontenmäßigen Abschluss.

11 Organisation der Finanzbuchhaltung

11.1 Die Belegorganisation

11.1.1 Bedeutung und Arten der Belege

Die Richtigkeit der Buchungen kann nur anhand der Belege überprüft werden. Deshalb muss jeder Buchung ein entsprechender Beleg zugrunde liegen. Der wichtigste **Grundsatz ordnungsmäßiger Buchführung** (§ 238 [2] HGB) lautet deshalb:

Merke	**Keine Buchung ohne Beleg!**

Nach der Herkunft der Belege unterscheidet man zwischen **externen** Belegen (= Fremdbelege) und **internen** Belegen (= Eigenbelege).

Belegarten

Externe Belege (Fremdbelege) werden von Außenstehenden ausgestellt.	Interne Belege (Eigenbelege) werden im Unternehmen ausgestellt.
Beispiele: ■ Eingangsrechnungen ■ Quittungen ■ Gutschriftsanzeige des Lieferanten für Warenrücksendung und nachträglichen Preisnachlass ■ Begleitbriefe zu erhaltenen Schecks ■ Erhaltene sonstige Geschäftsbriefe über z. B. nachträgliche Belastungen ■ Bankbelege (z. B. Kontoauszüge, Kontrollmitteilungen u. a.) ■ Postbelege (z. B. Quittungen über Einzahlungen, Versand u. a.)	Beispiele: ■ Kopien von Ausgangsrechnungen ■ Quittungsdurchschriften ■ Durchschrift der Gutschriftsanzeige an Kunden für Warenrücksendung und nachträglichen Preisnachlass ■ Durchschriften von Begleitbriefen zu weitergegebenen Schecks ■ Durchschriften von abgesandten sonstigen Geschäftsbriefen ■ Lohn- und Gehaltslisten ■ Belege über Privatentnahmen (Entnahme von Waren, Entnahme v. s. G. u. L.) ■ Belege über Storno- und Umbuchungen sowie Abschlussbuchungen

Einzelbelege
Sammelbelege

Nach der Anzahl der in den Belegen erfassten Geschäftsfälle können Einzelbelege und Sammelbelege unterschieden werden. Während der Einzelbeleg für einen Geschäftsfall erstellt wird (z. B. Gutschriftsanzeige, Quittung), beinhaltet ein Sammelbeleg mehrere gleichartige Geschäftsfälle (z. B. Lohn- und Gehaltsliste).

Ersatzbelege

Ersatzbelege sind auszustellen, wenn ein **Originalbeleg abhanden gekommen** ist oder ein Fremdbeleg nicht zu erhalten war. Bei verloren gegangenen Fremdbelegen wird man in der Regel eine Abschrift erbitten. Fehlen z. B. über eine Taxifahrt oder von auswärts geführte Ferngespräche die erforderlichen Belege, so ist ein Ersatzbeleg zu erstellen, der **Zeitpunkt, Grund und Höhe der Ausgabe** enthält.

11.1.2 Bearbeitung der Belege

Folgende Arbeitsstufen umfasst die Bearbeitung der Belege in der Buchhaltung:

■ **Vorbereitung** der Belege zur Buchung

■ **Buchung** der Belege im Grund- und Hauptbuch

■ **Ablage** und Aufbewahrung der Belege

Die sorgfältige Vorbereitung der Belege ist unerlässliche Voraussetzung ordnungsmäßiger Buchführung. Dazu gehören:

Vorbereitung der Belege

- **Überprüfung der Belege** auf ihre **sachliche und rechnerische Richtigkeit**.

- **Bestimmung des Buchungsbeleges.** Gehören zu einem Geschäftsfall mehrere Belege (z. B. bei Banküberweisungen: Überweisungsvordruck und Kontoauszug), muss vorab bestimmt werden, welcher Beleg als Buchungsunterlage verwendet werden soll, um mehrfache Buchungen zu vermeiden.

- **Ordnen der Belege nach Belegarten (Belegsortierung)** als **Voraussetzung für Sammelbuchungen** und eine ordnungsmäßige Ablage und **Aufbewahrung** der Belege, z. B.:
  - Ausgangsrechnungen
  - Gutschriften an Kunden
  - Eingangsrechnungen
  - Gutschriften von Lieferanten
  - Lohn- und Gehaltslisten
  - Bankbelege
  - Kassenbelege
  - Privatentnahmen/-einlagen

- **Fortlaufende Nummerierung** der Belege innerhalb jeder Belegart.

- **Vorkontierung der Belege**, indem die Buchungssätze mithilfe eines Kontierungsstempels auf den Belegen oder gesondert auf einem Kontierungsformular angegeben werden.

Jede Buchung im Grund- und Hauptbuch enthält den Hinweis auf die **Belegart und die Belegnummer**. Dieser **Belegvermerk** (z. B. AR 15) stellt sicher, dass zu jeder Buchung der zugehörige Beleg sofort auffindbar ist. Umgekehrt muss nach jeder Buchung der **Buchungsvermerk auf dem Beleg** eingetragen werden, der die Journalseite, das Buchungsdatum sowie das Zeichen des Buchhalters angibt. Durch diese **wechselseitigen Hinweise** wird der **Beleg zum Bindeglied** zwischen Geschäftsfall und Buchung.

Belegvermerk / Buchungsvermerk

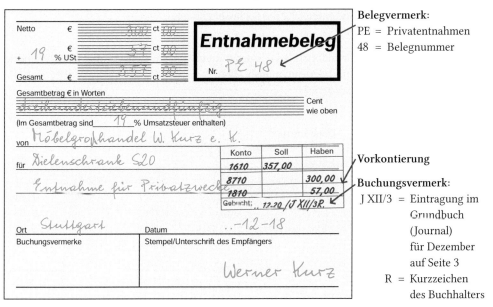

Belegvermerk:
PE = Privatentnahmen
48 = Belegnummer

Vorkontierung

Buchungsvermerk:
J XII/3 = Eintragung im Grundbuch (Journal) für Dezember auf Seite 3
R = Kurzzeichen des Buchhalters

Nach der Buchung müssen die Belege sorgfältig abgelegt und **zehn Jahre** aufbewahrt werden, **gerechnet vom Schluss des Kalenderjahres**, in dem der Beleg entstanden ist (§ 257 [4] HGB, § 147 [3] AO). **Für jede Belegart** werden in der Regel **Ordner** angelegt, in denen die Belege nach fortlaufender Nummer abgeheftet sind. Bei einer **Mikrofilmablage** oder der **Speicherung auf Datenträgern** muss die jederzeitige Wiedergabe der mikroverfilmten oder eingescannten Belege bzw. der gespeicherten Daten sichergestellt sein (vgl. S. 7). In elektronischer Form empfangene Belege müssen ebenso wie die in der elektronischen Buchführung erzeugten Daten und Dokumente grundsätzlich im Ursprungsformat aufbewahrt werden.

Belegaufbewahrung

Die Belegorganisation ist die Grundlage ordnungsmäßiger Buchführung.　　Merke

11.2 Die Bücher der Finanzbuchhaltung

Die Buchungen müssen **jederzeit nachprüfbar** sein. Sie sind deshalb jeweils

- in **zeitlicher Reihenfolge** zu erfassen,
- nach **sachlichen Gesichtspunkten** zu ordnen und
- gegebenenfalls **durch Nebenaufzeichnungen zu erläutern**.

Diese Ordnung der Buchungen erfolgt in bestimmten „**Büchern**" der Buchführung.

11.2.1 Das Grundbuch

Grundbuch (Journal)   Im Grundbuch (Journal) werden die Buchungen in **zeitlicher (chronologischer) Reihenfolge** erfasst. Im Einzelnen nimmt das Grundbuch folgende Buchungen auf:

1. **Eröffnungsbuchungen über EBK**
2. **Laufende Buchungen** aufgrund der vorkontierten Belege
3. **Vorbereitende Abschlussbuchungen**, die auch **Umbuchungen** genannt werden (siehe S. 91):
   - Buchung der Abschreibungen
   - Abschluss der Unterkonten (z. B. Privat)
   - Verrechnung der Vor- und Umsatzsteuer
4. **Abschlussbuchungen**
   - Abschluss der **Erfolgskonten** über das GuV-Konto
   - Abschluss des **GuV-Kontos** über das Eigenkapitalkonto
   - Abschluss der **Bestandskonten** über das Schlussbilanzkonto

Wichtige Daten sind im Grundbuch bzw. Journal auszuweisen: Belegdatum, Belegvermerk, Buchungstext, Kontierung und der Buchungsbetrag:

Journal			Monat November ..			Seite ...
Datum	**Beleg**	**Buchungstext**	**Kontierung**		**Betrag in €**	
			Soll	Haben	Soll	Haben
12. Nov. ..		Übertrag von Seite ...			...	...
12. Nov. ..	BA 158	Überweisung an Vits KG	1710	1310	4.760,00	4.760,00
13. Nov. ..	AR 896	Verkauf an Holzen OHG	1010	8010	7.140,00	6.000,00
				1810		1.140,00
14. Nov. ..	BA 159	Überweisung von Decker	1310	1010	2.856,00	2.856,00
...	...	...				
...	...	...				

Bedeutung des Grundbuches   Die chronologischen Aufzeichnungen im Journal ermöglichen es, jeden einzelnen Geschäftsfall während der Aufbewahrungsfristen schnell bis zum Beleg zurückzuverfolgen und damit nachzuweisen.

Buchungsverfahren   Jede Grundbuchung muss auf dem entsprechenden Sachkonto des Hauptbuchs und gegebenenfalls auf dem Konto eines Nebenbuchs (Lagerbuchführung, Kunden- und Lieferantenkonten u. a.) erfasst werden. Im Rahmen der EDV-Buchführung erfolgen die Buchungen auf den Sachkonten des Hauptbuchs gleichzeitig automatisch mit der Eingabe im Grundbuch.

11.2.2 Das Hauptbuch

Aus dem Grundbuch lässt sich der Stand der einzelnen Vermögensteile und Schulden nicht erkennen. Deshalb müssen die Geschäftsfälle noch in **sachlicher** Ordnung auf entsprechenden **Sachkonten** gebucht werden, z. B. alle Gehaltszahlungen auf einem Konto „Gehälter", alle Bargeschäfte auf einem Kassenkonto u. a. Die Sachkonten stellen wegen ihrer Bedeutung für die Buchführung das **Hauptbuch** dar. Sie werden in der Regel auf losen Formblättern oder EDV-mäßig geführt.

Sachliche Ordnung

Die Sachkonten sind die **im Kontenplan** des Betriebes verzeichneten **Bestands- und Erfolgskonten**. Ihr Abschluss führt über das Gewinn- und Verlustkonto und das Schlussbilanzkonto zur Gewinn- und Verlustrechnung und Bilanz. Bei jeder Buchung auf einem Sachkonto müssen ähnlich wie im Grundbuch vermerkt werden: Datum, Belegvermerk, Buchungstext, Gegenkonto, Betrag im Soll und im Haben.

Sachkonten

Konto: 1310 Bank					
Beleg-datum	Beleg-vermerk	Buchungstext	Gegen-konto	Soll	Haben
12. Nov. ..	BA 158	Überweisung an Vits KG	1710	–	4.760,00
14. Nov. ..	BA 159	Überweisung von Decker	1010	2.856,00	–
...	...	...			
...	...	...			

Zusammenhang zwischen Belegen, Grund- und Hauptbuch

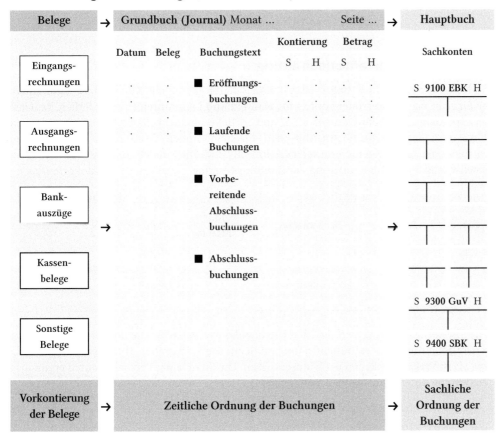

Das Grundbuch (Journal) erfasst die Geschäftsfälle in zeitlicher Reihenfolge.	**Merke**
Das Hauptbuch erfasst die Geschäftsfälle in sachlicher Ordnung auf Sachkonten.	

11.2.3 Die Nebenbücher im Überblick

Bestimmte Sachkonten des Hauptbuches müssen **näher erläutert** werden, um **wichtige Einzelheiten** zu erfahren. Das geschieht in entsprechenden **Nebenbüchern**.

Sachkonten	Nebenbücher
Forderungen a. LL, Verbindlichkeiten a. LL	**Kontokorrentbuch** erfasst den unbaren Geschäftsverkehr mit jedem einzelnen Kunden und Lieferanten.
Warenbestände	**Lagerbuchführung** erfasst für jede Warenart Zugänge und Abgänge und ermittelt jederzeit (permanent) den Buchbestand; siehe S. 105.
Löhne und Gehälter	**Lohn-/Gehaltsbuchhaltung** Für jeden Arbeitnehmer wird ein Lohn- bzw. Gehaltskonto geführt.
Anlagekonten	**Anlagenverzeichnis** Für jeden Anlagegegenstand gibt es einen Datensatz oder eine Anlagenkarte mit Bezeichung, Tag der Anschaffung, Anschaffungskosten, Nutzungsdauer, Abschreibung und Buchwert zum 31. Dezember.

Merke Die Nebenbücher dienen der Erläuterung bestimmter Sachkonten im Hauptbuch.

11.2.3.1 Kontokorrentbuchhaltung

Kunden- und Lieferantenkonten

Die Kontokorrentbuchhaltung erfasst den Geschäftsverkehr mit Kunden und Lieferanten. Die Einrichtung von **Personenkonten für Kunden und Lieferanten** ist erforderlich, weil aus den Sachkonten „1010 Forderungen a. LL" und „1710 Verbindlichkeiten a. LL" nicht zu ersehen ist, wie hoch die Forderungen gegenüber den einzelnen **Kunden (Debitoren)** und die Schulden gegenüber den einzelnen **Lieferanten (Kreditoren)** sind. Die Kunden- und Lieferantenkonten dienen vor allem der **Überwachung der Zahlungstermine.** Sie bilden das Kontokorrentbuch[1].

Kundenkonto: Petra Klein e. Kffr., Südallee 2, 50858 Köln						Kontonummer: 10001
Datum	Beleg	Buchungstext	Journalseite	Soll	Haben	Saldo
2. Jan. ..	–	Saldovortrag	J 1	4.760,00	–	4.760,00
4. Jan. ..	BA 1	Banküberweisung	J 1	–	3.570,00	1.190,00
12. Jan. ..	AR 38	Verkauf Artikel-Nr. 567	J 3	2.856,00	–	4.046,00
...	...	...				

EDV-Buchführung

In der EDV-Buchführung wird auf den Personenkonten gebucht. Die dort erfassten Beträge werden beim Abschluss der Konten automatisch auf den Sachkonten „1010 Forderungen a. LL" bzw. „1710 Verbindlichkeiten a. LL" ausgewiesen. Die Summe der Personenkonten ergibt also den Bestand des entsprechenden Sachkontos.

---

1 ital.: conto corrente = laufende Rechnung

Sachkonten sind in der Regel vierstellig, **Personenkonten fünfstellig**.

Debitoren: 10000–59999 z. B. 10000 Kunde A, 10001 Kunde B, usw.
Kreditoren: 60000–99999 z. B. 60000 Lieferant A, 60001 Lieferant B, usw.

Kundenkonten erhalten z. B. an der **fünften** Stelle (die EDV-Anlage liest die Kennziffern von rechts nach links) die **Kennziffern 1 bis 5**, **Lieferantenkonten** die Ziffern **6 bis 9**.

Beispiel

Im Möbelgroßhandel Kurz weisen die Saldenlisten der Kunden- und Lieferantenkonten sowie die Sachkonten 1010 und 1710 zum 31. Dezember folgende Zahlen aus:

Konto-Nr.	Kunden	Salden	Konto-Nr.	Lieferanten	Salden
10001	Möbelladen Hein e. K.	115.000,00	60001	Küchentechnikwerke KG	135.000,00
10002	Möbelcenter MC	86.250,00	60002	Polstermöbelwerke AG	247.250,00
10003	SB-Möbelmarkt GmbH	165.000,00	60003	Büromöbelwerke OHG	143.750,00
	Saldensumme	**366.250,00**		**Saldensumme**	**526.000,00**

1010 Forderungen a. LL

Datum	Beleg	Text	Soll	Haben
31. Dez.	–	...	2.875.000,00	2.508.750,00
		Saldo	–	366.250,00
			2.875.000,00	2.875.000,00

1710 Verbindlichkeiten a. LL

Datum	Beleg	Text	Soll	Haben
31. Dez.	–	...	1.889.000,00	2.415.000,00
		Saldo	526.000,00	–
			2.415.000,00	2.415.000,00

Merke

Die Saldensumme der Kundenkonten (Debitoren) und Lieferantenkonten (Kreditoren) im Kontokorrentbuch muss jeweils mit dem Saldo des Sachkontos „1010 Forderungen a. LL" bzw. „1710 Verbindlichkeiten a. LL" im Hauptbuch übereinstimmen.

Aufgabe 117

In der Finanzbuchhaltung des Möbelgroßhandels Kurz weisen die **Kundenkonten** Möbelladen Hein und Möbelcenter MC folgende **offene Posten**, also noch nicht bezahlte Rechnungen, aus:

S	10001 Möbelladen Hein e. K.	H	S	10002 Möbelcenter MC	H
AR 407	23.800,00		AR 408	35.700,00	
AR 409	11.900,00		AR 410	5.950,00	

Richten Sie außer den Kundenkonten noch folgende Sachkonten ein: 1010 Forderungen a. LL (AB 77.350,00 €), 1310 Bank (AB 109.500,00 €), 1810 Umsatzsteuer, 8010 Warenverkauf.

Buchen Sie die folgenden Geschäftsfälle auf den Sachkonten und nehmen Sie zugleich die entsprechenden Eintragungen auf den Kundenkonten vor:

1. Kunde Möbelladen Hein begleicht AR 407 lt. BA 12 .... 23.800,00
2. Zielverkauf von 20 Eicheschränken ES 44 lt. AR 411 an das
   Möbelcenter MC, netto 50.000,00
   + Umsatzsteuer 9.500,00 59.500,00
3. Möbelcenter MC begleicht lt. BA 13 die fällige AR 408 .... 35.700,00
4. Zielverkauf von Schreibtischen ST 45 an den Möbelladen
   Hein lt. AR 412, netto 15.000,00
   + Umsatzsteuer 2.850,00 17.850,00

1. *Ermitteln Sie die Salden der Kundenkonten und stellen Sie diese in einer Saldenliste „Debitoren" zusammen.*
2. *Ermitteln Sie den Saldo im Sachkonto 1010 Forderungen a. LL und stimmen Sie diesen mit der Summe der Salden der Debitoren-Saldenliste ab.*

Aufgabe 118

Die **Lieferantenkonten** Küchentechnikwerke KG und Polstermöbelwerke AG des Möbelgroßhandels W. Kurz e. K. weisen folgende **offene Posten** aus:

S	60001 Küchentechnikwerke KG	H		S	60002 Polstermöbelwerke AG	H
	ER 580	29.750,00			ER 581	47.600,00
	ER 582	14.280,00			ER 583	20.230,00

Richten Sie noch folgende Sachkonten ein:

1310 Bank (AB 167.000,00 €), 1410 Vorsteuer, 1710 Verbindlichkeiten a. LL (AB 111.860,00 €), 3010 Wareneingang.

Buchen Sie die folgenden Geschäftsfälle auf den erforderlichen Sachkonten und ergänzen Sie entsprechend die beiden Lieferantenkonten:

1. ER 580 wird bei Fälligkeit beglichen. BA 45 .... 29.750,00
2. Zieleinkauf von Fernsehsesseln FS 200 lt. ER 584
   bei Polstermöbelwerke AG, netto 44.000,00
   + Umsatzsteuer 8.360,00 52.360,00
3. Ausgleich von ER 581 lt. BA 46 .... 47.600,00
4. Zieleinkauf von Einbauküchen LS 405 bei
   Küchentechnikwerke KG lt. ER 585, netto 68.500,00
   + Umsatzsteuer 13.015,00 81.515,00

1. Ermitteln Sie die Salden der Lieferantenkonten und des Kontos 1710 Verbindlichkeiten a. LL.
2. Erstellen Sie die Kreditoren-Saldenliste und nehmen Sie die Abstimmung mit dem Sachkonto 1710 vor.

Aufgabe 119

1. *Erläutern Sie Aufgaben und Bedeutung der Bücher der Buchführung:*
   a) Grundbuch,
   b) Hauptbuch,
   c) Nebenbücher.
2. *Inwiefern ist der Beleg Bindeglied zwischen Geschäftsfall und Buchung?*
3. *Belege lassen sich nach ihrer Entstehung in*
   a) Fremd- bzw. externe Belege und
   b) Eigen- bzw. interne Belege unterscheiden.
   Nennen Sie Beispiele.
4. *Nennen Sie die Aufbewahrungsfrist für Geschäftsbelege, die Bücher der Buchführung, das Inventar und die Bilanz.*
5. *Von welchem Zeitpunkt an beginnt die Aufbewahrungsfrist?*
6. *Welche Möglichkeiten der Belegaufbewahrung bestehen?*

Aufgabe 120

Geschäftsgänge mit Grund-, Haupt- und Kontokorrentbuch

1. Richten Sie die Sachkonten ein und tragen Sie die Beträge der Summenbilanz vor.

2. Richten Sie die Personenkonten ein und tragen Sie die Soll- und Habenbeträge vor.

3. Buchen Sie die Geschäftsfälle für Dezember auf den entsprechenden Konten.

4. Erstellen Sie zum 31. Dezember die Saldenlisten der Personenkonten und stimmen Sie diese mit den Sachkonten „1010 Forderungen a. LL" und „1710 Verbindlichkeiten a. LL" ab.

5. Führen Sie den kontenmäßigen Jahresabschluss im Hauptbuch durch.

6. Erstellen Sie eine ordnungsmäßig gegliederte Bilanz.

Belegabkürzungen: AR (Ausgangsrechnung), ER (Eingangsrechnung), BA (Bankauszug), KB (Kassenbeleg), PE (Privatentnahmebeleg), SB (Sonstige Belege).

Kundenkonten der Textilgroßhandlung Edgar Tuch e. K.	Soll	Haben
10000 F. Walter e. Kffr., Leverkusen	344.500,00	322.400,00
10001 Kühn KG, Köln	241.250,00	221.400,00
10002 R. Schulze e. Kfm., Bergheim	225.000,00	175.580,00
Summe	810.750,00	719.380,00

Lieferantenkonten der Textilgroßhandlung Edgar Tuch e. K.	Soll	Haben
60000 M. Blau e. K., Rheine	189.400,00	224.600,00
60001 S. Schneider e. K., Emsdetten	180.200,00	215.800,00
60002 Weber GmbH, Soest	155.400,00	184.480,00
Summe	525.000,00	624.880,00

Sachkonten der Textilgroßhandlung Edgar Tuch e. K.	Soll	Haben
0330 Betriebs- und Geschäftsausstattung	218.000,00	13.000,00
0610 Eigenkapital	–	429.000,00
1010 Forderungen a. LL	810.750,00	719.380,00
1310 Bank	790.158,00	646.570,00
1320 Postbankguthaben	69.343,00	14.000,00
1410 Vorsteuer	99.586,50	83.140,00
1510 Kasse	28.940,00	21.180,00
1610 Privatentnahmen	40.000,00	–
1710 Verbindlichkeiten a. LL	525.000,00	624.880,00
1810 Umsatzsteuer	83.140,00	150.907,50
3010 Wareneingang	460.000,00	–
3910 Warenbestände	189.000,00	–
4000 Personalkosten	102.000,00	–
4100 Mietaufwendungen	45.070,00	–
4800 Allgemeine Verwaltung	35.320,00	–
8010 Warenverkauf	–	780.150,00
8710 Entnahme von Waren	–	14.100,00
Weitere Konten: 4910, 9300, 9400	3.496.307,50	3.496.307,50

Geschäftsfälle ab 18. Dezember bis 31. Dezember ..

Datum	Beleg	Buchungstext	€
18. Dez.	AR 949	Zielverkauf an F. Walter e. Kffr., netto	8.800,00
		+ Umsatzsteuer	1.672,00
19. Dez.	ER 468	Zieleinkauf bei M. Blau e. K., netto	12.300,00
		+ Umsatzsteuer	2.337,00
20. Dez.	BA 91	Überweisung von Kühn KG	13.685,00
		Überweisung an S. Schneider e. K.	23.205,00
21. Dez.	KB 248	Barkauf von Postwertzeichen	650,00
	PE 35	Private Warenentnahme, netto	750,00
23. Dez.	ER 469	Zieleinkauf bei Weber GmbH, netto	11.800,00
		+ Umsatzsteuer	2.242,00
27. Dez.	KB 249	Privatentnahme, bar	800,00
28. Dez.	AR 950	Zielverkauf an R. Schulze e. Kfm., netto	15.600,00
		+ Umsatzsteuer	2.964,00
29. Dez.	BA 92	Überweisung von R. Schulze e. Kfm.	28.560,00
		Überweisung der Gehälter	6.400,00
		Überweisung der Telekommunikationsgebühren, netto	1.200,00
		+ Umsatzsteuer	228,00
30. Dez.	KB 250	Barkauf von Büromaterial, brutto	535,50
31. Dez.	KB 251	Barverkäufe von Waren (Tageslosung), brutto	6.664,00

Abschlussangaben

Datum	Beleg		€
31. Dez.	SB 189	Warenendbestand lt. Inventur	168.000,00
31. Dez.		Anlagenkartei: Abschreibungen auf BGA	25.000,00
31. Dez.		Inventar Buchbestände = Inventurbestände	

Aufgabe 121

Die Personen- und Sachkonten der Textilgroßhandlung Edgar Tuch e. K. sind zum 18. Dez. .. einzu-richten (vgl. Aufgabe 120). Folgende Geschäftsfälle sind noch bis zum 31. Dezember .. zu buchen:

Datum	Beleg	Buchungstext	€
18. Dez.	BA 92	Unsere Zahlung der Miete für Büroräume	4.500,00
	BA 93	Barabhebung für Geschäftskasse	1.800,00
19. Dez.	AR 951	Verkauf an Kühn KG auf Ziel, netto	15.600,00
		+ Umsatzsteuer	2.964,00
20. Dez.	ER 470	Zielkauf eines Kleincomputers gegen Rechnung, netto	1.200,00
		+ Umsatzsteuer	228,00
20. Dez.	BA 94	Abbuchung der Telekommunikationsrechnung, netto	750,00
		+ Umsatzsteuer	142,50
21. Dez.	ER 471	Einkauf bei S. Schneider e. K. auf Ziel, netto	5.800,00
		+ Umsatzsteuer	1.102,00
22. Dez.	BA 95	Überweisung von F. Walter e. Kffr.	11.900,00
		von Kühn KG	8.330,00
		von R. Schulze e. Kfm.	28.560,00
23. Dez.	KB 252	Warenverkäufe, bar, brutto	6.545,00
24. Dez.	KB 253	Privatentnahme, bar	700,00
27. Dez.	BA 96	Überweisung an Dr. med. Baier zum Ausgleich der Arztrechnung	440,00
28. Dez.	AR 952	Zielverkauf an F. Walter e. Kffr., netto	15.600,00
		+ Umsatzsteuer	2.964,00
28. Dez.	ER 472	Zieleinkauf bei M. Blau e. K., netto	14.400,00
		+ Umsatzsteuer	2.736,00
29. Dez.	BA 97	Unsere Bareinzahlung aus der Geschäftskasse	2.500,00
29. Dez.	PE 36	Privatentnahme von Waren, netto	450,00
		+ Umsatzsteuer	85,50
30. Dez.	BA 98	Unsere Überweisung für gemietete Lagerräume	6.400,00
31. Dez.	BA 99	Überweisung an M. Blau e. K.	34.510,00
		an Weber GmbH	17.255,00

Abschlussangaben

31. Dez.	SB 190	Warenschlussbestand lt. Inventur	176.000,00
31. Dez.	SB 191	Abschreibung auf BGA	38.000,00
31. Dez.		Im Übrigen entsprechen die Buchwerte der Inventur.	

Aufgabe 122

1. Damit Buchungsbelege den Grundsätzen ordnungsmäßiger Buchführung entsprechen, müssen sie sorgfältig vorbereitet werden. *Was ist dabei zu beachten?*

2. *Nennen Sie die Ihnen bekannten Nebenbücher und beschreiben Sie kurz die Informationen, die sie enthalten.*

3. *Ergänzen Sie:*

   a) Im ...buch werden die Geschäftsfälle in ... Reihenfolge erfasst, das ...buch erfasst sie in ... Ordnung auf Sachkonten.

   b) Die ... dienen der näheren ... bestimmter ... im Hauptbuch.

   c) Die Saldensumme der ... und ... im ... muss jeweils mit dem Saldo der Konten ... und ... im ... übereinstimmen.

11.2.3.2 Waren- oder Lagerbuch (Lagerbuchführung)

In der Lagerbuchführung wird für **jeden** Artikel eine **Lagerkarte** (Warenkarte) geführt, die die **Zugänge und Abgänge in Mengeneinheiten** (Stück, kg, m u. a.) erfasst. Dadurch kann der **Bestand** an einem Artikel **jederzeit buchmäßig**, also ohne zeitaufwendige körperliche Inventur, festgestellt werden (vgl. permanente Inventur auf S. 9).

Ermittlung des Sollbestandes

Der Soll- bzw. Buchbestand der Lagerkartei muss aber mindestens **einmal** im Geschäftsjahr durch eine körperliche Bestandsaufnahme überprüft werden. **Unterschiede zwischen Soll- und Istbeständen** können auf Diebstahl, Verderb, Schwund oder nicht erfasste Eingangs- und Ausgangsrechnungen zurückzuführen sein. Die Lagerkarte und das Sachkonto „Warenbestände" sind dann entsprechend zu berichtigen.

Istbestand

Die Lagerkartei dient nicht nur der täglichen Erfassung, sondern vor allem auch der Überwachung des Lagerbestandes der **einzelnen** Artikel und Warengruppen. Die Lagerkarte enthält deshalb auch wichtige Angaben für das **Bestellwesen**. Sie weist sowohl den **Mindest-** als auch den **Höchstbestand** für den einzelnen Artikel aus.

Überwachung des Lagerbestandes

Lagerkarte

Artikel Nr.: 0458				Mindestbestand: 18			
Artikel: Kühlschrank L 200				Höchstbestand: 45			
Lieferant: 60005				Lagerort: C I 4			
Datum	Beleg	EP je Einheit	Zugang	Abgang	Bestand	Bemerkungen	
..-01-01	Vortrag	200,00	–		20		
..-01-05	ER 12	220,00	10	–	30		
..-01-10	AR 24	–	–	8	22		
..-01-14	AR 36	–	–	3	19		
..-01-18	ER 56	230,00	15	–	34		

Die Lagerkartei wurde früher überwiegend in Loseblattform geführt. Heute bedienen sich nahezu alle Unternehmen zur Erfassung und Überwachung der Lagerbestände der elektronischen Datenverarbeitung (EDV). Die Lagerbuchführung wird dadurch wesentlich vereinfacht. Die gewünschten Daten können schnellstens über den **Bildschirm** oder den **Drucker** abgerufen werden.

EDV

Die Lagerbuchführung bzw. Lagerkartei dient der buchmäßigen Ermittlung und Überwachung der einzelnen Warenbestände.

Merke

Aufgabe 123

1. *Führen Sie die Lagerkarte für DVD-Rekorder M 48, Artikel Nr.: 0456.*

   Lieferant: Interton GmbH, Frankfurt a. M., 60041

   Mindestbestand: 12 Stück; Höchstbestand: 40 Stück. Einstands- bzw. Bezugspreis 190,00 €.

   1. Jan. Anfangsbestand lt. Inventurliste vom 31. Dezember des Vorjahres 14 Stück;

   ER 112 vom 12. Jan. 20 Geräte; Lieferung am 13. Jan. lt. AR 98 10 Geräte;

   ER 114 vom 25. Jan. 15 Geräte; 31. Jan. Lieferung lt. AR 168 14 Geräte.

2. *Worin liegen die betriebswirtschaftlichen Vorteile der permanenten Inventur?*

3. *Nennen Sie andere Verfahren der Inventur der Warenvorräte.*

12 Buchen mit Finanzbuchhaltungsprogrammen

12.1 Finanzbuchhaltung in der betrieblichen Praxis

EDV-gestützte Buchführung

Die Zahl der täglichen Geschäftsfälle ist selbst in kleineren Unternehmen so groß, dass **nur eine EDV-gestützte Buchführung** es ermöglicht,

- eine Vielzahl von Buchungsdaten in kürzester Zeit zu erfassen,
- automatisch zu verarbeiten,
- auszuwerten und zu speichern sowie
- die Ergebnisse jederzeit abzurufen.

Drei Schritte kennzeichnen **die Arbeitsweise der EDV** in der Buchführung:

EINGABE	→	VERARBEITUNG	→	AUSGABE
der Daten über:		der Daten in der Zentraleinheit:		der Daten über:
■ Bildschirm mit Eingabetastatur		■ Hauptspeicher		■ Bildschirm
■ CD-ROM-/DVD-Laufwerk		■ Steuerwerk und		■ Drucker
■ Magnetbandgerät		■ Rechenwerk		
■ Belegleser				

12.1.1 Merkmale kommerzieller Finanzbuchhaltungssoftware

Standard- oder Individualsoftware

Zur **Steuerung und Verwaltung der betrieblichen Prozesse** wird in der Praxis i. d. R. betriebswirtschaftliche **Standard- oder Individualsoftware** eingesetzt.[1] Diese **Programme** beinhalten neben den prozesssteuernden Modulen (Warenwirtschafts- und Planungssystem) auch kaufmännische Module wie die Finanzbuchhaltung, die Kostenrechnung oder das Personalwesen. Im Folgenden werden die Merkmale der betrieblichen Finanzbuchhaltungssoftware kurz dargestellt:

- Die Programme haben eine **komfortable Benutzerführung**. Die Menüstruktur ist schnell erkennbar, die Eingabemasken sind übersichtlich gestaltet. Eingabefehler werden teilweise durch Plausibilitätskontrollen abgefangen.
- Die für den Betrieb einzurichtenden **Stammdaten** können **flexibel** gestaltet werden. Konten, Bilanzstruktur, GuV-Aufbau usw. lassen sich veränderten betrieblichen Bedingungen oder neuen gesetzlichen Bestimmungen schnell anpassen.
- Das **Buchen von Eingangs- und Ausgangsrechnungen** erfolgt im Rahmen einer **Offene-Posten-Buchhaltung**. Es wird also nicht auf einem Konto „Forderungen" oder „Verbindlichkeiten" gebucht, sondern auf **einzelnen Debitoren- und Kreditorenkonten**, deren Salden in ihrer Summe den Forderungen bzw. Verbindlichkeiten entsprechen.
- **Bestimmte Buchungen** werden **automatisch** durchgeführt. Die **Umsatzsteuer bzw. Vorsteuer**, aber auch die **Steuerberichtigungen** bei Skontozahlungen oder Gutschriften werden in der Regel automatisch aufgrund der Einstellungen in den Stammdaten gebucht.
- Buchungen lassen sich als **Dialog-** oder als **Stapelbuchungen** erfassen. Bei einer **Dialogbuchung** wird jede Buchung **sofort** nach ihrer Eingabe **auf** die entsprechenden **Konten übertragen**. Die Erfassung als **Stapelbuchung** hat den Vorteil, dass die **erfassten Daten** zunächst nur als Text gespeichert werden und damit **ohne Stornierung korrigiert** werden können.

---

1 Anbieter für branchenneutrale betriebswirtschaftliche Software sind u. a. SAP, Sage KHK und Lexware.

- Die Programme bieten umfangreiche **Auswertungen.** Neben der Bilanz und der GuV-Rechnung werden **Saldenlisten, Offene Posten-Listen, Mahnlisten, Fälligkeitslisten** usw. gedruckt. Die **Umsatzsteuer-Voranmeldung** (Voraussetzung für die Überweisung der Zahllast an das Finanzamt) und so genannte **betriebswirtschaftliche Auswertungen** wie Bilanzkennziffern können jederzeit erstellt werden.
- Die **Benutzeroberfläche des Moduls Finanzbuchhaltung** entspricht den Oberflächen der anderen betriebswirtschaftlichen Anwendungen (Kostenrechnung, Bestellwesen, Fakturierung, Gehaltsabrechnung u. a.). Welcher Benutzer (Mitarbeiter, User) welches Modul mit welchen Rechten nutzen darf, wird über **Passwörter** geregelt.
- Die **Daten sämtlicher betriebswirtschaftlicher Anwendungen** werden in einer **zentralen Datenbank** gehalten, sodass von vielen Arbeitsplätzen und unterschiedlichen Anwendungen auf aktuelle Daten zugegriffen werden kann. Zum Beispiel werden die Daten der mithilfe des Programmmoduls Fakturierung in der Verkaufsabteilung erstellten Ausgangsrechnungen an das Programmmodul Finanzbuchhaltung übergeben und dort automatisch gebucht.
- Zu beachten sind bei der Arbeit mit Finanzbuchhaltungsprogrammen neben den **Grundsätzen ordnungsmäßiger Buchführung** (GoB, siehe S. 7) die seit 1995 geltenden **Grundsätze ordnungsmäßiger DV-gestützter Buchführungssysteme (GoBS).**[1]

12.1.2 Buchen der laufenden Geschäftsfälle

Der **typische** Arbeitsablauf für die Buchung der laufenden Geschäftsfälle beinhaltet:

Arbeitsablauf

1. **Sortieren der Belege.** Belege gleicher Art bilden „Stapel". Ein Beispiel für einen sinnvollen Stapel sind die Eingangsrechnungen der beiden letzten Tage, die den Einkauf von Waren betreffen.
2. **Vorkontierung der Belege.** Auf dem Beleg werden die Konten, i. d. R. auch die Kostenstellen, manuell vermerkt.
3. **Ermitteln einer Buchungskontrollsumme.** Die Endbeträge der zu buchenden Belege des Stapels werden summenmäßig erfasst.
4. **Erfassen der Kontierungsdaten am Bildschirmarbeitsplatz über „Stapelbuchen".** Das Modul Finanzbuchhaltung der betriebswirtschaftlichen Software wird aufgerufen und das **Menü „Buchungserfassung"** gewählt. Die Kontierungsdaten jedes einzelnen Beleges werden mithilfe der **Erfassungsmaske** eingegeben.
5. **Abstimmen der Kontrollsumme.** Bei Abweichung ist eine Fehlersuche notwendig. Das heißt konkret: Eine Mitarbeiterin bzw. ein Mitarbeiter liest die Daten der gebuchten Belege vor, eine andere (ein anderer) hakt die Buchungen im Journal ab.
6. **Übernahme der Buchungen und Drucken des Journals.** Sofern keine offensichtlichen Fehler vorliegen, wird der Stapel „ausgebucht", das heißt, die Buchungen werden in das Finanzbuchhaltungssystem übernommen. Anschließend kann das Journal (Grundbuch) gedruckt und abgeheftet werden.

Das Erstellen von **Auswertungen** (Offene-Posten-Listen, Zahlungsvorschlagslisten, Umsatzsteuer-Voranmeldung, vorläufige Bilanz, GuV-Rechnung und andere) wird von den dafür jeweils zuständigen Mitarbeitern angefordert. Die Auswertungen können mithilfe der Finanzbuchhaltungssoftware jederzeit zur Verfügung gestellt werden.

Erstellen von Auswertungen

- In der betrieblichen Praxis wird die Finanzbuchhaltung mithilfe kommerzieller Finanzbuchhaltungssoftware durchgeführt.
- Das Modul Finanzbuchhaltung ist Bestandteil integrierter kaufmännischer Software.

Merke

---

1 Zu den Grundsätzen zählen vor allem: Zuverlässigkeit des eingesetzten Programms, Nachprüfbarkeit der Daten, Gewährleistung der Datensicherheit, Sicherstellung der jederzeitigen Datenwiedergabe.

<table>
<tr><td>**Merke**</td><td>

▪ **Konten, Bilanzstruktur und GuV-Aufbau können in der Stammdatenpflege jederzeit verändert werden.**

▪ **Wesentlicher Bestandteil des Finanzbuchhaltungssystems ist die Offene-Posten-Buchhaltung.**

▪ **Buchungen werden in eine Buchungserfassungsmaske eingetragen. Die Auswirkungen der Buchungen werden von der Finanzbuchhaltungssoftware als Auswertungen erstellt.**

▪ **Für das Erstellen von Auswertungen, wie z. B. Bilanz und GuV-Rechnung, werden keine Konten abgeschlossen. Die Salden bleiben erhalten.**

</td></tr>
</table>

12.2   Offene-Posten-Buchhaltung

Offene Posten

Bei Buchung einer Eingangs- bzw. Ausgangsrechnung wird jeweils ein **offener Posten** angelegt. Bei der Buchung des Zahlungsausgangs bzw. Zahlungseingangs wird die **Belegnummer** des entsprechenden offenen Postens angegeben und der offene Posten wird ausgeglichen. Die Sachkonten **1010 Forderungen a. LL** und **1710 Verbindlichkeiten a. LL** können **nicht manuell** angebucht werden, da sie als **Sammelkonten** die Buchungen auf den Personenkonten **automatisch**, also softwarebedingt, aufnehmen.

Beispiel

Die Elektrogroßhandlung Karl Wirtz e. K. (siehe Aufgabe 126) erhält am 15. Januar .. von dem Lieferanten Velox GmbH die folgende **Rechnung**, die die **Belegnummer 101** erhält:

Menge	Bezeichnung	Einzelpreis in €	Gesamtpreis in €
100	Kaffeemaschinen „Aromaplus"	35,00	3.500,00
		Rechnungspreis netto	3.500,00
		+ 19 % Umsatzsteuer	665,00
		Rechnungspreis brutto	4.165,00

Die Elektrogroßhandlung Karl Wirtz e. K. bezahlt die Rechnung am 20. Januar per **Banküberweisung**. Die **Belegnummer des Kontoauszuges ist 102**.

Die Buchungen lauten:

101   3010   **Wareneingang** 3.500,00
      1410   **Vorsteuer** 665,00   an   60001 **Velox GmbH**
                                                         (Kreditorenkonto) 4.165,00
102   60001 **Velox GmbH**
           (Kreditorenkonto) .... 4.165,00   an   1310   **Bank** 4.165,00

Dialogbuchen

Sollen beide Buchungen **sofort** nacheinander erfasst werden, ist es sinnvoll, die Methode „Dialogbuchen" zu wählen.

Kontierungsbogen

Bevor die Buchungen mithilfe eines Finanzbuchhaltungsprogramms erfasst werden, sollten die Eingabedaten in einen **Kontierungsbogen** eingetragen werden. Der Kontierungsbogen ist wie die Buchungsmaske der eingesetzten Software aufgebaut.

12.2.1   Einsatz der Finanzbuchhaltungssoftware „Lexware Buchhalter"

Der **Kontierungsbogen** weist nach Eintragung der o. g. Buchungen Folgendes aus:

Datum	Beleg-Nr.	Buchungstext	Betrag in €	Soll-konto	Haben-konto	USt-Text	OP-Nr.
15. Jan.	101	Eingangsrechnung	4.165,00	3010	60001	VoSt19	
20. Jan.	102	Zahlungsausgang	4.165,00	60001	1310		101

Die Buchungserfassungsmaske weist die erfassten **Daten der Eingangsrechnung** aus:

Der Schalter vor dem Betragsfeld ermöglicht die Eingabe des Brutto- oder Nettobetrages **(Voreinstellung „brutto")**. Mit der Eintragung der Kontonummern erscheinen die Kontobezeichnung und der Saldo einschließlich der aktuell erfassten Buchung. In den Stammdaten des Kontos „3010 Wareneingang" ist der **Steuertext VSt. 19%** (19 % Vorsteuer) eingetragen. Der Text erscheint **automatisch** im Feld „Steuer". Anhand des Steuertextes ermittelt die Software den Steuerbetrag. Steuersatz und Steuerbetrag werden angezeigt. Mit Betätigen der **Schaltfläche „Buchen"** wird die Buchung in das **Journal** übertragen und im unteren Teil angezeigt.

Das unten stehende Bild zeigt die **Buchung des Zahlungsausgangs** vor Betätigen der OP-Schaltfläche:

Nach Klicken auf die OP-Schaltfläche erscheinen in einem weiteren Fenster die **offenen Posten** des in der Buchung angegebenen **Personenkontos**:

OP Auswahl
Hier wählen Sie den entsprechenden offenen Posten aus per Mausklick.

	Buchungsbetrag	4.165,00 €	Ausgewählte Einträge	4.165,00 €

Datum	Belegnr.	Text	Betrag
15.01.20..	101	Eingangsrechnung	4.165,00

Im obigen Beispiel liegt nur **ein** offener Posten vor. Erfasster Zahlungsbetrag und offener Posten sind identisch. Der offene Posten wird markiert und nach Klicken auf die Schaltfläche „Buchen" ist der Zahlungsausgang gebucht.

Sollte der Buchungsbetrag nicht mit dem Betrag des gewählten offenen Postens identisch sein, bietet das Programm in einem weiteren Fenster die Auswahl „Weiterführen" oder „Ausbuchen" an. **Weiterführen** wird gewählt, wenn der Restbetrag als offener Posten weiterhin bestehen soll. Es handelt sich um eine Teilzahlung. **Ausbuchen** wird gewählt, wenn der offene Posten ausgeglichen ist, zum Beispiel bei Skontoabzug.

12.2.2   Einsatz der Finanzbuchhaltungssoftware „Sage New Classic"

Die Eintragung in den **Kontierungsbogen** sollte folgendermaßen erfolgen:

Soll-konto	Beleg-Nr.	Beleg-datum	Haben-konto	Betrag in €	SA	SC	Buchungstext	OP-Nr.
S3010	101	15. Jan.	K60001	4.165,00	VS	101	Eingangsrechnung	101
K60001	102	20. Jan.	S1310	4.165,00			Zahlungsausgang	101

Die unten stehende Darstellung zeigt die erfassten Daten der Eingangsrechnung in der **Buchungserfassungsmaske:**

Nach Aufrufen der Buchungserfassungsmaske (*Finanzbuchhaltung → Buchen → Buchungser-fassung → Buchungserfassung*) ist ein **Buchungskreis** (in der Regel 01) **und** die **Buchungsperi-ode** (aktueller Monat) einzutragen. Anschließend steht die Erfassungsmaske zur Verfügung.

Jede Eingabe in ein Datenfeld wird mit der Eingabetaste bestätigt. Nach **Eingabe der Kon-tonummer** wird die Bezeichnung des Kontos eingeblendet. Gleichzeitig wird unterhalb der Buchungserfassungsmaske der **aktuelle Saldo des Kontos** angezeigt.

Bei Kontonummern brauchen nachfolgende Nullen nicht eingegeben zu werden. Die Konto-nummern können vollständig über den numerischen Block der Tastatur eingegeben werden. Das „D" für **Debitoren** wird mit einer „1", das „K" für **Kreditoren** wird mit einer „2" und das „S" für **Sachkonten** wird mit einer „3" eingegeben.

Bei der **Anzeige der aktuellen Salden** werden Sollsalden ohne Vorzeichen und Habensalden mit einem Minuszeichen hinter dem Betrag dargestellt.

In den **Datenfeldern „Steuerart"** und **„Steuercode"** werden die **Voreinstellungen** (VS: Vor-steuer Soll) und 101 (Steuersatz: 19 %) aus den Stammdaten des Kontos „3010 Wareneingang" angezeigt. Wird, wie in diesem Beispiel, bei der Buchung ein offener Posten angelegt, erscheint nach Eingabe des Buchungstextes ein weiteres Fenster für die **Daten des offenen Postens:**

Als Belegnummer wird die interne Nummer der Firma und als OP-Nummer die Belegnummer des Lieferanten angegeben.

Es kann eine **Zahlungsbedingung** erfasst werden (Tage Skonto, Skontosatz, Tage Ziel). In den Feldern „Betrag" und „Valuta-Datum" werden die Voreinstellungen normalerweise übernommen. Bei der Buchung auf Personenkonten erscheint anschließend in einem weiteren Fenster die Frage: **„Buchung abschließen und speichern?"**. Nach Klicken auf „Ja" ist die Buchung erfolgt. Der unten stehende Bildschirmausdruck zeigt die Buchung des Zahlungsausgangs:

Die zuletzt erfassten Buchungen werden im unteren Teil des Erfassungsbildschirmes angezeigt. Nach Eingabe des Buchungstextes werden in einem gesonderten Fenster die **offenen Posten des Kreditorenkontos**, auf dem im Soll gebucht wird, angezeigt.

Die durch die Zahlung auszugleichende **Rechnung wird markiert**. Nach Bestätigen mit der Eingabetaste werden die **OP-Daten in die Buchungserfassungsmaske** übernommen. Mit Übernahme dieser Daten wird die **Buchung gespeichert**.

Falls Buchungsbetrag und Betrag des offenen Postens nicht übereinstimmen, wird der **Restbetrag** angezeigt. Soll dieser Restbetrag „ausgebucht" werden (OP ist ausgeglichen, Zahlung ist vollständig erfolgt), wird der **Restbetrag als Skonto** eingetragen. Wird in das Skontofeld nichts eingetragen, bleibt der **Restbetrag als Verbindlichkeit** (bei Kunden als Forderung) bestehen. Die Voreinstellung des Datenfeldes „Skonto" hängt von der erfassten Zahlungskondition bei Buchung der zu zahlenden Rechnung ab.

12.3 Stammdatenpflege im Rahmen der Finanzbuchhaltung

Kommerzielle Finanzbuchhaltungsprogramme zeichnen sich dadurch aus, dass der Kontenplan des Unternehmens völlig frei gestaltet werden kann. Das heißt, Sachkonten, Debitoren und Kreditoren können jederzeit neu eingerichtet bzw. verändert werden.

Das neben stehende Fenster zeigt **Daten des Kunden Werner Gruppe e. Kfm. der Elektrogroßhandlung Karl Wirtz e. K.**, erstellt mit der „**Lexware Buchhalter**". Am linken Rand ist die Auswahl der Bearbeitungsmasken für die Kundenstammdaten aufgeführt.

Das nebenstehende Beispiel, erstellt mit der „**Sage New Classic**"-Finanzbuchhaltung, zeigt die **Stammdaten des Sachkontos** „**Warenbestände**". Über das Auswertungskennzeichen BAU3 wird gesteuert, dass der Saldo des Kontos in der Bilanz unter dem Posten „3. Fertige Erzeugnisse und Waren" erscheint.

6934112

Merke

- Die Konten (Debitoren, Kreditoren, Sachkonten) werden in der Finanzbuchhaltung als Stammdaten geführt.
- Bei der Erfassung eines neuen Kunden werden neben dem Debitorenkonto auch Daten für andere Module (Kundenadresse für die Fakturierung) erfasst.
- Alle Sachkonten müssen genau einer Position in der Bilanz (Bestandskonten) oder einer Position in der GuV-Rechnung (Erfolgskonten) zugeordnet werden.
- Weitere wichtige Stammdaten sind Steuerschlüssel, Zahlungsbedingungen und vorformulierte Buchungssätze.

Aufgabe 124

Sie sind Mitarbeiter/-in in der Finanzbuchhaltung der Elektrogroßhandlung Karl Wirtz e. K. Der folgende Geschäftsgang ist im November des aktuellen Geschäftsjahres zu buchen. Den Kontenplan der Elektrogroßhandlung Karl Wirtz können Sie der Aufgabe 126 entnehmen.

Geschäftsfälle (Hinweis: Der Umsatzsteuersatz beträgt in allen Fällen 19 %.)

Nr.	Datum	Text	
101	10. Nov.	Ausgangsrechnung an den Kunden Rolf Naumann e. K. für die Lieferung diverser Elektrogeräte, brutto	13.090,00
102	10. Nov.	Eingangsrechnung für Staubsauger von der Velox GmbH, brutto	4.760,00
103	15. Nov.	Privateinlage des Inhabers bar	2.000,00
104	15. Nov.	Rolf Naumann e. K. bezahlt AR 101 durch Banküberweisung	13.090,00
105	15. Nov.	Zahlung einer Reparatur bar, brutto	59,50
106	15. Nov.	Banküberweisung für Werbeanzeige, brutto	357,00
107	15. Nov.	Banküberweisung an die Velox GmbH. Ausgleich der ER 102	4.760,00
108	15. Nov.	Eingangsrechnung f. Küchenmaschinen von der Velox GmbH, brutto	1.785,00
109	17. Nov.	Eingangsrechnung f. Wäschetrockner v. d. Hausmann GmbH, brutto	3.927,00
110	20. Nov.	Banküberweisung der Gehälter	4.320,00
111	20. Nov.	Privatentnahme des Inhabers bar	500,00
112	20. Nov.	Abbuchung der Bank für Kfz-Versicherung	750,00

1. Buchen Sie die Geschäftsfälle im Grundbuch.

2. Führen Sie die Konten „Umsatzsteuer" und „Vorsteuer" und ermitteln Sie die Zahllast.

3. Tragen Sie die Buchungen in einen Kontierungsbogen ein. Die Struktur des Kontierungsbogens ist abhängig von der Software, die Ihnen zur Verfügung steht.

4. Erfassen Sie die Buchungen mithilfe eines kommerziellen Finanzbuchhaltungsprogramms (z. B. Lexware oder Sage).

5. Erstellen Sie folgende Auswertungen:
   a) Journal des Monats November,
   b) Saldenliste Sachkonten zum 30. November,
   c) Saldenliste Kreditoren zum 30. November,
   d) Offene-Posten-Liste Kreditoren zum 30. November,
   e) Umsatzsteuer-Voranmeldung für November.

Aufgabe 125

1. Sie richten für ein kommerzielles Finanzbuchhaltungsprogramm das Konto 4810 Bürobedarf neu ein. *Warum ist es sinnvoll, einen Steuertext bzw. Steuercode zu erfassen?*

2. Kommerzielle Finanzbuchhaltungsprogramme kennen das Konto SBK nicht. Dafür lässt sich jederzeit eine Saldenliste erstellen. *Worin unterscheidet sich die Auswertung „Saldenliste Sachkonten" von dem Konto SBK?*

3. Welche Informationen enthält die Offene-Posten-Liste Kreditoren im Vergleich zur Saldenliste Kreditoren?

4. Die Sachkonten 1010 Forderungen a. LL und 1710 Verbindlichkeiten a. LL sind eingerichtet. Sie haben auf diesen Konten jedoch nicht gebucht. Trotzdem weisen diese Konten in der Saldenliste Buchungen auf. *Welche sind das?*

5. Die Umsatzsteuer-Voranmeldung weist die Zahllast bzw. den Vorsteuer-Überhang aus. *Welche anderen wesentlichen Daten werden ausgedruckt?*

13 Beleggeschäftsgang – computergestützt

In der Finanzbuchhaltung der Elektrogroßhandlung **Karl Wirtz e. K.**, Rheinstr. 44, 90451 Nürnberg, Bankverbindungen: Sparkasse Nürnberg, IBAN DE04 7605 0101 0218 4357 17, BIC SSKNDE77; Commerzbank Nürnberg, IBAN DE72 7604 0061 0998 7968 50, BIC COBADEFF, werden folgende **Bücher** geführt:

- **Grundbuch** (Journal) für die laufenden Buchungen, die vorbereitenden Abschlussbuchungen und die Abschlussbuchungen.
- **Hauptbuch** für die Sachkonten: Bestandskonten, Erfolgskonten, Abschlusskonten.
- **Kontokorrentbuch** für die Personenkonten: Kundenkonten, Lieferantenkonten.

In der EDV-Fibu müssen die folgenden **Salden der Sach- und Personenkonten** über das **Hilfsbzw. Gegenkonto „9150 Saldenvorträge"** gebucht werden.

I. **Die Sachkonten** der Elektrogroßhandlung Karl Wirtz e. K. weisen zum 27. Dezember .. im Soll und im Haben folgende Salden aus (**Saldenbilanz**):

Kontenplan und vorläufige Saldenbilanz	Soll	Haben
0330 Betriebs- und Geschäftsausstattung	275.204,00	–
0340 Fuhrpark	107.200,00	–
0610 Eigenkapital	–	625.000,00
1010 Forderungen a. LL	119.000,00	–
1311 Sparkasse	272.600,00	–
1312 Commerzbank	28.100,00	–
1410 Vorsteuer	145.886,00	–
1510 Kasse	25.839,20	–
1610 Privatentnahmen	52.600,00	–
1710 Verbindlichkeiten a. LL	–	160.745,20
1810 Umsatzsteuer	–	228.684,00
3010 Wareneingang	767.200,00	–
3020 Bezugskosten	45.200,00	–
3060 Nachlässe von Lieferanten	–	3.200,00
3080 Lieferantenskonti	–	13.600,00
3910 Warenbestände	142.400,00	–
4000 Personalkosten	143.400,00	–
4100 Mietaufwendungen	64.800,00	–
4200 Steuern, Beiträge, Versicherungen	16.100,00	–
4400 Werbe- und Reisekosten	2.800,00	–
4700 Betriebskosten, Instandhaltung	20.100,00	–
4821 Portokosten	2.100,00	–
4822 Kosten der Telekommunikation	4.300,00	–
4910 Abschreibungen auf Sachanlagen	–	–
8010 Warenverkauf	–	1.220.000,00
8060 Nachlässe an Kunden	3.400,00	–
8080 Kundenskonti	21.600,00	–
8710 Entnahme von Waren	–	8.600,00
Abschlusskonten im Hauptbuch: 9300 und 9400	2.259.829,20	2.259.829,20

II. **Offene-Posten-Liste**: Folgende Rechnungen an die Kunden und von den Lieferanten stehen noch offen, sind also noch nicht bezahlt:

Konto	Kunden	Datum	Rechnungs-Nr.	Betrag	Salden
	Kundenkonten (Debitoren)		**Offene Posten – Kunden**		
10 001	Heinz Karls e. K.	..-12-10	4 538	14.875,00	
	Hauptstraße 7	..-12-16	4 552	833,00	
	06132 Halle	..-12-18	4 556	8.092,00	**23.800,00**
10 002	Werner Gruppe e. Kfm.	..-12-04	4 535	41.650,00	
	Am Römerhof 8	..-12-21	4 563	11.900,00	**53.550,00**
	52066 Aachen				
10 003	Rolf Naumann e. K.	..-12-21	4 565[1]	5.950,00	
	Amselweg 14	..-12-27	4 567[1]	11.900,00	**17.850,00**
	67063 Ludwigshafen				
10 004	Stadtwerke	..-12-12	4 541	2.380,00	
	90475 Nürnberg	..-12-21	4 564	11.900,00	**14.280,00**
10 005	Wolfgang Kunde e. K.	..-12-10	4 539	2.142,00	
	76646 Bruchsal	..-12-27	4 566	7.378,00	**9.520,00**
Saldensumme der Kundenkonten (Abstimmung mit Konto 1010)					**119.000,00**

1 Rolf Naumann werden 2 % Skonto gewährt.

Konto	Lieferanten	Datum	Rechnungs-Nr.	Betrag	Salden
	Lieferantenkonten (Kreditoren)		**Offene Posten – Lieferanten**		
60 001	Velox GmbH	..-12-23	4 567	29.964,20	**29.964,20**
	Postfach 651120				
	22359 Hamburg				
60 002	Hausgeräte GmbH	..-12-09	5 500	21.420,00	
	Kantstraße 22	..-12-21	5 567	20.230,00	**41.650,00**
	19063 Schwerin				
60 003	Franz Schneider KG	..-12-15	8 765	38.080,00	**38.080,00**
	Saalestraße 16				
	39126 Magdeburg				
60 004	Hausmann GmbH	..-12-20	7 654[1]	17.850,00	
	Am Wiesenrain 16	..-12-23	7 660[1]	12.971,00	**30.821,00**
	75181 Pforzheim				
60 005	Sonstige Lieferanten	–	–	20.230,00	**20.230,00**
Saldensumme der Lieferantenkonten (Abstimmung mit Konto 1710)					**160.745,20**

1 Rechnungen der Hausmann GmbH werden mit 2 % Skonto beglichen.

III. **Geschäftsfälle**

Die Belege 1–25 auf den folgenden Seiten stellen die Geschäftsfälle der Elektrogroßhandlung Karl Wirtz e. K. vom 27. Dezember .. bis zum 31. Dezember .. dar.

IV. **Abschlussangaben** (siehe Belege 26–27)

1. Abschreibungen auf Betriebs- und Geschäftsausstattung 45.400,00
                 auf Fuhrpark 24.000,00
2. Warenendbestand lt. Inventur 207.400,00
3. Im Übrigen entsprechen die Buchbestände der Inventur.

V. **Aufgaben**

1. Eröffnen Sie die Sach- und Personenkonten mit den Salden zum 27. Dezember ..
2. Führen Sie die Vorkontierung der Belege auf einem besonderen Grundbuchblatt durch:

Soll-konto	Beleg-nummer	Beleg-datum	Haben-konto	Betrag	Steuerart V bzw. M	Prozent-satz	OP-Nr.	B-Text

3. Buchen Sie die Geschäftsfälle konventionell oder EDV-gestützt.
4. Erstellen Sie einen ordnungsmäßigen Jahresabschluss.

Beleg 1

EBERHARD ZACK
Bezirks-Schornsteinfegermeister
90451 Nürnberg
Heidestr. 84 – Telefon 0911 52809
Steuer-Nr. 065 312 26587

QUITTUNG
RECHNUNG

Fachgerechte Reinigung spart Heizkosten.

Firma/Herrn/Frau *Elektrogroßhandlung Karl Wirtz e. K.*

Rauchgasanalyse	35,00
Reinigung der Zentralheizung	115,00
....	

Nürnberg .....*27. Dez*.......

Betrag erhalten:

Zack

....
Bezirks-Schornsteinfegermeister

Nettobetrag	150,00
+ 19 % Umsatzsteuer	28,50
Bruttobetrag	178,50

KB 126

Anlage: Bescheinigung über das Messergebnis

Bankkonto: Deutsche Bank, Nürnberg
IBAN: DE38 7607 0012 0104 0007 00

Konto-Nr. 104 000 700, BLZ 760 700 12
BIC: DEUTDEMM760

Beleg 2

Velox GmbH, Postfach 65 11 20, 22359 Hamburg

Velox
Elektrovertriebsgesellschaft mbH

Eingang: ..-12-28

Elektrogroßhandel
Karl Wirtz e. K.
Rheinstraße 44
90451 Nürnberg

Ihre Bestellung Nr./ Tag/Zeich.	Unsere Auftrags-Nr./Zeich.	Zeit der Leistung/ Liefertag	Datum
..-12-23	WR 10 012 y	..-12-26	..-12-27

Rechnung Nr.
4 589

Wir sandten für Ihre Rechnung und auf Ihre Gefahr:

Zeichen und Nr.	Gegenstand	Menge und Einheit	Preis je Einheit €	Betrag €
St 44	Staubsauger "Velox"	40	75,00	3.000,00
KM 27	Küchenmaschine "Royal"	20	112,50	2.250,00
EH 14	Elektroherd "Rekord"	20	240,00	4.800,00
				10.050,00
	+ 19 % Umsatzsteuer			1.909,50
				11.959,50

Telefon 040 246829
Fax 040 486820

USt-IdNr. DE 872 646 918

Bankkonto
HypoVereinsbank Hamburg
Kto.-Nr. 6 091 123, BLZ 200 300 00
IBAN: DE71 2003 0000 0006 0911 23
BIC: HYVEDEMM300

E-Mail
vertriebs.gmbh@velox-wvd.de

Internet
www.velox-wvd.de

Beleg 3

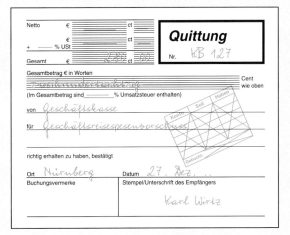

Beleg 4

Deutsche Telekom AG
90426 Nürnberg

DV 12 0,55

Elektrogroßhandel
Karl Wirtz e. K.
Rheinstraße 44
90451 Nürnberg

Datum	..-12-21
Seite	1 von 4
Kundennummer	673 423 6539
Rechnungsnummer	913 685 3071
Buchungskonto	311 782 2503
Haben Sie noch Fragen zu Ihrer Rechnung?	www.telekom.de/ rechnungshilfe
Telefon	0800 33 01000

Ihre Rechnung für Dezember 20..

Die Leistungen im Überblick (Summen)		Beträge (Euro)
Monatliche Beträge		33,36
Nutzungsabhängige Beträge		490,06
Summe der oben angeführten Beträge		**523,42**
Umsatzsteuer 19 % auf ...	523,42 Euro	99,45

Rechnungsbetrag　　　　　　　　　622,87

Kontoauszug zu Beleg 4

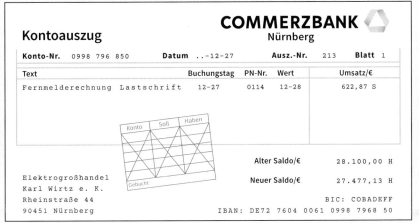

Beleg 5

Karl Wirtz e. K. ELEKTROGROSSHANDEL

Elektrogroßhandel K. Wirtz e. K., Rheinstr. 44, 90451 Nürnberg

Elektrofachgeschäft
Werner Gruppe e. Kfm.
Am Römerhof 8
52066 Aachen

Unsere Auftrags-Nr.	20 336
Lieferschein-Nr.	20 586
Versanddatum:	..-12-28
Versandart:	LKW
Verpackungsart:	Kartons

Konto Soll Haben
Gebucht:

Bitte bei Zahlung angeben:	
Rechnungs-Nr.	4 586
Rechnungsdatum:	..-12-28

Ihr Zeichen/Bestellung Nr. vom	Kunden-Nr.
WA/4 896/..-12-18	10 002

Steuer-Nr. 543 221 19439

Rechnung

Position	Sachnummer	Bezeichnung der Lieferung/ Leistung	Menge und Einheit	Preis je Einheit €	Betrag €
L	4 842	Kaiser-Leuchte	8	130,00	1.040,00
K	2 245	Küchenmaschine "Royal"	6	145,00	870,00
H	3 451	Elektroherd "Rekord"	4	290,00	1.160,00
					3.070,00
		+ 19 % Umsatzsteuer			583,30
					3.653,30

Zahlbar rein netto innerhalb von 20 Tagen. Skontoabzug ist nicht zulässig.

Geschäftsräume	Telefon: 0911 56356-0	Sparkasse Nürnberg	Commerzbank Nürnberg
Rheinstraße 44	Telefax: 0911 44481	Konto-Nr. 218 435 717	Konto-Nr. 0998 796 850
90451 Nürnberg	Internet: www.elektrowirtz-wvd.de	BLZ 760 501 01	BLZ 760 400 61
		IBAN: DE04 7605 0101 0218 4357 17	IBAN: DE72 7604 0061 0998 7968 50
		BIC: SSKNDE77	BIC: COBADEFF

Beleg 6

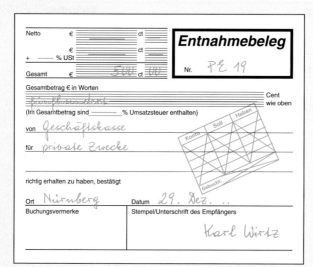

Netto	€	ct	**Entnahmebeleg**
+ % USt	€	ct	Nr. *PE 19*
Gesamt	€ *500* ct *00*		

Gesamtbetrag € in Worten
~~fünfhundert~~
(Im Gesamtbetrag sind _____ % Umsatzsteuer enthalten)

Cent
wie oben

von *Geschäftskasse*

für *private Zwecke*

Konto Soll Haben
Gebucht:

richtig erhalten zu haben, bestätigt

Ort *Nürnberg* Datum *29. Dez. ..*
Buchungsvermerke Stempel/Unterschrift des Empfängers

Karl Wirtz

Beleg 7

Deutsche Post AG
90403 Nürnberg
82062580 ..-12-29

KB 128

7204
Postwertzeichen ohne Zuschlag
*340,00 EUR   A

Bruttoumsatz   *340,00 EUR
mehrwertsteuerbefreit A
Nettoumsatz A *340,00 EUR

Steuernummer der Deutschen
Post AG: 5205/5777/1510

Vielen Dank für Ihren Besuch.
Ihre Deutsche Post AG

Beleg 8

Kontoauszug   Sparkasse Nürnberg

Konto-Nr.	Datum	Ausz.-Nr.	Blatt	Buchungstag	PN-Nr.	Wert	Umsatz
218 435 717	..-12-28	66	1				

```
GUTSCHRIFT                              12-28   8744   12-28    5.831,00 H
R. NAUMANN, LUDWIGSHAFEN
RE 4 565 VOM 21. DEZ. ..  5.950,00
- 2 % SKONTO                119,00
(KONTO 10 003)
```

Konto Soll Haben

Gebucht:

Alter Saldo

| H | 272.600,00 EUR |

Neuer Saldo

| H | 278.431,00 EUR |

```
        ELEKTROGROSSHANDEL
        KARL WIRTZ E. K.
        RHEINSTR. 44
        90451 NÜRNBERG
```

Beleg 9

Sparkasse Nürnberg   760 501 01

Empfangsbescheinigung
über Bar-Einzahlung auf eigenes Konto

Kontonummer   Kontoinhaber

218 435 717   Elektrogroßh. Karl Wirtz e. K.

Betrag: Euro, Cent

6.500,00------

..-12-27   6.500,00
**Sparkasse
Nürnberg**   *Kurz*

Für den Einzahlungstag und den Betrag ist der Maschinendruck maßgebend.

Kontoauszug zu Beleg 9 und Beleg 10

Kontoauszug **Sparkasse Nürnberg**

Konto-Nr.	Datum	Ausz.-Nr.	Blatt	Buchungstag	PN-Nr.	Wert	Umsatz
218 435 717	..-12-29	67	1				

EINZAHLUNG 12-29 0679 12-27 6.500,00 H
ÜBERWEISUNG **(BELEG 10)** 12-29 0677 12-27 17.493,00 S
HAUSMANN GMBH, PFORZHEIM
RE 7 654 VOM 20. DEZ. ... 17.850,00
- 2 % SKONTO 357,00
(KONTO 60 004)

ELEKTROGROSSHANDEL
KARL WIRTZ E. K.
RHEINSTR. 44
90451 NÜRNBERG

Alter Saldo
H 278.431,00 EUR

Neuer Saldo
H 267.438,00 EUR

Beleg 11

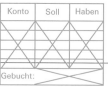

Ernst Offermann & Sohn OHG

Transporte

Heizöle Kohlen

Ernst Offermann & Sohn OHG, Industriestr. 200, 90765 Fürth

Eingang: ..-12-30

Industriestraße 200 · Telefon 0911 51799 · Telefax 0911 53529
90765 Fürth

Elektrogroßhandel
Karl Wirtz e. K.
Rheinstraße 44
90451 Nürnberg

Rechnungs-Nr.	Rechnungsdatum
12 954	..-12-29

Steuer-Nr. 543 553 11580

Rechnung

Lieferdatum	Bezeichnung	Menge	ME	E-Preis	Betrag
..-12-27	Heizöl EL	9 150	l	0,40	3.660,00

Warenwert	Bruttobetrag	USt	USt €	Rechnungsbetrag
3.660,00		19 %	695,40	4.355,40 €

Zahlbar innerhalb 14 Tagen nach Rechnungseingang ohne Skontoabzug. Die gelieferte Ware bleibt bis zur vollständigen Bezahlung unser Eigentum. Gerichtsstand für beide Teile ist Fürth.

Bankverbindungen: Vereinigte Sparkasse Fürth, Nr. 218 211 936, BLZ 762 500 00
IBAN: DE10 7625 0110 0218 2119 36
BIC: BYLADEM1SFU

Raiffeisen-Volksbank Fürth, Nr. 724 320, BLZ 762 604 51
IBAN: DE10 7629 0000 0000 7243 20
BIC: GENODEF1FUE

Beleg 12

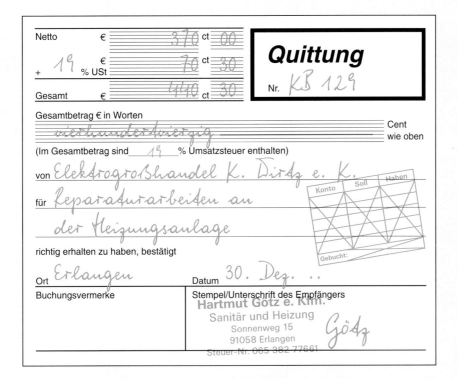

Netto	€	370	ct	00
+ 19 % USt	€	70	ct	30
Gesamt	€	440	ct	30

Quittung

Nr. KB 129

Gesamtbetrag € in Worten

~~vierhundertvierzig~~ Cent wie oben

(Im Gesamtbetrag sind 19 % Umsatzsteuer enthalten)

von *Elektrogroßhandel K. Wirtz e. K.*

für *Reparaturarbeiten an*

der Heizungsanlage

richtig erhalten zu haben, bestätigt

Ort *Erlangen*   Datum *30. Dez. ..*

Buchungsvermerke | Stempel/Unterschrift des Empfängers

Hartmut Götz e. Kfm.
Sanitär und Heizung
Sonnenweg 15
91058 Erlangen
Steuer-Nr. 065 382 77661

Götz

Beleg 13

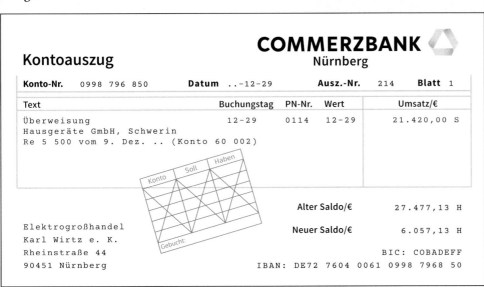

COMMERZBANK
Nürnberg

Kontoauszug

Konto-Nr.	0998 796 850	**Datum** ..-12-29	**Ausz.-Nr.** 214	**Blatt** 1

Text	Buchungstag	PN-Nr.	Wert	Umsatz/€
Überweisung Hausgeräte GmbH, Schwerin Re 5 500 vom 9. Dez. .. (Konto 60 002)	12-29	0114	12-29	21.420,00 S

	Alter Saldo/€	27.477,13 H
Elektrogroßhandel	Neuer Saldo/€	6.057,13 H
Karl Wirtz e. K.		
Rheinstraße 44		BIC: COBADEFF
90451 Nürnberg	IBAN: DE72 7604 0061 0998 7968 50

6934121

Belege 14 und 15

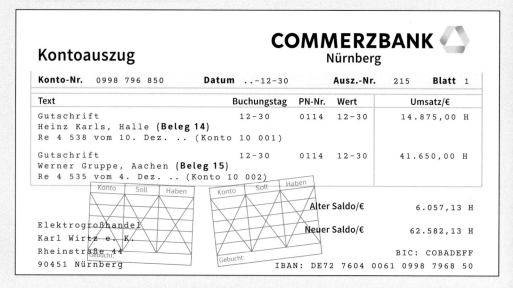

Beleg 16

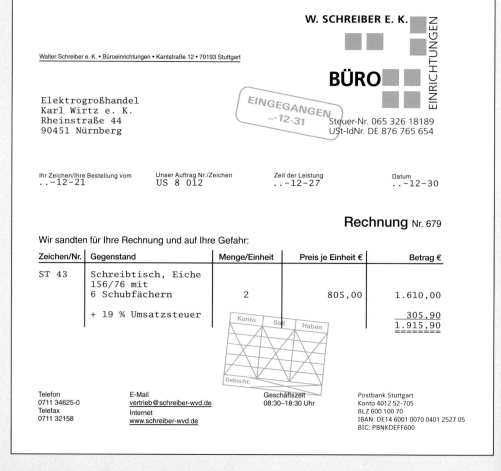

6934122

Beleg 17

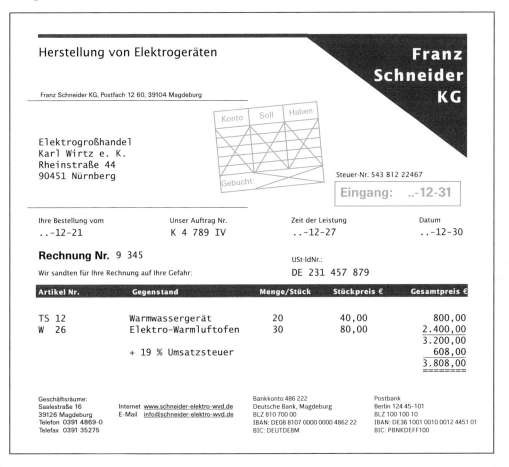

Herstellung von Elektrogeräten

Franz Schneider KG

Franz Schneider KG, Postfach 12 60, 39104 Magdeburg

Konto	Soll	Haben

Gebucht:

Steuer-Nr. 543 812 22467

Elektrogroßhandel
Karl Wirtz e. K.
Rheinstraße 44
90451 Nürnberg

Eingang: ..-12-31

Ihre Bestellung vom	Unser Auftrag Nr.	Zeit der Leistung	Datum
..-12-21	K 4 789 IV	..-12-27	..-12-30

Rechnung Nr. 9 345

USt-IdNr.:
DE 231 457 879

Wir sandten für Ihre Rechnung auf Ihre Gefahr:

Artikel Nr.	Gegenstand	Menge/Stück	Stückpreis €	Gesamtpreis €
TS 12	Warmwassergerät	20	40,00	800,00
W 26	Elektro-Warmluftofen	30	80,00	2.400,00
				3.200,00
	+ 19 % Umsatzsteuer			608,00
				3.808,00

Geschäftsräume:
Saalestraße 16
39126 Magdeburg
Telefon 0391 4869-0
Telefax 0391 35275

Internet www.schneider-elektro-wvd.de
E-Mail info@schneider-elektro-wvd.de

Bankkonto 486 222
Deutsche Bank, Magdeburg
BLZ 810 700 00
IBAN: DE08 8107 0000 0000 4862 22
BIC: DEUTDE8M

Postbank
Berlin 124 45-101
BLZ 100 100 10
IBAN: DE36 1001 0010 0012 4451 01
BIC: PBNKDEFF100

Beleg 18

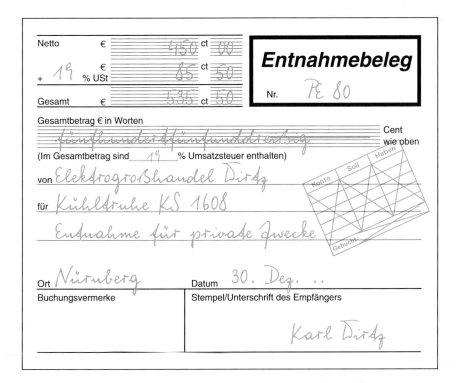

Netto	€	450	ct	00	**Entnahmebeleg**
+ 19 % USt	€	85	ct	50	Nr. PE 80
Gesamt	€	535	ct	50	

Gesamtbetrag € in Worten

fünfhundertfünfunddreißig

Cent
wie oben

(Im Gesamtbetrag sind __19__ % Umsatzsteuer enthalten)

von Elektrogroßhandel Wirtz

für Kühltruhe KS 1608

Entnahme für private Zwecke

Konto	Soll	Haben

Gebucht:

Ort Nürnberg   Datum 30. Dez. ..

Buchungsvermerke   Stempel/Unterschrift des Empfängers

Karl Wirtz

Beleg 19

Karl Wirtz e. K. ELEKTROGROSSHANDEL

Elektrogroßhandel K. Wirtz e. K., Rheinstr. 44, 90451 Nürnberg

Haushaltsgerätevertrieb
Rolf Naumann e. K.
Amselweg 14
67063 Ludwigshafen

Unsere Auftrags-Nr.	20 337
Lieferschein-Nr.	20 587
Versanddatum:	..-12-29
Versandart:	LKW
Verpackungsart:	Original

Konto Soll Haben

Gebucht:

Ihr Zeichen/Bestellung Nr. vom	Kunden-Nr.
LZ/2 112/..-12-27	10 003

Bitte bei Zahlung angeben:

Rechnungs-Nr.	4 569
Rechnungsdatum:	..-12-30

Steuer-Nr. 543 221 19439

Rechnung

Position	Sachnummer	Bezeichnung der Lieferung/ Leistung	Menge und Einheit	Preis je Einheit €	Betrag €
KS	5 634	Kühlschrank 150 l	12	240,00	2.880,00
GT	4 321	Geschirrspülmaschine	4	375,00	1.500,00
					4.380,00
		+ 19 % Umsatzsteuer			832,20
					5.212,20

Bei Zahlung innerhalb von 8 Tagen 2 % Skonto.

Geschäftsräume Rheinstraße 44 90451 Nürnberg	Telefon: 0911 56356-0 Telefax: 0911 44481 Internet: www.elektrowirtz-wvd.de	Sparkasse Nürnberg Konto-Nr. 218 435 717 BLZ 760 501 01 IBAN: DE04 7605 0101 0218 4357 17 BIC: SSKNDE77	Commerzbank Nürnberg Konto-Nr. 0998 796 850 BLZ 760 400 61 IBAN: DE72 7604 0061 0998 7968 50 BIC: COBADEFF

Beleg 20

Kontoauszug   **Sparkasse Nürnberg**

Konto-Nr.	Datum	Ausz.-Nr.	Blatt	Buchungstag	PN-Nr.	Wert	Umsatz
218 435 717	..-12-30	68	1				

GUTSCHRIFT
STADTWERKE NÜRNBERG
RE 4 541 VOM 12. DEZ. ..
(KONTO 10 004)

12-30 8744 12-30 2.380,00 H

Konto Soll Haben

Gebucht:

ELEKTROGROSSHANDEL
KARL WIRTZ E. K.
RHEINSTR. 44
90451 NÜRNBERG

Alter Saldo
H 267.438,00 EUR

Neuer Saldo
H 269.818,00 EUR

Belege 21 und 22

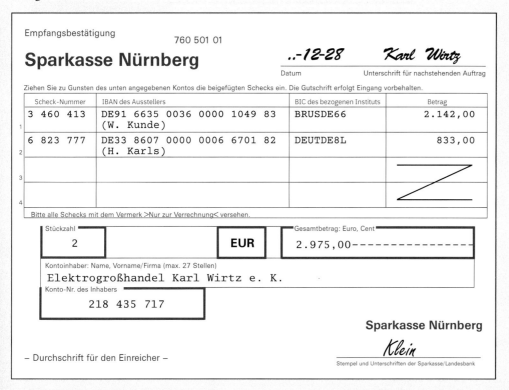

Empfangsbestätigung

760 501 01

Sparkasse Nürnberg

..-12-28 *Karl Wirtz*

Datum — Unterschrift für nachstehenden Auftrag

Ziehen Sie zu Gunsten des unten angegebenen Kontos die beigefügten Schecks ein. Die Gutschrift erfolgt Eingang vorbehalten.

	Scheck-Nummer	IBAN des Ausstellers	BIC des bezogenen Instituts	Betrag
1	3 460 413	DE91 6635 0036 0000 1049 83 (W. Kunde)	BRUSDE66	2.142,00
2	6 823 777	DE33 8607 0000 0006 6701 82 (H. Karls)	DEUTDE8L	833,00
3				
4				

Bitte alle Schecks mit dem Vermerk >Nur zur Verrechnung< versehen.

Stückzahl
2

EUR

Gesamtbetrag: Euro, Cent
2.975,00----------------

Kontoinhaber: Name, Vorname/Firma (max. 27 Stellen)
Elektrogroßhandel Karl Wirtz e. K.

Konto-Nr. des Inhabers
218 435 717

Sparkasse Nürnberg
Klein
Stempel und Unterschriften der Sparkasse/Landesbank

– Durchschrift für den Einreicher –

Kontoauszug zu den Belegen 21, 22 und 23[1]

Kontoauszug

Sparkasse Nürnberg

Konto-Nr.	Datum	Ausz.-Nr.	Blatt	Buchungstag	PN-Nr.	Wert	Umsatz
218 435 717	..-12 31	69	1				
SCHECKEINLIEFERUNG				12-31	0685	12-28	2.975,00 H
DA MIETE[1]				12-31	0688	12-30	860,00 S

ELEKTROGROSSHANDEL
KARL WIRTZ E. K.
RHEINSTR. 44
90451 NÜRNBERG

Alter Saldo
H 269.818,00 EUR

Neuer Saldo
H 271.933,00 EUR

---

1 Beleg 23: DA = Dauerauftrag für die Wohnungsmiete des Geschäftsinhabers.

Beleg 24

Herstellung von Elektrogeräten

Franz Schneider KG

Franz Schneider KG, Postfach 12 60, 39104 Magdeburg

Elektrogroßhandel
Karl Wirtz e. K.
Rheinstraße 44
90451 Nürnberg

Konto Soll Haben

Gebucht:

Steuer-Nr. 543 812 22467

Eingang: ..-12-31

Ihr Zeichen, Ihre Nachricht vom ..-12-16	Unser Zeichen KO/re	Telefon, Name 0391 4869- 31	Datum ..-12-30

Rechnung Nr. 9 288

Sehr geehrter Herr Wirtz,

auf die von Ihnen zu Recht beanstandete Lieferung vom ..-12-15 erhalten
Sie nachträglich einen

Preisnachlass von netto	600,00 €	
19 % Umsatzsteuer	114,00 €	
	714,00 €	

Wir bitten um gleich lautende Buchung.

Mit freundlichen Grüßen

Franz Schneider KG

ppa. *J. Kolberg*

Geschäftsräume:
Saalestraße 16
39126 Magdeburg
Telefon 0391 4869-0
Telefax 0391 35275

Internet www.schneider-elektro-wvd.de
E-Mail info@schneider-elektro-wvd.de

Bankkonto 486 222
Deutsche Bank, Magdeburg
BLZ 810 700 00
IBAN: DE08 8107 0000 0000 4862 22
BIC: DEUTDE8M

Postbank
Berlin 124 45-101
BLZ 100 100 10
IBAN: DE36 1001 0010 0012 4451 01
BIC: PBNKDEFF100

Beleg 25

Karl Wirtz e. K. ELEKTROGROSSHANDEL

Elektrogroßhandel K. Wirtz e. K., Rheinstr. 44, 90451 Nürnberg

Elektrofachgeschäft
Werner Gruppe e. Kfm.
Am Römerhof 8
52066 Aachen

Konto Soll Haben

Gebucht:

Ihr Zeichen, Ihre Nachricht vom WG/..-12-20	Unser Zeichen S/by	Telefon, Name 0911 56356- 42	Datum ..-12-28

Rechnung Nr. 4 339

Sehr geehrte Damen und Herren,

aufgrund Ihrer Beanstandung schreiben wir Ihnen gut:

10 % von 5.500,00 € Warenwert		
lt. o. g. Rechnung	550,00 €	
19 % Umsatzsteuer	104,50 €	
	654,50 €	

Mit freundlichen Grüßen

ELEKTROGROSSHANDEL
KARL WIRTZ E. K.

i. A. *Schröder*

Geschäftsräume
Rheinstraße 44
90451 Nürnberg
Steuer-Nr. 543 221 19439

Telefon: 0911 56356-0
Telefax: 0911 44481
Internet: www.elektrowirtz-wvd.de

Sparkasse Nürnberg
Konto-Nr. 218 435 717
BLZ 760 501 01
IBAN: DE04 7605 0101 0218 4357 17
BIC: SSKNDE77

Commerzbank Nürnberg
Konto-Nr. 0998 796 850
BLZ 760 400 61
IBAN: DE72 7604 0061 0998 7968 50
BIC: COBADEFF

6934126

Beleg 26

Buchungsanweisung	Datum: ..-12-31		Beleg-Nr.: 4931	
Betreff: Abschreibungen auf Sachanlagen lt. Anlagenkartei			Gebucht: Datum:	
Buchungstext	Soll		Haben	
	Konto	Betrag	Konto	Betrag
0330 Betriebs- und Geschäftsausstattung... 0340 Fuhrpark..............				

Beleg 27

Buchungsanweisung	Datum: ..-12-31		Beleg-Nr.: 4932	
Betreff: Umbuchungen/Vorbereitende Abschlussbuchungen			Gebucht: Datum:	
Buchungstext	Soll		Haben	
	Konto	Betrag	Konto	Betrag
1410 Vorsteuerübertragung.. 1610 Privatentnahmen....... 3020 Bezugskosten......... 3060 Nachlässe von Lieferanten 3080 Lieferantenskonti..... 3910 Warenmehrbestand...... 8060 Nachlässe an Kunden.... 8080 Kundenskonti.........				

14   Auswertung des Jahresabschlusses

Aus dem **Jahresabschluss** lassen sich wertvolle **Erkenntnisse über die Vermögens-, Finanz- und Ertragslage** des Unternehmens gewinnen, wenn man die Abschlusszahlen u.a. mithilfe von **Kennzahlen** auswertet. **Die betriebswirtschaftliche Auswertung des Jahresabschlusses umfasst** die **Aufbereitung (Bilanzanalyse)** und die **Beurteilung (Bilanzkritik)** des Zahlenmaterials.

Die Auswertung eines Jahresabschlusses wird durch einen **Zeitvergleich** und einen **Betriebsvergleich** aussagekräftiger:

- **Zeitvergleich:** Der aktuelle Jahresabschluss wird mit den Jahresabschlüssen der Vorjahre verglichen, sodass die betriebseigene Entwicklung erkennbar wird.

- **Betriebsvergleich:** Der Jahresabschluss wird mit den Zahlen branchengleicher Unternehmen verglichen, sodass die Stellung des Unternehmens innerhalb seiner Branche beurteilt werden kann.

14.1   Auswertung der Bilanz

14.1.1   Aufbereitung der Bilanz (Bilanzanalyse)

Umgliederung der Bilanzposten

Die Bilanzen müssen zunächst für eine kritische Beurteilung entsprechend aufbereitet werden. Die zahlreichen Bilanzposten sind daher nach bestimmten Gesichtspunkten umzugliedern und gruppenmäßig zusammenzufassen. Die Vermögensseite umfasst die beiden Hauptgruppen „**Anlagevermögen**" und „**Umlaufvermögen**", die Kapitalseite „**Eigenkapital**" und „**Fremdkapital**". Das Umlaufvermögen ist nach der **Flüssigkeit** in die Gruppen „Vorräte", „Forderungen" und „Flüssige Mittel" zu gliedern. Die Posten des Fremdkapitals sind nach der **Fälligkeit** in „Langfristiges Fremdkapital" und „Kurzfristiges Fremdkapital" zu ordnen. Aktive Rechnungsabgrenzungsposten werden den Forderungen, passive Rechnungsabgrenzungsposten den kurzfristigen Verbindlichkeiten zugeordnet.

Bilanzstruktur

Die Bilanzstruktur ist das Ergebnis der Aufbereitung der Bilanzposten. Sie lässt bereits deutlich den **Vermögens- und Kapitalaufbau** des Unternehmens erkennen:

Vermögen	Bilanzstruktur	Kapital
I. Anlagevermögen	I. Eigenkapital	
II. Umlaufvermögen 1. Vorräte 2. Forderungen 3. Flüssige Mittel	II. Fremdkapital 1. langfristig 2. kurzfristig	
Wie ist das Kapital angelegt?	*Woher stammt das Kapital?*	

Zur besseren Vergleichbarkeit und Überschaubarkeit stellt man die **Bilanzstruktur** nicht nur in absoluten Zahlen, sondern auch **in Prozentzahlen** dar, wobei die **Bilanzsumme die Basis** (≙ **100 %**) bildet. Damit wird auf einen Blick erkennbar, welches Gewicht die einzelnen Hauptgruppen innerhalb des Gesamtvermögens (Aktiva) und Gesamtkapitals (Passiva) haben. Vermögens- und Kapitalaufbau werden dadurch noch anschaulicher dargestellt.

Merke

Die aufbereiteten Bilanzen eines Unternehmens zeigen deutlich

- die Finanzierung: Eigenkapital : Fremdkapital
- den Vermögensaufbau: Anlagevermögen : Umlaufvermögen
- die Anlagendeckung: Eigenkapital : Anlagevermögen
- die Zahlungsfähigkeit: flüssige Mittel : kurzfristige Verbindlichkeiten

Die Bilanzen der Werkzeuggroßhandlung Marc Gruppe e. K. lauten für die beiden letzten Geschäftsjahre:

Aktiva	Berichtsjahr T€	Vorjahr T€	Passiva	Berichtsjahr T€	Vorjahr T€
Gebäude	1.200	850	Eigenkapital 1. Jan.	1.710	1.600
Maschinen	290	240	– Entnahmen	166	120
BuG-Ausstattung	170	90		1.544	1.480
Fuhrpark	140	120	+ Einlagen	700	–
Waren	1.300	1.940		2.244	1.480
Forderungen a. LL	950	400	+ Gewinn	366	230
Kasse	15	10	Eigenkapital 31. Dez.	2.610	1.710
Guthaben bei			Rückstellungen	200	400
Kreditinstituten	435	150	Hypothekenschulden	440	331
			Darlehensschulden	520	305
			Verbindlichk. a. LL	680	929
			Sonstige Verbindl.	50	125
	4.500	3.800		4.500	3.800

Anmerkungen zur Bilanzaufbereitung: Die Rückstellungen sind je zur Hälfte als langfristig und kurzfristig zu behandeln. Der Gewinn verbleibt im Unternehmen.

Die Aufbereitung der Bilanzen wird nach folgendem Schema vorgenommen:

AKTIVA	Berichtsjahr T€	%	Vorjahr T€	%	Zu- oder Abnahme T€
Anlagevermögen	1.800	40	1.300	34	+ 500
Vorräte	1.300	29	1.940	51	– 640
Forderungen a. LL	950	21	400	11	+ 550
Flüssige Mittel	450	10	160	4	+ 290
Umlaufvermögen	2.700	60	2.500	66	+ 200
Gesamtvermögen	4.500	100	3.800	100	+ 700

PASSIVA	Berichtsjahr T€	%	Vorjahr T€	%	Zu- oder Abnahme T€
Eigenkapital	2.610	58	1.710	45	+ 900
50 % Rückstellungen	100	2	200	5	– 100
Hypothekenschulden	440	10	331	9	+ 109
Darlehensschulden	520	12	305	8	+ 215
Langfr. Fremdkapital	1.060	24	836	22	+ 224
50 % Rückstellungen	100	2	200	5,3	– 100
Verbindlichkeiten a. LL	680	15	929	24,4	– 249
Sonstige Verbindlichk.	50	1	125	3,3	– 75
Kurzfr. Fremdkapital	830	18	1.254	33	– 424
Gesamtkapital	4.500	100	3.800	100	+ 700

14.1.2 Beurteilung der Bilanz (Bilanzkritik)

Die aufbereiteten Bilanzen enthalten bereits die wichtigsten Kennzahlen und Angaben zur **Beurteilung** der

- **Kapitalausstattung,**
- **Anlagenfinanzierung,**
- **Zahlungsfähigkeit** und des
- **Vermögensaufbaues**

des Unternehmens. Die nun einsetzende Bilanzbeurteilung stellt zwischen den durch die Aufbereitung gewonnenen Verhältniszahlen sinnvolle **Beziehungen** her und wertet diese im Hinblick auf die **Lage und Entwicklung** des Unternehmens aus.

14.1.2.1 Beurteilung der Kapitalausstattung (Finanzierung)

Grad der Unabhängigkeit

Bei der **Beurteilung der Kapitalausstattung oder Finanzierung** geht es vor allem um die Frage, ob das Unternehmen überwiegend mit **eigenem oder fremdem Kapital** arbeitet. In der Regel kann die Finanzierung eines Unternehmens als günstig bezeichnet werden, wenn das **Eigenkapital als Haftungs- bzw. Schutzkapital** das Fremdkapital überwiegt; denn je höher der Anteil des Eigenkapitals am Gesamtkapital (Grad der finanziellen Unabhängigkeit), umso **sicherer** ist die Lage des Unternehmens in Krisenzeiten und umso **unabhängiger** ist das Unternehmen **gegenüber** seinen Gläubigern.

Grad der Verschuldung

Der Grad der Verschuldung kommt durch den Anteil des Fremdkapitals am Eigenkapital zum Ausdruck. Ein im Verhältnis zum Eigenkapital zu hohes Fremdkapital bedeutet eine erhebliche **Einengung der Selbstständigkeit des Unternehmens**, da mit jeder weiteren Kreditaufnahme stets der Nachweis der Kreditverwendung und ständige Kontrollen durch Gläubiger verbunden sind. Ist der Anteil an kurzfristigen Schulden sehr hoch, so wird die **Liquidität (Zahlungsfähigkeit)** des Unternehmens stark eingeschränkt. Die **Zusammensetzung des Fremdkapitals** (lang- und kurzfristig) ist daher eine wichtige Frage bei der Beurteilung der Finanzierung eines Unternehmens.

Beispiel

Kennzahlen der Finanzierung (Kapitalstruktur)		B	V
❶ Grad der finanziellen Unabhängigkeit $= \dfrac{\text{Eigenkapital}}{\text{Gesamtkapital}}$		0,58 = 58 %	0,45 = 45 %
❷ Grad der Verschuldung $= \dfrac{\text{Fremdkapital}}{\text{Eigenkapital}}$		0,724 = 72,4 %	1,222 = 122,2 %
❸ Anteil des langfristigen Fremdkapitals $= \dfrac{\text{langfr. Fremdkapital}}{\text{Gesamtkapital}}$		0,24 = 24 %	0,22 = 22 %
❹ Anteil des kurzfristigen Fremdkapitals $= \dfrac{\text{kurzfr. Fremdkapital}}{\text{Gesamtkapital}}$		0,18 = 18 %	0,33 = 33 %

Beurteilung

Die Kennzahlen zeigen deutlich, dass sich im Berichtsjahr der **Grad der finanziellen Unabhängigkeit von 45 % auf 58 %** und damit entsprechend der **Grad der Verschuldung von 122,2 % auf 72,4 %** entscheidend verbessert haben. Die Steigerung des Eigenkapitals ist auf eine **Kapitaleinlage** des Unternehmers in Höhe **von 700 T€** sowie auf den im Berichtsjahr erwirtschafteten hohen **Jahresgewinn von 366 T€** zurückzuführen. Erfreulicherweise konnte dadurch der Anteil des Fremdkapitals und somit der Einfluss der Gläubiger erheblich vermindert werden. Der **Rückgang des kurzfristigen Fremdkapitals von 33 % auf 18 %** ist im Hinblick auf die Liquidität des Unternehmens besonders positiv zu beurteilen. Der beachtliche Abbau der kurzfristigen Fremdmittel ist vor allem auf eine **Umschuldung** zurückzuführen, also auf eine Umwandlung kurzfristiger in langfristige Schulden. So steht einer Abnahme an kurzfristigen Fremdmitteln in Höhe von 424 T€ eine Zunahme der langfristigen Schulden in Höhe von 224 T€ gegenüber (vgl. aufbereitete Bilanzen auf S. 129).

Merke

Je größer das Eigenkapital im Verhältnis zum Fremdkapital ist, desto solider und krisenfester ist die Finanzierung und desto geringer ist die Abhängigkeit gegenüber Gläubigern.

14.1.2.2 Beurteilung der Anlagenfinanzierung (Investierung)

Wichtige **Maßstäbe zur Beurteilung der Kapitalausstattung** des Unternehmens sind der Deckungsgrad I und II:

Deckungsgrad

- **Deckungsgrad I:** Deckung des Anlagevermögens durch das Eigenkapital.
- **Deckungsgrad II:** Deckung des Anlagevermögens durch Eigenkapital und langfristiges Fremdkapital.

Da **Anlagegegenstände** in der Regel langfristig gebundenes Vermögen darstellen, müssen sie durch **entsprechend langfristiges Kapital** (Eigenkapital, Darlehen u. a.) finanziert werden. Damit wird sichergestellt, dass im Krisenfalle keine Anlagegüter überstürzt veräußert werden müssen (Notverkäufe), um den Tilgungsverpflichtungen termingerecht nachzukommen. Deshalb sollen Wirtschaftsgüter des Anlagevermögens grundsätzlich **nicht kurzfristig** finanziert werden.

Die Anlagenfinanzierung kann somit als sehr gut bezeichnet werden, wenn das Anlagevermögen voll durch Eigenkapital (Deckungsgrad I) gedeckt ist. Ausgezeichnet ist die Deckung, wenn das Eigenkapital darüber hinaus auch noch den eisernen Bestand des Vorratsvermögens an Waren finanziert. Denn der eiserne Bestand wir nur beim Eintreten unvorhersehbarer Ereignisse (z. B. Lieferausfall durch Naturkatastrophe) verbraucht. Folglich ist der eiserne Bestand langfristig gebunden.

Deckungsgrad I

Reicht das Eigenkapital jedoch nicht zur Finanzierung des Anlagevermögens aus, so darf zusätzlich nur langfristiges Fremdkapital herangezogen werden. Der Deckungsgrad II muss mindestens 100 % betragen, wenn eine volle Deckung durch langfristiges Kapital gegeben sein soll (Goldene Bilanzregel).

Deckungsgrad II

Kennzahlen der Anlagendeckung (Investierung)	Berichtsjahr	Vorjahr
Deckungsgrad I $= \dfrac{\text{Eigenkapital}}{\text{Anlagevermögen}}$	1,45 = 145 %	1,32 = 132 %
Deckungsgrad II $= \dfrac{\text{Langfristiges Kapital}}{\text{Anlagevermögen}}$	2,04 = 204 %	1,96 = 196 %

Beispiel

Die Anlagendeckung durch Eigenkapital (Deckungsgrad I) war bereits im Vorjahr sehr gut. Sie konnte im Berichtsjahr durch die bereits erwähnte Erhöhung des Eigenkapitals noch wesentlich verbessert werden. Nicht nur das Anlagevermögen, sondern auch der größte Teil der Warenvorräte werden nunmehr durch eigene Mittel finanziert. Besonders erfreulich ist auch die Tatsache, dass die erheblichen Anschaffungen (Investitionen) im Anlagevermögen in Höhe von 500 T€ ebenfalls in vollem Umfang durch Eigenkapital finanziert wurden.

Die Anlagendeckung durch langfristiges Kapital (Deckungsgrad II) ist in den beiden Vergleichsjahren ausgezeichnet. Besonders im Berichtsjahr wird der größte Teil des Umlaufvermögens **langfristig finanziert**, was sich auf die Liquidität des Unternehmens zwangsläufig günstig auswirken muss.

Merke

- Die Anlagendeckung ist zugleich Maßstab zur Beurteilung der Finanzierung (Kapitalausstattung) des Unternehmens.
- Das Anlagevermögen und der eiserne Bestand an Waren sollten stets durch entsprechend langfristiges Kapital finanziert sein.

14.1.2.3 Beurteilung der Zahlungsfähigkeit (Liquidität)

Liquidität

Liquidität ist die **Zahlungsfähigkeit** eines Unternehmens, die sich aus dem **Verhältnis der flüssigen** (liquiden) **Mittel** zu den fälligen kurzfristigen **Verbindlichkeiten** ermitteln lässt. Es ist zu prüfen, ob die liquiden Mittel ausreichen, das kurzfristig fällige Fremdkapital zu decken. Denn **Zahlungsunfähigkeit** (Illiquidität) führt entweder zur **zwangsweisen Auflösung** eines Unternehmens im Rahmen eines **gerichtlichen Insolvenzverfahrens** oder in einen **außergerichtlichen Vergleich** (§ 17 Insolvenzordnung).

Aufgrund der Bilanzzahlen kann die **Liquidität** eines Unternehmens natürlich **nur überschlägig** ermittelt werden, da wichtige Angaben aus den Bilanzen nicht hervorgehen, wie **Fälligkeiten** der Verbindlichkeiten und Forderungen, **laufende Zahlungen** für Steuern, Mieten u. a. m. Dennoch lassen sich verschiedene Stufen oder Grade der Zahlungsfähigkeit aus den Abschlusszahlen errechnen, die im Vergleich der Jahre Aufschluss über die Liquidität des Unternehmens geben.

Kennzahlen der Liquidität

Die Kennzahlen der Liquidität berücksichtigen jeweils den Grad der Liquidität. Die **Liquidität I (1. Grades)**, auch **Barliquidität** genannt, setzt die flüssigen Mittel (Kasse, Guthaben bei Kreditinstituten, börsenfähige Wertpapiere des Umlaufvermögens) ins Verhältnis zu den kurzfristigen Fremdmitteln. Die **Liquidität II**, auch **einzugsbedingte Liquidität** genannt, berücksichtigt zusätzlich die Forderungen. Die **umsatzbedingte Liquidität III** setzt schließlich das gesamte Umlaufvermögen zum kurzfristigen Fremdkapital in Beziehung. Nach einer **Erfahrungsregel** sollte mindestens die Liquidität II bereits eine volle Deckung der kurzfristigen Schulden bringen. Die Liquidität III müsste nach einer amerikanischen Faustregel zu einer zweifachen Deckung (200 %) führen.

Beispiel

Liquiditätskennzahlen	Berichtsjahr	Vorjahr
Liquidität I $= \dfrac{\text{flüssige Mittel}}{\text{kurzfristiges Fremdkapital}}$	0,54 = 54 %	0,13 = 13 %
Liquidität II $= \dfrac{\text{(flüssige Mittel + Forderungen}}{\text{kurzfristiges Fremdkapital}}$	1,69 = 169 %	0,45 = 45 %
Liquidität III $= \dfrac{\text{Umlaufvermögen}}{\text{kurzfristiges Fremdkapital}}$	3,25 = 325 %	1,99 = 199 %

Beurteilung der Liquiditätslage

Die Liquiditätslage des Unternehmens hat sich im Berichtsjahr gegenüber dem Vorjahr ganz entschieden verbessert. Selbst unter Berücksichtigung der Forderungen konnte im Vorjahr keine volle Deckung der kurzfristigen Verbindlichkeiten erreicht werden. Im Berichtsjahr führte dagegen die Liquidität II bereits zu einer erheblichen Überdeckung. Die Liquidität 3. Grades zeigt im Berichtsjahr deutlich die ausgezeichnete finanzielle Lage des Unternehmens. Das Umlaufvermögen ist über dreimal so groß wie die kurzfristigen Fremdmittel. Diese äußerst positive Entwicklung der Zahlungsfähigkeit ist einerseits auf die bereits erwähnte Kapitalerhöhung sowie Umschuldung und andererseits vor allem auch auf die erhebliche Absatzsteigerung zurückzuführen. Diese von der Unternehmensleitung getroffenen **Maßnahmen dienten** nicht zuletzt der **Stärkung der Liquidität**.

Merke

- Je mehr die Liquidität 1., 2. und 3. Grades die kurzfristigen Verbindlichkeiten deckt, desto liquider und damit sicherer ist das Unternehmen.
- Für die fälligen Schulden müssen stets Zahlungsmittel bereitstehen, denn Zahlungsunfähigkeit führt entweder zu einem gerichtlichen Insolvenzverfahren oder in einen außergerichtlichen Vergleich.
- Nach einer Erfahrungsregel gilt die Zahlungsfähigkeit eines Unternehmens als gesichert, wenn das gesamte Umlaufvermögen doppelt so groß ist wie das kurzfristige Fremdkapital.

6934132

14.1.2.4 Beurteilung des Vermögensaufbaues (Vermögensstruktur)

Die Vermögensstruktur zeigt sich im **Verhältnis zwischen Anlage- und Umlaufvermögen**. Dieses Verhältnis ist weitgehend abhängig von der Branche, der das Unternehmen angehört, sowie vom Ausmaß der Ausstattung und Automatisierung. So sind beispielsweise Unternehmen der Grundstoff- und Schwerindustrie mit einem Anlagenanteil von 60–70 % besonders anlagenintensiv, im Gegensatz zu Großhandelsunternehmen, in denen in der Regel das Umlaufvermögen deutlich überwiegt.

Vermögensstruktur

Das Anlagevermögen verursacht erhebliche **fixe** (feste) **Kosten**, wie Abschreibungen, Instandhaltungen u. a., die unabhängig von der Beschäftigungs- und Absatzlage, also auch in Krisenzeiten, anfallen und ständig die Erfolgsrechnung als Aufwand belasten. Je niedriger das Anlagevermögen im Verhältnis zum Umlaufvermögen ist, desto geringer ist die Belastung mit festen Kosten und desto besser kann sich ein Unternehmen den veränderten Marktverhältnissen anpassen.

Anlagevermögen

Das Umlaufvermögen besteht in der Regel aus Warenvorräten, Forderungen sowie flüssigen Mitteln. Vergleicht man die Posten mit den Verkaufserlösen, lassen sich wertvolle **Erkenntnisse über die Absatzlage** des Unternehmens in den Vergleichsjahren erzielen. Ein erhöhter Bestand an Forderungen bedeutet Absatzsteigerung, wenn zugleich die Verkaufserlöse entsprechend gestiegen sind. Eine Veränderung der Vorräte und flüssigen Mittel sollte daher auch im Zusammenhang mit den Verkaufserlösen (Umsatzerlösen) gesehen werden.

Umlaufvermögen

Kennzahlen der Vermögensstruktur			Berichtsjahr	Vorjahr
❶ Anteil des Anlagevermögens	$=$	$\dfrac{\text{AV}}{\text{Gesamtvermögen}}$	0,40 = 40 %	0,34 = 34 %
❷ Anteil des Umlaufvermögens	$=$	$\dfrac{\text{UV}}{\text{Gesamtvermögen}}$	0,60 = 60 %	0,66 = 66 %
❸ Anteil der Vorräte	$=$	$\dfrac{\text{Vorräte}}{\text{Gesamtvermögen}}$	0,29 = 29 %	0,51 = 51 %
❹ Anteil der Forderungen	$=$	$\dfrac{\text{Forderungen}}{\text{Gesamtvermögen}}$	0,21 = 21 %	0,11 = 11 %
❺ Anteil der flüssigen Mittel	$=$	$\dfrac{\text{Flüssige Mittel}}{\text{Gesamtvermögen}}$	0,10 = 10 %	0,04 = 4 %
Angaben lt. GuV-Rechnung:			**Berichtsjahr**	**Vorjahr**
Verkaufserlöse			8.200 T€	5.500 T€

Beispiel

Die Kennzahlen der Vermögensstruktur zeigen deutlich die positive Entwicklung des Unternehmens im Vergleichszeitraum. Die Steigerung des Anlagevermögens ist auf **Neuanschaffungen** in Höhe von 500 T€ zurückzuführen, die zu einer **Kapazitätserweiterung** führten, worauf auch die gestiegenen Verkaufserlöse hinweisen. Auch der **Abbau der Vorräte** und die **Erhöhung der Forderungen** sowie der flüssigen Mittel stehen offensichtlich im Zusammenhang mit einer **erheblichen Absatzsteigerung**.

Beurteilung

> ▨ Das Verhältnis zwischen Anlage- und Umlaufvermögen wird weitgehend von der Branche und dem Ausmaß der Ausstattung und Automatisierung des Unternehmens bestimmt.
>
> ▨ Der Anteil der Vorräte und Forderungen ist stets im Zusammenhang mit den Verkaufserlösen zu beurteilen.

Merke

Aufgabe 127

1. *Welche Möglichkeiten hat der Unternehmer, die Finanzierung (Kapitalausstattung des Unternehmens) zu verbessern?*
2. Ein Unternehmer hat einen sehr großen Teil des Anlagevermögens mit einem kurzfristigen Bankkredit finanziert. *Wie beurteilen Sie das?*
3. *Wodurch wird die Vermögensstruktur (AV : UV) bestimmt?*
4. *Welche Gefahr liegt in einem a) zu geringen und b) zu großen Anlagevermögen?*
5. *Welche Gefahr liegt in einem a) zu geringen und b) zu hohen Umlaufvermögen?*

Aufgabe128

1. *Welche Möglichkeiten hat der Unternehmer, die Liquidität zu verbessern?*
2. Der Bestand an sofort greifbaren flüssigen Mitteln ist im Verhältnis zu hoch. *Was empfehlen Sie dem Unternehmen?*
3. *Erläutern Sie ob die Bilanz ein eindeutiges Bild der Zahlungsfähigkeit anzeigt.*
4. *Beurteilen Sie die folgenden Bilanzstrukturen:*

Bilanz 1	
Anlagevermögen 40 %	Eigenkapital 50 %
Umlaufvermögen 60 %	Fremdkapital 50 %

Bilanz 2	
Anlagevermögen 40 %	Eigenkapital 30 %
	langfristiges Fremdkapital 10 % kurzfristiges
Umlaufvermögen 60 %	Fremdkapital 60 %

Aufgabe 129

Nach der Aufbereitung zeigt die Bilanz eines Großhandelsunternehmens die folgende Vermögens- und Kapitalstruktur:

Vermögen	Aufbereitete Bilanz			Kapital
	T€	%		T€	%
I. Anlagevermögen	2.400	30	I. Eigenkapital	4.800	60
II. Umlaufvermögen			II. Fremdkapital		
1. **nicht** flüssig .... (Vorräte)	3.300		1. **langfristig** .... (Darlehen)	2.000	
2. **bedingt** flüssig .... (Forderungen a. LL)	1.700	70	2. **kurzfristig** .... (Verbindlichkeiten a. LL u. a.)	1.200	40
3. **sofort** flüssig .... (Kasse, Guthaben bei Kreditinstituten)	600				
	8.000	100		8.000	100

1. *Beurteilen Sie auch unter Berücksichtigung von Branchen-Richtwerten ( )*
   a) *die Finanzierung oder Kapitalausstattung (35 : 65),*
   b) *den Vermögensaufbau (25 : 75),*
   c) *die Anlagenfinanzierung bzw. -deckung (Deckung I: 80 %; II: 120 %) sowie*
   d) *die Zahlungsfähigkeit (Liquidität) des Unternehmens.*
2. *Inwiefern erübrigt sich im vorliegenden Fall die Ermittlung des Deckungsgrades II im Rahmen der Beurteilung der Anlagenfinanzierung?*
3. *Welchen entscheidenden Vorteil bietet die Auswertung bei einem Bilanzvergleich (Zeit- oder Betriebsvergleich)?*

Aktiva	Berichts- jahr	Vorjahr	Passiva	Berichts- jahr	Vorjahr
	T€	T€		T€	T€
I. Anlagevermögen			I. Eigenkapital	3.000	1.600
1. Gebäude	1.480	1.000	II. Fremdkapital		
2. BuG-Ausstattung	500	200	1. Hypothekenschuld.	650	680
3. Fuhrpark	280	100	2. Darlehensschulden	880	520
			3. Lieferantenschulden	470	1.200
II. Umlaufvermögen					
1. Vorräte	1.400	1.650			
2. Forderungen	900	750			
3. Kasse	20	10			
4. Guthaben bei Kreditinstituten	420	290			
	5.000	4.000		5.000	4.000

1. *Bereiten Sie obige Bilanzen der Textilgroßhandlung Janine Kolberg e. Kffr. entsprechend dem Aufbereitungsschema auf Seite 129 auf und stellen Sie jeweils die Veränderungen der Vermögens- und Kapitalposten fest.*

2. *Ermitteln Sie die Kennzahlen zur Beurteilung der*
   a) Finanzierung, b) Anlagendeckung, c) Liquidität, d) Vermögensstruktur.

3. *Beurteilen Sie die Entwicklung des Unternehmens in den Vergleichsjahren aufgrund der Kennzahlen und versuchen Sie die Ursachen der Veränderungen offenzulegen. Stellen Sie sich dabei stets folgende Fragen:*
   a) Wie ist die Entwicklung in absoluten und relativen Zahlen?
   b) Worauf könnte die positive oder negative Entwicklung zurückzuführen sein?
   c) Welche Maßnahmen zur Verbesserung der Finanzierung, Anlagendeckung, Liquidität und Vermögensstruktur würden Sie der Unternehmensleitung empfehlen?

Aktiva	Berichts- jahr	Vorjahr	Passiva	Berichts- jahr	Vorjahr
	T€	T€		T€	T€
Gebäude	960	710	Eigenkapital 1. Jan.	1.160	1.030
BuG-Ausstattung	610	390	– Entnahmen	80	60
Fuhrpark	130	160		1.080	970
Waren	1.200	1.850	+ Einlagen	400	–
Forderungen a. LL	820	370		1.480	970
Kasse	20	15	+ Gewinn	320	190
Bank	260	105	Eigenkapital 31. Dez.	1.800	1.160
			Rückstellungen	80	60
			Hypothekenschulden	670	480
			Darlehensschulden	930	750
			Verbindlichkeiten a. LL	520	1.150
	4.000	3.600		4.000	3.600

Anmerkungen: Die Rückstellungen sind je zur Hälfte lang- und kurzfristig. Die Verkaufs- erlöse betrugen im Berichtsjahr 7.800 T€, im Vorjahr 5.800 T€.

1. *Bereiten Sie oben stehende Bilanzen der Elektrogroßhandlung Georg Heider e. K. auf.*

2. *Ermitteln und beurteilen Sie die Kennzahlen a) der Finanzierung, b) der Anlagendeckung, c) der Liquidität und d) der Vermögensstruktur.*

3. *Worauf führen Sie die hohen Vorräte im Vorjahr zurück?*

4. *Fassen Sie in einem Kurzbericht das Ergebnis Ihrer Auswertung zusammen.*

14.2 Auswertung der Erfolgsrechnung

14.2.1 Beurteilung der Rentabilität

Die Rentabilität ist Maßstab für den Erfolg eines Unternehmens. Sie wird ermittelt, indem man den Jahresgewinn zum **Eigenkapital** oder **Umsatz** in Beziehung setzt.

Als Jahresgewinn wird der in der Gewinn- und Verlustrechnung ausgewiesene Jahresüberschuss zu Grunde gelegt, der sich aus der Differenz von Erträgen zu Aufwendungen und Steuern ergibt.

Unternehmerlohn

Bei **Einzelunternehmen und Personengesellschaften** muss der bereinigte Jahresgewinn vorab noch um einen Unternehmerlohn für den **mitarbeitenden Inhaber** (Gesellschafter) gekürzt werden. Nur so ist ein **Vergleich mit einer Kapitalgesellschaft** der gleichen Branche (z. B. GmbH) möglich, in der die Gehälter der geschäftsführenden Gesellschafter Aufwand (Betriebsausgabe) darstellen und somit den Gewinn schmälern. Die Höhe des Unternehmerlohns bemisst sich nach dem Gehalt eines leitenden Angestellten in vergleichbarer Position.

Beispiel

Großhandlung M. Gruppe e. K.	Berichtsjahr	Vorjahr
Jahresgewinn (vgl. Bilanzen S. 129)	366 T€	230 T€
– Unternehmerlohn	120 T€	120 T€
= Unternehmergewinn	246 T€	110 T€

14.2.1.1 Eigenkapitalrentabilität (Unternehmerrentabilität)

Die Rentabilität des Eigenkapitals wird ermittelt, indem man den Unternehmergewinn (UG) zum durchschnittlich eingesetzten Eigenkapital ins Verhältnis setzt. Um Zufallsschwankungen auszuschalten, rechnet man beim **Eigenkapital** mit dem **Durchschnittswert aus Anfangs- und Schlussbestand** des Geschäftsjahres (vgl. Bilanzen S. 129).

Beispiel

Großhandlung M. Gruppe e. K.	Berichtsjahr	Vorjahr
Eigenkapitalrentabilität $= \dfrac{UG}{\varnothing \text{ Eigenkapital}}$	$\dfrac{246}{2.160} = 0{,}114 = 11{,}4\ \%$	$\dfrac{110}{1.655} = 0{,}067 = 6{,}7\ \%$

Risikoprämie

Vergleicht man nun die ermittelte Eigenkapitalrentabilität mit dem **landesüblichen Zinssatz** für langfristig angelegte Gelder (im Beispiel werden 5 % unterstellt), so ist der **Überschuss** der Eigenkapitalverzinsung eine Prämie für das allgemeine Risiko des Unternehmers.

Beispiel

Großhandlung M. Gruppe e. K.	Berichtsjahr	Vorjahr
Eigenkapitalrentabilität	11,4 %	6,7 %
– landesüblicher Zinssatz für langfristiges Kapital	5,0 %	5,0 %
= Risikoprämie für Unternehmerwagnis	6,4 %	1,7 %

Beurteilung der Erfolgslage

Der Jahresgewinn der Werkzeuggroßhandlung Marc Gruppe e. K. ist von absolut 230 T€ im Vorjahr auf 366 T€ im Berichtsjahr, also um 136 T€ oder 59 %, gestiegen. Diese beachtliche Gewinnsteigerung hat sich bei der Eigenkapitalrentabilität nicht entsprechend ausgewirkt, da sich im Berichtsjahr auch das Eigenkapital erheblich erhöht hat. Dennoch zeigt die Eigenkapitalrentabilität eine erfreuliche Steigerung von 6,7 % auf 11,4 %. Im Berichtsjahr wurde somit eine Risikoprämie von 6,4 % erwirtschaftet.

14.2.1.2 Gesamtkapitalrentabilität (Unternehmungsrentabilität)

Der Gewinn wird mit dem Gesamtkapital der Unternehmung erzielt. Will man die Rentabilität des Gesamtkapitals **(Eigen- und Fremdkapital)** ermitteln, muss man die für das Fremdkapital gezahlten **Zinsen** dem Unternehmergewinn wieder hinzurechnen, da diese als **Aufwand** den Gewinn gemindert haben.

$$\text{Gesamtkapitalrentabilität} = \frac{(\text{Unternehmergewinn} + \text{FK-Zinsen})}{\text{Ø Gesamtkapital}}$$

Beispiel

Großhandlung M. Gruppe e. K.	Berichtsjahr	Vorjahr
Gesamtkapital am 1. Januar	3.800 T€	3.600 T€
Gesamtkapital am 31. Dezember	4.500 T€	3.800 T€
Durchschnittliches Gesamtkapital (GK)	4.150 T€	3.700 T€
Unternehmergewinn (UG)	246 T€	110 T€
Zinsen lt. GuV-Rechnung (Z)	106 T€	85 T€
Gesamtkapitalrentabilität $= \dfrac{(UG + Z)}{\text{Ø GK}}$	$\dfrac{(246 + 106)}{4.150}$	$\dfrac{(110 + 85)}{3.700}$
	0,085 = 8,5 %	0,053 = 5,3 %
Eigenkapitalrentabilität	11,4 %	6,7 %

Die Gesamtkapitalrentabilität gibt Aufschluss darüber, ob sich die Aufnahme von Fremdkapital gelohnt hat. Das ist stets der Fall, wenn der **Fremdkapitalzins niedriger ist als die Gesamtkapitalrentabilität** oder – anders ausgedrückt –, wenn die **Rentabilität des Eigenkapitals größer ist als die des Gesamtkapitals.** Das Unternehmen muss daher bestrebt sein, **möglichst zinsniedriges Fremdkapital aufzunehmen.** In beiden Vergleichsjahren übersteigt die Eigenkapitalrentabilität die Gesamtkapitalrendite, wobei sich das Ergebnis im Berichtsjahr deutlich verbessert hat.

Beurteilung der Gesamtkapital-rentabilität

14.2.1.3 Umsatzrentabilität (Umsatzverdienstrate)

Setzt man den Unternehmergewinn zu den Verkaufserlösen in Beziehung, erhält man Auskunft darüber, wie viel Prozent der Verkaufserlöse als Gewinn dem Unternehmen zugeflossen sind. Oder anders ausgedrückt: wie viel € je 100,00 € Umsatz verdient wurden.

Umsatzverdienstrate

Beispiel

Großhandlung M. Gruppe e. K.	Berichtsjahr	Vorjahr
Umsatzrentabilität $= \dfrac{\text{Unternehmergewinn}}{\text{Verkaufserlöse}}$	$\dfrac{246}{8.200} = 0{,}03 = 3\ \%$	$\dfrac{110}{5.500} = 0{,}02 = 2\ \%$

Die sehr positive Entwicklung des Unternehmens zeigt sich auch deutlich in der Umsatzrentabilität, die im Vergleichszeitraum von 2 % auf 3 %, also um 50 %, erhöht werden konnte. Im Berichtsjahr wurden somit **3,00 € je 100,00 € Umsatz gegenüber 2,00 €** im Vorjahr verdient. Das bedeutete eine erhebliche Steigerung der Ertragskraft des Unternehmens.

Beurteilung der Umsatzrentabilität

Merke

- Der **Jahresgewinn** einer Personengesellschaft sollte einen angemessenen Unternehmerlohn, eine landesübliche Verzinsung des Eigenkapitals und das branchenübliche Unternehmerrisiko entgelten.
- Die **Rentabilität**, also das **Verhältnis des Gewinns zum Eigenkapital, Gesamtkapital oder Umsatz**, ist ein wichtiger Maßstab zur Beurteilung der Ertragskraft eines Unternehmens.

Aufgabe 132

Zahlen (T€) des Baustoffgroßhandels Erwin Lang e. K.	Berichtsjahr	Vorjahr
Eigenkapital zum 1. Januar	1.260	1.130
Eigenkapital zum 31. Dezember	1.800	1.260
Jahresgewinn	320	190
Unternehmerlohn	90	90
Verkaufserlöse	7.800	5.800

1. Ermitteln Sie a) das durchschnittliche Eigenkapital und b) den Unternehmergewinn.
2. Berechnen Sie a) die Rentabilität des Eigenkapitals und
   b) die Risikoprämie bei einem landesüblichen Zinssatz von 4,5 %.
3. Berechnen Sie die Umsatzrentabilität in Prozent.
4. Beurteilen Sie die Erfolgslage des Unternehmens im Vergleichszeitraum.

Aufgabe 133

Zahlen (T€) der Textilgroßhandlung Uwe Hay e. K.	1. Jahr	2. Jahr	3. Jahr
Eigenkapital zum 1. Januar	2.400	2.600	3.400
Eigenkapital zum 31. Dezember	2.600	3.400	4.600
Jahresgewinn	520	660	790
Unternehmerlohn	120	120	120
Verkaufserlöse	12.880	15.200	18.100

1. Ermitteln Sie a) das Durchschnittskapital und b) den Unternehmergewinn.
2. Berechnen Sie a) die Eigenkapitalrendite und b) die Risikoprämie bei einer unterstellten landesüblichen Verzinsung von 5,5 %.
3. Wie viel € je 100,00 € Umsatz wurden jeweils verdient?
4. Fassen Sie die Ergebnisse der Rentabilitätsauswertung in einem Kurzbericht zusammen.

Aufgabe 134

Den Jahresabschlüssen eines Großhandelsunternehmens entnehmen wir folgende Zahlen:

Jahresabschlusszahlen (T€)	1. Jahr	2. Jahr	3. Jahr
Durchschnittliches Eigenkapital	2.500	3.000	4.000
Durchschnittliches Gesamtkapital	4.000	6.000	6.500
Jahresgewinn	550	750	880
Unternehmerlohn	100	100	100
Zinsaufwendungen	90	200	180
Verkaufserlöse	13.860	16.200	19.100

1. Ermitteln Sie den Unternehmergewinn.
2. Berechnen Sie die Rentabilität des a) Eigenkapitals, b) Gesamtkapitals, c) Umsatzes.
3. Beurteilen Sie die Entwicklung der Rentabilitätskennzahlen.
4. Worüber gibt die Gesamtkapitalrentabilität Auskunft?
5. Inwiefern ist bei Rentabilitätsberechnungen vom bereinigten Jahresgewinn auszugehen?
6. Was sollte der Jahresgewinn eines Personenunternehmens im Einzelnen abdecken?
7. Welcher Zusammenhang besteht zwischen Wirtschaftszweig und Risikoprämie?

14.2.2   Umschlagskennzahlen

Umschlagskennzahlen sind ein Maßstab zur Beurteilung und Kontrolle der Wirtschaftlichkeit des Betriebsprozesses, also des **Verhältnisses der betriebsbedingten Aufwendungen** (= Kosten) zu den **betriebsbedingten Erträgen** (= Leistungen). Sie werden ermittelt, indem man bestimmte Posten der Bilanz (**Waren, Forderungen a. LL, Kapital**) zum **Wareneinsatz** bzw. zu den **Verkaufserlösen** in Beziehung setzt.

Maßstab der Wirtschaftlichkeit

14.2.2.1 Lagerumschlag der Warenbestände

Die Lagerumschlagshäufigkeit des Warenbestandes errechnet sich aus dem Verhältnis von **Wareneinsatz** zum **Durchschnittsbestand der Waren**. Sie gibt an, **wie oft** in einem Jahr der durchschnittliche Lagerbestand umgesetzt, d. h. verkauft und ersetzt wurde:

Lagerumschlags-häufigkeit

$$\text{Lagerumschlagshäufigkeit} = \frac{\textbf{Wareneinsatz}}{\textbf{Ø Lagerbestand an Waren}}$$

Die durchschnittliche Lagerdauer ergibt sich, indem man das Jahr mit 360 Tagen ansetzt und durch die Umschlagshäufigkeit dividiert:

Durchschnittliche Lagerdauer

$$\text{Durchschnittliche Lagerdauer} = \frac{\textbf{360 Tage}}{\textbf{Lagerumschlagshäufigkeit}}$$

Beispiel

Aus den Angaben der Werkzeuggroßhandlung Marc Gruppe e. K. ergeben sich folgende Ergebnisse. Für das Vorjahr wurde das entsprechende Vergleichsjahr vorgeschaltet:

Großhandlung M. Gruppe e. K.	Berichtsjahr	Vorjahr
Warenbestand zum 1. Januar	1.940 T€	1.660 T€[1]
Warenbestand zum 31. Dezember	1.300 T€	1.940 T€
Wareneinsatz lt. GuV-Rechnung	6.480 T€	4.500 T€
Durchschnittlicher Lagerbestand an Waren ...	$\frac{1.940 + 1.300}{2} = 1.620$	$\frac{1.660 + 1.940}{2} = 1.800$
Lagerumschlagshäufigkeit	$\frac{6.480}{1.620} = 4\text{-mal}$	$\frac{4.500}{1.800} = 2{,}5\text{-mal}$
Durchschnittliche Lagerdauer	$\frac{360}{4} = 90 \text{ Tage}$	$\frac{360}{2{,}5} = 144 \text{ Tage}$

Lagerumschlagshäufigkeit und -dauer haben sich im Berichtsjahr ganz entscheidend verbessert. Die **hohe** Umschlagshäufigkeit trägt dazu bei, dass **der Kapitaleinsatz geringer** wird, da **in kürzeren Abständen** (90 statt 144 Tage) immer wieder **Kapital zurückfließt**. Dadurch werden **Zinsen und Lagerkosten geringer**, was sich positiv auf die Wirtschaftlichkeit, den Gewinn und die Rentabilität auswirkt.

Beurteilung des Lagerumschlags

Merke

Je höher die Umschlagshäufigkeit des Lagerbestandes ist, desto

- **kürzer ist die Lagerdauer,**
- **geringer sind der Kapitaleinsatz und das Lagerrisiko,**
- **geringer sind die Kosten für die Lagerhaltung (Zinsen, Schwund, Verwaltungskosten),**
- **höher ist die Wirtschaftlichkeit und desto**
- **höher ist letztlich der Gewinn und damit die Rentabilität.**

1   angenommener Bestand

14.2.2.2 Umschlag der Forderungen

Umschlagshäufigkeit der Forderungen

Die Kennzahlen des Forderungsumschlags sind zugleich ein Maßstab zur Beurteilung der Liquidität eines Unternehmens:

$$\text{Umschlagshäufigkeit der Forderungen} = \frac{\text{Verkaufserlöse}}{\text{Ø Forderungsbestand}}$$

Durchschnittliche Kreditdauer

Daraus ergibt sich die **Laufzeit** der Forderungen, d. h. die von den Kunden durchschnittlich in Anspruch genommene **Kreditdauer (Zahlungsziel)**:

$$\text{Durchschnittliche Kreditdauer} = \frac{360}{\text{Umschlagshäufigkeit der Forderungen}}$$

Beispiel

Großhandlung M. Gruppe e. K.	Berichtsjahr	Vorjahr
Forderungsbestand zum 1. Januar	400 T€	822 T€[1]
Forderungsbestand zum 31. Dezember	950 T€	400 T€
Durchschnittlicher Forderungsbestand	$\frac{400 + 950}{2} = 675$	$\frac{822 + 400}{2} = 611$
Verkaufserlöse lt. GuV-Rechnung	8.200	5.500
Umschlagshäufigkeit	8.200 : 675 = 12,15-mal	5.500 : 611 = 9-mal
Durchschnittliche Kreditdauer	360 : 12,15 = 30 Tage	360 : 9 = 40 Tage

Beurteilung der Kreditdauer

Im Berichtsjahr nahmen die Kunden durchschnittlich ein Zahlungsziel von 30 Tagen gegenüber 40 Tagen im Vorjahr in Anspruch. Unterstellt man ein übliches Zahlungsziel von 30 Tagen, so wird es im Berichtsjahr gerade erreicht.

Merke

Je rascher der Forderungsumschlag, desto

- **kürzer ist die durchschnittliche Kreditdauer,**
- **besser ist die eigene Liquidität,**
- **geringer sind Zinsbelastung und Wagnis (Kosten),**
- **höher sind Wirtschaftlichkeit und Rentabilität.**

14.2.2.3 Kapitalumschlag

Kapitalumschlagshäufigkeit

Zur Ermittlung der Kapitalumschlagshäufigkeit wird der Umsatz mit dem durchschnittlichen Eigen- oder Gesamtkapital (Eigen- und Fremdkapital) in Beziehung gesetzt:

$$\text{Umschlagshäufigkeit des Eigenkapitals} = \frac{\text{Verkaufserlöse}}{\text{Eigenkapital}}$$

$$\text{Umschlagshäufigkeit des Gesamtkapitals} = \frac{\text{Verkaufserlöse}}{\text{Gesamtkapital}}$$

$$\text{Durchschnittliche Kapitalumschlagsdauer} = \frac{360}{\text{Kapitalumschlagshäufigkeit}}$$

Die Kapitalumschlagshäufigkeit gibt an, **wie oft** das **eingesetzte Kapital** in Form von Erlösen **zurückgeflossen** ist. Je rascher der Umschlagsprozess vor sich geht, desto geringer ist der erforderliche Kapitaleinsatz. **Bei hoher Kapitalumschlagshäufigkeit** kann man deshalb mit einem verhältnismäßig **niedrigen Kapitaleinsatz** zu einer entsprechend **hohen Rendite** und infolge des raschen Kapitalrückflusses zu einer **günstigen Liquidität** gelangen.

---

1 angenommener Bestand

Beispiel

Großhandlung M. Gruppe e. K.	Berichtsjahr	Vorjahr
Durchschnittliches Eigenkapital	2.160 T€	1.655 T€
Verkaufserlöse lt. GuV	8.200 T€	5.500 T€
EK-Umschlagshäufigkeit	8.200 : 2.160 = **3,8-mal**	5.500 : 1.655 = **3,3-mal**
EK-Umschlagsdauer	360 : 3,8 = **95 Tage**	360 : 3,3 = **109 Tage**

Die Kapitalumschlagszahlen der Werkzeuggroßhandlung Marc Gruppe e. K. kennzeichnen ebenfalls die positive Entwicklung des Unternehmens im Berichtsjahr. **Beurteilung**

Merke

Je höher die Kapitalumschlagshäufigkeit ist, desto

▪ **rascher fließt das Kapital über die Erlöse zurück,**

▪ **geringer ist der erforderliche Kapitaleinsatz,**

▪ **höher ist die Rentabilität,**

▪ **günstiger ist die Liquidität des Unternehmens.**

Die Jahresabschlüsse eines Großhandelsunternehmens weisen folgende Zahlen aus: **Aufgabe 135**

	1. Jahr	2. Jahr	3. Jahr
Warenbestand zum 1. Januar	160.000,00	240.000,00	280.000,00
Warenbestand zum 31. Dezember	240.000,00	280.000,00	200.000,00
Wareneinsatz	1.600.000,00	2.340.000,00	2.880.000,00

1. Berechnen Sie jeweils a) den Durchschnittsbestand und b) die Lagerumschlagshäufigkeit und Lagerdauer. Beurteilen Sie die Entwicklung in den Vergleichsjahren.

2. Begründen Sie, inwiefern die Lagerumschlagshäufigkeit Kapitalbedarf, Kosten, Risiko, Wirtschaftlichkeit und damit die Rentabilität des Unternehmens beeinflusst.

Die Jahresabschlüsse eines Großhandelsunternehmens weisen folgende Zahlen aus: **Aufgabe 136**

Forderungen	1. Jahr	2. Jahr	3. Jahr
Anfangsbestand	450.000,00	580.000,00	800.000,00
Schlussbestand	580.000,00	800.000,00	1.200.000,00
Verkaufserlöse	5.150.000,00	8.280.000,00	12.000.000,00

1. Berechnen Sie für die einzelnen Jahre a) den durchschnittlichen Forderungsbestand, b) die Umschlagshäufigkeit der Forderungen, c) die durchschnittliche Laufzeit (Kreditdauer) der Außenstände.

2. Begründen und erklären Sie den Zusammenhang zwischen der Umschlagshäufigkeit der Außenstände und der Liquidität, Wirtschaftlichkeit und Rentabilität.

3. Wie beurteilen Sie die Entwicklung? Welche Schlüsse ziehen Sie daraus?

Die Kapitalstruktur eines Großhandelsunternehmens (Durchschnittswerte) lautet: **Aufgabe 137**

Kapital (Mittelwerte)	1. Jahr	2. Jahr	3. Jahr
Eigenkapital	2.000 T€	2.500 T€	2.500 T€
Fremdkapital	1.000 T€	1.500 T€	600 T€
Verkaufserlöse	15.000 T€	16.400 T€	13.200 T€

1. Ermitteln Sie a) die Kapitalumschlagshäufigkeit des Eigen- und Gesamtkapitals, b) die Kapitalumschlagsdauer des Eigen- und Gesamtkapitals.

2. Welcher Zusammenhang besteht zwischen Kapitalumschlagshäufigkeit einerseits und Kapitaleinsatz, Liquidität und Rentabilität andererseits?

3. Wie beurteilen Sie die Entwicklung im Beispiel?

15 Aufgaben zur Wiederholung und Vertiefung

Aufgabe 138	*Wonach werden im Inventar die Vermögensposten i.d.R. gegliedert?*
	 Nach der 1. Fälligkeit,
	            2. Größe der Posten,
	            3. Flüssigkeit oder
	            4. Fristigkeit?

Aufgabe 139	*Erklären Sie den Inhalt der Passivseite der Bilanz:* 1. Die Passivseite der Bilanz enthält das Anlage- und Umlaufvermögen. 2. Die Passivseite zeigt die Verwendung des Kapitals. 3. Die Passivseite zeigt die Herkunft des Kapitals. 4. Die Passivseite enthält das Gesamtvermögen abzüglich der Schulden. 5. Die Passivseite zeigt die Finanzierung des Vermögens.
Aufgabe 140	*Bei welchem Geschäftsfall vermindert sich die Bilanzsumme?* 1. Unsere Barzahlung an einen Lieferanten. 2. Barabhebung vom Bankkonto. 3. Kauf von Betriebsstoffen. 4. Umwandlung einer Lieferantenschuld in eine Darlehensschuld.
Aufgabe 141	*Wie verhalten sich die aktiven und passiven Bestandskonten?* 1. Anfangsbestand und Mehrungen stehen bei Passivkonten auf der Sollseite. 2. Minderungen und Schlussbestand stehen bei Aktivkonten auf der Sollseite. 3. Minderungen und Schlussbestand stehen bei Passivkonten auf der Sollseite. 4. Anfangsbestand und Mehrungen stehen bei Aktivkonten auf der Habenseite.
Aufgabe 142	*Welcher Geschäftsfall liegt dem Buchungssatz „Postbank an Forderungen a. LL" zugrunde?* 1. Wir begleichen eine Rechnung. 2. Kunde begleicht eine Rechnung bar. 3. Lieferant begleicht Rechnung durch Postbanküberweisung. 4. Kunde begleicht Rechnung durch Postbanküberweisung.
Aufgabe 143	*Worin unterscheiden sich Inventar und Bilanz? Nennen Sie mindestens drei Merkmale.*
Aufgabe 144	*Ergänzen Sie:* 1. Erträge > Aufwendungen = ... 2. Vorsteuer > Umsatzsteuer = ... 3. Verkaufserlöse > Warenaufwendungen = ... 4. Aufwendungen > Erträge = ... 5. Umsatzsteuer > Vorsteuer = ... 6. Warenaufwendungen > Verkaufserlöse = ... 7. Warenanfangsbestand > Warenschlussbestand = Gewinnauswirkung: + oder − ? 8. Warenanfangsbestand < Warenschlussbestand = Gewinnauswirkung: + oder − ?
Aufgabe 145	Doppelte Buchführung bedeutet ... Ermittlung des Erfolges. Der Erfolg kann nämlich durch 1. Vergleich ... und 2. durch Gegenüberstellung der ... und ... ermittelt werden. *Ergänzen Sie.*

Welcher der nachstehenden Geschäftsfälle führt zu folgender Bilanzveränderung:

(A) Aktivtausch,   (B) Passivtausch,   (C) Aktiv-Passivmehrung,   (D) Aktiv-Passivminderung

1. Zieleinkauf von Waren lt. ER 456.
2. Kauf einer EDV-Anlage gegen Bankscheck.
3. Kunde begleicht AR 678 durch Banküberweisung.
4. Unsere Banküberweisung zum Ausgleich von ER 456.
5. Privatentnahme bar durch den Geschäftsinhaber.
6. Umwandlung einer kurzfristigen Lieferantenschuld in eine Darlehensschuld.
7. Banküberweisung der Gehälter.
8. Banklastschrift für Tilgungsrate des Darlehens.
9. Lastschrifteinzug der Kraftfahrzeugsteuer für den LKW.
10. Aufnahme eines Darlehens bei der Bank.
11. Kapitaleinlage des Geschäftsinhabers durch Bankeinzahlung.
12. Zinsgutschrift der Bank.

Welche Geschäftsfälle liegen den folgenden Buchungssätzen zugrunde?

1. Wareneingang, Vorsteuer an Verbindlichkeiten a. LL.
2. Bürobedarf, Vorsteuer an Kasse.
3. Verpackungsmaterial, Vorsteuer an Verbindlichkeiten a. LL.
4. Rücksendungen von Kunden, Umsatzsteuer an Forderungen a. LL.
5. Kundenboni, Umsatzsteuer an Forderungen a. LL.
6. Technische Anlagen/Maschinen, Vorsteuer an Verbindlichkeiten a. LL.
7. Verbindlichkeiten a. LL an Nachlässe von Lieferanten, Vorsteuer.
8. Verbindlichkeiten a. LL an Lieferantenboni, Vorsteuer.
9. Umsatzsteuer an Kundenskonti.
10. Privatentnahmen an Entnahme von Waren, Umsatzsteuer.
11. Fuhrpark, Vorsteuer an Verbindlichkeiten a. LL.
12. Bank an Privateinlagen.

Bei den nachstehenden Geschäftsfällen ist zu prüfen, ob sie

(1) den Jahresgewinn erhöhen.
(2) den Jahresgewinn vermindern.
(3) den Jahresverlust erhöhen.
(4) den Jahresverlust vermindern.
(5) keinen Einfluss auf das Jahresergebnis haben.
(6) eine Bilanzverkürzung bewirken.
(7) eine Bilanzverlängerung bewirken.

Beachten Sie: Es können mehrere Ergebnisse zutreffen.

a) Kauf einer Maschine auf Ziel
b) Zahlung der Darlehenszinsen
c) Abschreibung auf Maschinen
d) Banküberweisung an den Lieferanten abzüglich Skonto
e) Aufnahme eines Darlehens bei der Bank
f) Lastschrift der Bank für Zinsen
g) Zinsgutschrift der Bank
h) Barentnahme aus der Geschäftskasse für Privatzwecke

Die Anschaffungskosten eines Tiefkühltransporters betragen 120.000,00 €.

1. Wie hoch sind Abschreibungsbetrag und Buchwert am Ende des 2. Nutzungsjahres, wenn jährlich 20 % linear abgeschrieben werden?

2. Wie hoch sind Abschreibungsbetrag und Buchwert am Ende des 2. Jahres, wenn jährlich 25 %[1] degressiv (siehe S. 65) abgeschrieben werden?

Aufgabe 150

Bilden Sie unter Angabe der Kontennummern und Kontenbezeichnungen für folgende Geschäftsfälle die Buchungssätze:

1. Wir verkaufen Waren auf Ziel lt. AR 4352 .... 5.000,00
   + Umsatzsteuer 950,00   5.950,00

2. Zieleinkauf von Waren lt. ER 3456 .... 16.500,00
   + Umsatzsteuer 3.135,00   19.635,00

3. Unsere Rückzahlung des Darlehens durch Banküberweisung 8.500,00

4. Banküberweisung an Lieferanten zum Ausgleich von ER 3450 .... 9.520,00

5. Warenentnahme für Privatzwecke 300,00
   + Umsatzsteuer 57,00   357,00

6. Postbanküberweisung eines Kunden zum Ausgleich von AR 4350 .... 6.545,00

7. Zielkauf von vier PC einschließlich Drucker lt. ER 3457 .... 4.800,00
   + Umsatzsteuer 912,00   5.712,00

8. Lastschriften der Bank für Miete der Geschäftsräume 9.250,00
                     für Miete der Privatwohnung 950,00   10.200,00

9. Banküberweisung der Gehälter 15.600,00

10. Kunde zahlt zum Ausgleich von AR 4349 .... 14.280,00
    durch Banküberweisung 10.710,00
    durch Postbanküberweisung 3.570,00

11. Banküberweisung an Lieferanten zum Ausgleich von ER 3451 .. 5.950,00
    abzüglich 2 % Skonto (brutto) 119,00   5.831,00

12. Kunde sendet beschädigte Ware zurück, Warenwert 800,00
    + Umsatzsteuer 152,00   952,00

13. Postbanküberweisung eines Kunden zum Ausgleich 4.760,00
    von AR 4314 abzüglich 2 % Skonto (brutto) 95,20   4.664,80

14. Lieferant gewährt uns nachträglich Preisnachlass 750,00
    + Umsatzsteuer 142,50   892,50

15. Kunde erhält von uns Bonus 1.200,00
    + Umsatzsteuer 228,00   1.428,00

16. Lieferant gewährt uns Bonus 2.100,00
    + Umsatzsteuer 399,00   2.499,00

17. Lastschrifteinzug der Kfz-Steuer: Betrieb 4.800,00
                                 privat 600,00   5.400,00

18. Einlage des Geschäftsinhabers durch Bankeinzahlung 30.000,00

Aufgabe 151

Nennen Sie jeweils den Geschäftsfall der folgenden Buchungen auf dem Bankkonto:

Soll		1310 Bank		Haben
1. 9100	86.000,00	5. 1710		18.400,00
2. 1510	5.000,00	6. 1810		12.300,00
3. 0820	25.000,00	7. 4020		24.300,00
4. 1010	12.000,00	8. 9400		73.000,00
	128.000,00			128.000,00

Aufgabe 152

Sie sind Buchhalter/-in in der Finanzbuchhaltung der Papiergroßhandlung Seitz KG. *Nennen Sie den Buchungssatz für den folgenden Beleg. Die Kontonummer des Kreditorenkontos „Zendermühle AG", Düsseldorf, lautet: 60003.*

Zendermühle AG
Düsseldorf

Zendermühle AG, Postfach 3 26 45, 40233 Düsseldorf

Papiergroßhandlung
Seitz KG
Industriestraße 42–44
50735 Köln

Telefon   0211 336744-0
Telefax   0211 33674428
E-Mail   vertrieb@zendermuehle-wvd.de
Internet www.zendermuehle-wvd.de
USt-IdNr. DE 265 389 712

Unser Angebot vom	Ihre Bestellung vom	Zeitpunkt der Lieferung	Datum
..-06-17 ..-06-27	..-07-04	..-07-05	

Rechnung Nr. 48 321/..

Pos.	Menge	Artikel	Einzelpreis	Rabatt	Gesamtpreis
1	10 000	Küchenrollen (2er-Packung)	1,25 €/Pack.	20 %	10.000,00 €
		+ Verpackung			400,00 €
		+ LKW-Fracht			300,00 €
					10.700,00 €
		+ 19 % Umsatzsteuer			2.033,00 €
					12.733,00 €

Zahlungsbedingungen: Der Rechnungsbetrag ist innerhalb von 10 Tagen mit 2 % Skonto oder nach spätestens 30 Tagen ohne Abzug zu begleichen.

Bankverbindung: Deutsche Bank AG, Düsseldorf, Konto-Nr. 3 440 532, BLZ 300 700 10
IBAN: DE12 3007 0010 0003 4405 32, BIC: DEUTDEDD

Aufgabe 153

Der Rechnungsbetrag der obigen Rechnung wird innerhalb der Skontofrist durch Banküberweisung beglichen.

1. *Ermitteln Sie*
   a) *den Nettoskonto,*
   b) *die Steuerberichtigung und*
   c) *den Überweisungsbetrag.*

2. *Nennen Sie den Buchungssatz*
   a) *bei Nettobuchung und*
   b) *bei Bruttobuchung des Skontos.*

Aufgabe 154

a) Ein Warenlieferant gewährt uns wegen Mängelrüge einen Preisnachlass von 10 % des Rechnungsbetrages. Der Rechnungsbetrag (ER 488) lautete über 11.900,00 €.

b) Wir gewähren einem Kunden aufgrund seiner Mängelrüge nachträglich einen Preisnachlass von 20 % des Rechnungsbetrages. Die Ausgangsrechnung (AR 811) weist einen Rechnungsbetrag von 17.850,00 € aus.

1. *Ermitteln Sie jeweils die Gutschrift und die Steuerberichtigung.*
2. *Erstellen Sie die entsprechende Gutschriftsanzeige.*
3. *Nennen Sie den Buchungssatz aufgrund der Gutschriftsanzeige der Fälle a) und b).*

Aufgabe 155

Gutschrift über eine Umsatzvergütung von 3 % auf den Nettowarenumsatz des 2. Halbjahres in Höhe von 350.000,00 €.

1. *Erstellen Sie die Gutschriftsanzeige.*
2. *Wie bucht a) der Lieferant und b) der Kunde?*
3. *Erläutern Sie die Auswirkung der Boni im Ein- und Verkaufsbereich.*

Aufgabe 156

Buchen Sie den folgenden Beleg in der Finanzbuchhaltung des Möbelgroßhandels Jörg Breuer e. K.

Jörg Breuer e. K. MÖBELGROSSHANDEL

Möbelgroßhandel Jörg Breuer e. K., Karlstraße 44, 51379 Leverkusen

| Konto | Soll | Haben |

Gebucht:

Möbelfachgeschäft
Werner Theuer e. Kfm
Am Gierlichshof 15
51381 Leverkusen

Ihr Zeichen, Ihre Nachricht vom	Unser Zeichen	Telefon, Name 02171 56356-	Datum
WG ..-12-20	L/by	42	..-12-28

Rechnung Nr. 1 315

Sehr geehrte Damen und Herren,

aufgrund Ihrer Beanstandung schreiben wir Ihnen gut:

10 % von 10.000,00 € Warenwert lt. o. g. Rechnung	1.000,00 €
19 % Umsatzsteuer	190,00 €
	1.190,00 €

Mit freundlichen Grüßen

MÖBELGROSSHANDEL
JÖRG BREUER E. K.

i. A. *Schreiner*

(Schreiner)

Geschäftsräume	Telefon: 02171 56356-0	Sparkasse Leverkusen	Postbank Köln
Karlstraße 44	Telefax: 02171 56739	Konto-Nr. 218 435 717	Konto-Nr. 9987 96-500
51379 Leverkusen	E-Mail: service@moebelbreuer-wvd.de	BLZ 375 514 40	BLZ 370 100 50
Steuer-Nr. 065 262 44119	Internet: www.moebelbreuer-wvd.de	IBAN: DE59 3755 1440 0218 4357 17	IBAN: DE49 3701 0050 0998 7965 00
		BIC: WELADEDLLEV	BIC: PBNKDEFF370

Bilden Sie die Buchungssätze:

1. Das GuV-Konto weist einen Verlust aus.

2. Abschluss des Kontos „1620 Privateinlagen".

3. Die Umsatzsteuer ist größer als die Vorsteuer.

4. Aktivierung eines Vorsteuerüberhangs.

5. Der Lieferant gewährt uns einen Bonus.

6. Kunde erhält von uns Preisnachlass wegen Mängelrüge.

7. Rücksendung beschädigter Waren an unseren Lieferanten.

Auszug aus der Saldenbilanz	Soll	Haben
Waren	450.000,00	–
Bezugskosten	25.000,00	–
Nachlässe, brutto	–	23.800,00
Lieferantenboni, brutto	–	17.850,00
Lieferantenskonti, brutto	–	9.520,00
Vorsteuer	18.000,00	–

1. *Ermitteln Sie die Steuerberichtigungen.*

2. *Nennen Sie zu 1. die entsprechenden Buchungssätze.*

3. *Ermitteln Sie die Anschaffungskosten der Waren.*

Auszug aus der Saldenbilanz	Soll	Haben
Vorsteuer	76.000,00	–
Umsatzsteuer	–	20.000,00
Lieferantenskonti (brutto)	–	16.660,00
Kundenskonti (brutto)	20.230,00	–

1. *Ermitteln Sie die Steuerberichtigungen.*

2. *Nennen Sie die Buchungssätze zu 1.*

3. *Wie hoch ist der Saldo nach Verrechnung der Beträge auf den Steuerkonten?*

4. *Wie lauten die Abschlussbuchungen zum 31. Dezember?*

Ein Kunde überweist den Rechnungsbetrag in Höhe von 5.950,00 € unter Abzug von 2 % Skonto durch die Bank.

1. *Nennen Sie den Buchungssatz bei Nettobuchung des Skontos.*

2. *Wie lautet die Buchung im Falle der Bruttobuchung?*

3. *Nennen Sie auch die Steuerberichtigungsbuchung im Fall 2.*

Auf welchen Konten werden die folgenden Geschäftsfälle im Haben gebucht?

1. Zielverkauf von Waren.

2. Kunde erhält Preisnachlass wegen Mängelrüge.

3. Unser Kunde löst Barscheck für Umsatzbonus ein.

4. Lastschrift unseres Lieferanten wegen unberechtigten Skontoabzugs.

5. Unentgeltliche Entnahme von Waren.

6. Wareneinkauf auf Ziel.

7. Zum 31. Dezember ergibt sich ein Vorsteuerüberhang.

8. Unser Warenlieferant gewährt Preisnachlass wegen Mängelrüge.

9. Wir erhalten Provision durch Banküberweisung.

10. Zum 31. Dezember ergibt sich eine Umsatzsteuerzahllast.

Aufgabe 162

Anfangsbestände

BGA	320.000,00
Fuhrpark	120.000,00
Waren	350.000,00
Forderungen a. LL	68.600,00
Bankguthaben	92.400,00
Kasse	3.100,00
Eigenkapital	650.000,00
Darlehensschulden	197.700,00
Verbindlichkeiten a. LL	90.600,00
Umsatzsteuerschuld	15.800,00

Kontenplan

0330, 0340, 0610, 0820, 1010, 1310, 1410, 1510, 1610, 1620, 1710, 1810, 2060, 2110, 2610, 3010, 3020, 3050, 3910, 4020, 4100, 4710, 4810, 4821, 4910, 8010, 8060, 8710, 9100, 9300, 9400.

Buchungen nach Belegangaben

AR (Ausgangsrechnung), **ER** (Eingangsrechnung), **BA** (Bankbeleg), **KB** (Kassenbeleg), **BR** (Brief), **BAW** (Buchungsanweisung).

1.	ER 486:	Waren vom Lieferanten Heise: 22.000,00 € + 4.180,00 € USt	26.180,00
2.	ER 487:	Fracht für ER 486: 1.200,00 € + 228,00 € USt	1.428,00
3.	ER 488:	LKW-Reparatur: 1.800,00 € + 342,00 € USt	2.142,00
4.	ER 489:	Geschäftsdrucksachen: 850,00 € + 161,50 € USt	1.011,50
5.	AR 612–648:	Warenverkäufe: 310.400,00 € + 58.976,00 € USt	369.376,00
6.	AR 649:	Belastung des Kunden Lang mit Verzugszinsen	56,00
7.	BA 44:	Überweisung an Lieferanten Schneider für ER 484	17.850,00
8.	BA 45:	Überweisung des Kunden Kurz zum Ausgleich von AR 600	77.350,00
9.	BA 46:	Unsere Zahlung der Geschäftsmiete	12.000,00
10.	BA 47:	Überweisung der Gehälter	26.200,00
11.	BA 48:	Überweisung der Umsatzsteuer an das Finanzamt	15.800,00
12.	BA 49:	Zahlung der Wohnungsmiete des Geschäftsinhabers	950,00
13.	BA 50:	Lastschrift für Darlehenszinsen	7.800,00
14.	KB 86:	Portoauslagen	600,00
15.	KB 87:	Entnahme des Geschäftsinhabers	1.500,00
16.	KB 88:	Bareinnahmen aus Warenverkäufen einschließlich USt	2.975,00
17.	KB 89:	Barspende des Geschäftsinhabers an das Rote Kreuz	250,00
18.	BA 51:	Kapitaleinlage des Geschäftsinhabers	50.000,00
19.	BR 14:	Gutschrift des Lieferanten Heinze für zurückgesandte Waren: 3.500,00 € + 665,00 € USt	4.165,00
20.	BR 15:	Kunde Brandt erhält Preisnachlass wegen Mängelrüge in Höhe von 2.300,00 € + 437,00 € USt	2.737,00
21.	BAW 1:	Abschreibungen:	
		BGA	6.400,00
		Fuhrpark	2.400,00
22.	BAW 2:	Warenschlussbestand lt. Inventur	160.000,00
23.	BAW 3:	Kassenfehlbetrag lt. Inventur	200,00
24.	BAW 4:	Warenentnahme des Inhabers 1.800,00 € + 342,00 € USt	2.142,00

Kontenplan und vorläufige Saldenbilanz	Soll	Haben
0330 Betriebs- und Geschäftsausstattung	360.000,00	–
0340 Fuhrpark	160.000,00	–
0610 Eigenkapital	–	700.000,00
1010 Forderungen a. LL	330.856,00	–
1310 Bank	180.400,00	–
1410 Vorsteuer	80.723,00	–
1510 Kasse	4.300,00	–
1610 Privatentnahmen	68.200,00	–
1710 Verbindlichkeiten a. LL	–	148.400,00
1810 Umsatzsteuer	–	280.079,00
2610 Zinserträge	–	800,00
2780 Entnahme von sonstigen Gegenständen und Leistungen	–	1.200,00
3010 Wareneingang	850.600,00	–
3020 Bezugskosten	45.400,00	–
3050 Rücksendungen an Lieferanten	–	14.000,00
3060 Nachlässe von Lieferanten	–	40.800,00
3080 Lieferantenskonti	–	23.200,00
3910 Warenbestände	280.000,00	–
4890 Diverse Aufwendungen	320.900,00	–
4910 Abschreibungen auf Sachanlagen	–	–
8010 Warenverkauf	–	1.521.300,00
8050 Rücksendungen von Kunden	15.200,00	–
8060 Nachlässe an Kunden	1.200,00	–
8070 Kundenboni	25.800,00	–
8080 Kundenskonti	22.100,00	–
8710 Entnahme von Waren	–	15.900,00
Abschlusskonten: 9300 und 9400	2.745.679,00	2.745.679,00

Geschäftsfälle vom 28. Dezember bis 31. Dezember

1. Gutschriftsanzeige an Kunden für Bonus: 8.500,00 € + 1.615,00 € USt 10.115,00
2. Banküberweisung an Lieferanten: 29.750,00 € – 595,00 € Skonto 29.155,00
3. Rücksendung beschädigter Waren an Lieferanten, Warenwert 5.500,00
4. Kunde erhält Preisnachlass wegen Mängelrüge, brutto 2.380,00
5. Banküberweisung von Kunden: 17.850,00 € – 357,00 € Skonto 17.493,00
6. Die Heizungsanlage im Wohnhaus des Geschäftsinhabers wird durch einen
   Installateur des eigenen Betriebes repariert, netto 1.800,00
7. Zinsgutschrift der Bank 280,00
8. Privatentnahme von Waren, Warenwert 2.500,00
9. Banküberweisung einer Spende an die Caritas 450,00
10. Lieferant gewährt uns Preisnachlass wegen Mängelrüge, brutto................. 1.011,50

Abschlussangaben

1. Abschreibungen auf BGA: 42.000,00 €; auf Fuhrpark: 34.000,00 €.
2. Warenschlussbestand lt. Inventur: 200.000,00 €.

Weisen Sie auch den Erfolg des Unternehmens durch Kapitalvergleich nach.

Aufgabe 164

Kontenplan und vorläufige Saldenbilanz der Aufgabe 163 (zusätzliches Konto: 2040 Verluste aus dem Abgang von AV)

Geschäftsfälle vom 28. Dezember bis 31. Dezember

1.	Zielkauf eines Gabelstaplers lt. ER 806: 30.000,00 € + 5.700,00 € USt	35.700,00
2.	ER 807: Warenwert 125.000,00 € + 23.750,00 € USt	148.750,00
3.	ER 808: Transportkosten (Fall 2): 850,00 € + 161,50 € USt	1.011,50
4.	Gutschriftsanzeige des Lieferanten aufgrund einer Mängelrüge, brutto	3.034,50
5.	Private Warenentnahme, Warenwert	6.000,00
6.	Gutschriftsanzeige des Lieferanten für zurückgesandte Waren, brutto	16.660,00
7.	Totalschaden eines LKW (kein Versicherungsanspruch); Buchwert	12.500,00
8.	Brief: Kunde wird mit Verzugszinsen belastet	50,00

9. ER 806 (Fall 1) wird durch Banküberweisung beglichen 35.700,00
   abzüglich 2 % Skonto 714,00   34.986,00

10.	Banküberweisung des Kunden Bär: 17.850,00 € – 357,00 € Skonto	17.493,00
11.	Bankgutschrift für Zinsen	1.200,00
12.	Gutschriftsanzeige an Kunden für zurückgesandte Waren, netto	2.250,00
13.	Private Nutzung betrieblicher Leistungen, netto	1.200,00
14.	Banküberweisung der Lebensversicherungsprämie des Geschäftsinhabers	2.400,00

Abschlussangaben

1. Abschreibungen auf BGA: 46.000,00 €; auf Fuhrpark: 28.000,00 €.

2. Warenschlussbestand: 300.000,00 €.

Buchen Sie die Geschäftsfälle, führen Sie die vorbereitenden Abschlussbuchungen durch, stellen Sie die Gewinn- und Verlustrechnung und das Schlussbilanzkonto auf und ermitteln Sie das Eigenkapital.

Aufgabe 165

Auswertung der Aufgabe 164

1. *Wie hoch sind Roh- und Reinergebnisse des Unternehmens?*

2. *Ermitteln Sie die Rentabilität (Verzinsung) des Eigenkapitals in %, indem Sie den Reingewinn nach Abzug eines jährlichen Unternehmerlohnes von 96.000,00 € zum eingesetzten Eigenkapital (Anfangsbestand vom 1. Januar) in Beziehung setzen.*

3. *Wie beurteilen Sie die Rendite des eingesetzten Eigenkapitals, wenn die landesübliche Verzinsung für langfristig angelegtes Kapital 7 % beträgt?*

4. *Wie beurteilen Sie die Kapitalausstattung (Finanzierung) des Unternehmens?*

5. *Erläutern Sie die Finanzierung (Deckung) des Anlagevermögens durch eigene Mittel. Beurteilen Sie das Verhältnis zwischen Eigenkapital und Anlagevermögen.*

6. *Gibt die Bilanz Auskunft über die Zahlungsfähigkeit (Liquidität) des Unternehmens? Nehmen Sie kritisch Stellung.*

Aufgabe 166.

Erfolgsermittlung durch Kapitalvergleich	1	2
Eigenkapital zum 31. Dezember	300.000,00	400.000,00
Eigenkapital zum 1. Januar	240.000,00	430.000,00
= + bzw. –	...	...
Privatentnahmen	36.000,00	40.000,00
= + bzw. –	...	...
Kapitaleinlage	33.000,00	50.000,00
Gewinn (+) bzw. Verlust (–)	...	...

Der Möbelgroßhändler Peter Schreiner e. K. hat von einer Geschäftsreise folgende Belege zu buchen:

Beleg 1

HOTEL HUBERTUS
Landhotel

26160 Bad Zwischenahn-
Dreibergen
Tel. 04403 8376
Fax 04403 8377
Steuer-Nr. 065 113 22869

Beleg Nr. 167

Rechnung 1 205   Datum: ..-06-28

4 Übernachtungen je 90,00 € .... 360,00 €
+ 7 % Umsatzsteuer .... 25,20 €
Rechnungsbetrag .... 385,20 €

Betrag durch Kreditkarte dankend erhalten.

Beleg 2

TANK-STATION ILKA PETZOLD E. K.
RAIFFEISENSTR. 52, 26180 RASTEDE
TEL. 04402 82545
Steuer-Nr. 065 234 66257

Beleg Nr. 168

*SUPER E5   100,15 EUR *
* ZP 2   77,0 1   *

ZWISCHENSUMME   100,15

UST-BRUTTOUMS.   100,15
19,00 % UST
BAR   100,15

BON   DATUM   BED   KASS
0282 ..-06-29   0002   0001

Nennen Sie die erforderlichen Buchungen.

Der folgende Bankkontoauszug der Möbelgroßhandlung Peter Schreiner e. K. ist auszuwerten:

Kontoauszug   Sparkasse Nürnberg

Konto-Nr.	Datum	Ausz.-Nr.	Blatt	Buchungstag	PN-Nr.	Wert	Umsatz
119 233 815	..-12-29	67	1				

ÜBERWEISUNG   12-29   0677 12-29   18.659,20 S
MÖBELWERKE GMBH, PFORZHEIM
RE 7 654 VOM 20. DEZ. .. - 2 % SKONTO
(KONTO 60 004)

PETER SCHREINER E. K.   Alter Saldo
MÖBELGROSSHANDEL   H 277.208,60 EUR
HERZOGSTRASSE 56
90451 NÜRNBERG   Neuer Saldo
                                         H 258.549,40 EUR

1. *Ermitteln Sie*
   a) *den Rechnungsbetrag der Möbelwerke GmbH vom 20. Dezember, den Warenwert und die auf der Rechnung ausgewiesene Umsatzsteuer,*
   b) *den Bruttoskontobetrag,*
   c) *die Steuerkorrektur aufgrund der Skontoausnutzung,*
   d) *den Nettoskontobetrag.*

2. *Bilden Sie den Buchungssatz*
   a) *für die Erfassung der Eingangsrechnung,*
   b) *für die Banklastschrift bei Nettobuchung des Skontos.*

Die Umsatzsteuerkonten der Möbelgroßhandlung Peter Schreiner e. K. weisen zum 31. Dezember folgende Summen aus:

Auszug aus der Summenbilanz	Soll	Haben
1410 Vorsteuer	120.500,00	88.300,00
1810 Umsatzsteuer	143.450,00	163.400,00
9400 Schlussbilanzkonto	–	–

1. *Übertragen Sie die Summen auf die entsprechenden Konten.*

2. *Führen Sie den kontenmäßigen Abschluss der Steuerkonten durch.*

3. *Bilden Sie den Abschlussbuchungssatz.*

Aufgabe 170

Auszug aus der Summenbilanz	Soll	Haben
3910 Warenbestände	980.000,00	–
3010 Wareneingang	15.200.000,00	350.000,00
3020 Warenbezugskosten	780.000,00	–
3060 Nachlässe von Lieferanten	–	430.000,00
8010 Warenverkauf	210.000,00	22.800.000,00
8060 Nachlässe an Kunden	112.000,00	–

Der Warenschlussbestand lt. Inventur beträgt 540.000,00 €.

1. *Bilden Sie die Buchungssätze*

    a) zum Abschluss der Konten aa) 3020 Warenbezugskosten,
                                  ab) 3060 Nachlässe von Lieferanten,
                                    ac) 8060 Nachlässe an Kunden;

    b) zur Erfassung der Warenbestandsveränderung;

    c) zum Abschluss der Konten ca) 3010 Wareneingang,
                                  cb) 8010 Warenverkauf.

2. *Ermitteln Sie*

    a) den Wareneinsatz,

    b) die Nettoverkaufserlöse,

    c) den Rohgewinn,

    d) den durchschnittlichen Lagerbestand,

    e) die Umschlagshäufigkeit,

    f) die durchschnittliche Lagerdauer,

    g) die Rentabilität des Eigenkapitals, wenn der Unternehmerlohn 120.000,00 €, der Unternehmungsgewinn 780.000,00 € und das Anfangseigenkapital 3.500.000,00 € betragen.

Aufgabe 171

Der folgende Kontoauszug der Möbelgroßhandlung Peter Schreiner e. K. ist auszuwerten:

Kontoauszug   **Sparkasse Nürnberg**

Konto-Nr.	Datum	Ausz.-Nr.	Blatt	Buchungstag	PN-Nr.	Wert	Umsatz
119 233 815	..–12–30	68	1				

GUTSCHRIFT   12–30   8744 12–30   9.621,15 H
MÖBELEINKAUFSCENTER NÜRNBERG
RE 4 541 VOM 22. DEZ. .. – 2 % SKONTO
(KONTO 10 004)

                                            Alter Saldo

PETER SCHREINER E. K.   H 258.549,40 EUR
MÖBELGROSSHANDEL
HERZOGSTRASSE 56   Neuer Saldo
90451 NÜRNBERG   H 268.170,55 EUR

1. *Ermitteln Sie aus dem Überweisungsbetrag den Rechnungsbetrag der Ausgangsrechnung sowie den Warenwert und die Umsatzsteuer.*

2. *Bilden Sie den Buchungssatz zur Erfassung der Ausgangsrechnung.*

3. *Ermitteln Sie die Steuerkorrektur aufgrund der Skontoausnutzung.*

4. *Buchen Sie die Bankgutschrift bei Nettobuchung des Skontos.*

Bilden Sie die Buchungssätze für die Umbuchungen/Vorbereitenden Abschlussbuchungen zum Jahresschluss.

Buchungsanweisung		Datum: . . -12-31		Beleg-Nr.: 4932	
Betreff: Umbuchungen/Vorbereitende Abschlussbuchungen			Gebucht: Datum:		
Buchungstext		Soll		Haben	
		Konto	Betrag	Konto	Betrag
1410	Vorsteuerübertragung..				
1610	Privatentnahmen.......				
3020	Bezugskosten.........				
3060	Nachlässe von Lieferanten				
3080	Lieferantenskonti.....				
3910	Warenmehrbestand......				
8060	Nachlässe an Kunden....				
8080	Kundenskonti.........				

Kontoauszug						Sparkasse Nürnberg		
Konto-Nr.	Datum	Ausz.-Nr.	Blatt	Buchungstag	PN-Nr.	Wert	Umsatz	
119 233 815	..-02-15	10	1					
ÜBERWEISUNG				02-15	8744	02-15	18.192,72 S	

RE 4 541 VOM ..-02-10
– 2 % SKONTO
(KONTO 60 004)

	Alter Saldo
PETER SCHREINER E. K.	H 206.007,17 EUR
MÖBELGROSSHANDEL	Neuer Saldo
HERZOGSTRASSE 56	H 187.814,45 EUR
90451 NÜRNBERG	

1. *Ermitteln Sie aus dem vorstehenden Beleg den Warenwert, die Umsatzsteuer und den Rechnungsbetrag der Eingangsrechnung.*

2. *Bilden Sie den Buchungssatz für die Eingangsrechnung.*

3. *Ermitteln Sie die Steuerkorrektur aufgrund des Rechnungsausgleichs.*

4. *Bilden Sie den Buchungssatz für den Rechnungsausgleich (Nettobuchung).*

Nennen Sie als Buchhalter/-in der Papiergroßhandlung Katja Kern c. Kffr. die Buchungssätze zu folgenden Belegen:

Beleg 1

KATJA KERN KÖLN **K** *Papiergroßhandlung*
e. Kffr.

Quittung

Barentnahme für den Haushalt
2.000,00 €.

Köln, ..-12-12

Katja Kern

Beleg 2

Beleg für Kontoinhaber/Zahler-Quittung

BIC des Kreditinstituts des Kontoinhabers
COLSDE33XXX

Zahlungsempfänger
Hermann-Gmeiner-Fonds Deutschland e. V.
Menzinger Straße 23, 80638 München
IBAN des Zahlungsempfängers
DE69 7007 0010 0001 1111 11
BIC des Kreditinstituts des Zahlungsempfängers
DEUTDEMM
Betrag: Euro, Cent
650,00
Kunden-Referenznummer
- noch Verwendungszweck (nur für Zahlungsempfänger)
Spende zur Förderung der SOS-Kinderdörfer in aller Welt
Kontoinhaber/Zahler: Name, Vorname
K. Kern e. Kffr., Köln
IBAN des Kontoinhabers
DE07 3705 0198 0072 3544 32

Aufgabe 175

Erich **WETTE** OHG
BAUSTOFFE Bielefeld

Erich Wette OHG, Baustoffe, Industriestraße 4, 33689 Bielefeld

Bauunternehmung
A. Breidenbach KG
Tannenweg 32
33334 Gütersloh

Ihre Bestellung vom	Unsere Lieferung vom	Datum
..-06-18	..-06-22	..-06-23

Rechnung   3357-4/..

Wir lieferten Ihnen durch unseren LKW – unfrei – an Ihre obige Anschrift:

Menge	Artikel	Einzelpreis	Rabatt	Gesamtpreis
400 Sack	Portland-Zement	8,25 €/Sack	25 %	2.475,00 €
	Transportkosten			150,00 €
				2.625,00 €
	Umsatzsteuer 19 %			498,75 €
				3.123,75 €

Die Rechnung ist innerhalb von 10 Tagen mit 1,5 % Skonto oder nach spätestens 30 Tagen ohne Abzug zu begleichen.

Bankverbindung: Commerzbank Bielefeld, Konto 445 632 002, BLZ 480 400 35
IBAN: DE15 4804 0035 0445 6320 02, BIC: COBADEFF

Steuer-Nr. 065 676 33181

1. Nennen Sie den Buchungssatz für den oben stehenden Beleg.
2. Berechnen Sie den Bezugs- bzw. Einstandspreis für einen Sack Zement.

Aufgabe 176

Untersuchen Sie die folgenden Aussagen auf ihre Richtigkeit:

1. Nach dem HGB ist jeder Unternehmer zur Buchführung verpflichtet.
2. Buchführungsvorschriften enthält lediglich das Handelsgesetzbuch.
3. Die handelsrechtlichen Vorschriften zur Buchführung sind im dritten Buch des Handelsgesetzbuches „Handelsbücher" enthalten.
4. Das HGB verpflichtet nur den im Handelsregister eingetragenen Kaufmann zur Führung von Büchern.
5. Das Grundgesetz enthält die Grundsätze ordnungsmäßiger Buchführung.
6. Kasseneinnahmen und Kassenausgaben sind wöchentlich zu erfassen.
7. Vermögenswerte und Schulden sowie Aufwendungen und Erträge dürfen verrechnet werden.
8. Alle Bilanzen und alle Buchungsunterlagen dürfen auf Bild- oder Datenträgern aufbewahrt werden.
9. Verstöße gegen die Grundsätze ordnungsmäßiger Buchführung führen beim Finanzamt zu einer Schätzung der Besteuerungsgrundlagen, wie z. B. Umsatzerlöse, Gewinn u. a.
10. Bei einer EDV-Buchführung müssen die gespeicherten Daten jederzeit durch Bildschirm oder Ausdruck lesbar gemacht werden können.
11. Konten können nach sechs Jahren vernichtet werden.
12. Der Jahresabschluss, also Bilanz und Gewinn- und Verlustrechnung, dürfen von Prokuristen unterschrieben werden.
13. Inventare sind vom Geschäftsinhaber zu unterschreiben und acht Jahre lang aufzubewahren.
14. Buchungsbelege sind zehn Jahre aufzubewahren.
15. Die sachliche Ordnung der Buchungen erfolgt im Grundbuch.

16 HGB-Rechnungslegungsvorschriften

Das Handelsgesetzbuch enthält in seinem dritten Buch „Handelsbücher" eine geschlossene Darstellung der handelsrechtlichen Rechnungslegungsvorschriften. Sie gliedern sich (siehe S. 6):

- ■ 1. Abschnitt: **Vorschriften für alle Kaufleute:** §§ 238 – 263 HGB
- ■ 2. Abschnitt: **Vorschriften für Kapitalgesellschaften und haftungsbeschränkte Personenhandelsgesellschaften:** §§ 264 – 335b HGB
- ■ 3. Abschnitt: **Vorschriften für eingetragene Genossenschaften:** §§ 336 – 339 HGB
- ■ 4. Abschnitt: **Vorschriften für Unternehmen bestimmter Geschäftszweige:** §§ 340 – 341y HGB
- ■ 5. und 6. Abschnitt: **Privates Rechnungslegungsgremium; Rechungslegungsbeirat; Prüfstelle für Rechnungslegung:** §§ 342 – 342e HGB

Auf den folgenden Seiten sind die **wesentlichen Vorschriften** des ersten und zweiten Abschnitts zusammengestellt, die im Lehrbuch in den entsprechenden Kapiteln zugrunde gelegt werden.[1]

16.1 Erster Abschnitt: Vorschriften für alle Kaufleute

§ 238 Buchführungspflicht

(1) Jeder Kaufmann ist verpflichtet, Bücher zu führen und in diesen seine Handelsgeschäfte und die Lage seines Vermögens nach den Grundsätzen ordnungsmäßiger Buchführung ersichtlich zu machen. Die Buchführung muss so beschaffen sein, dass sie einem sachverständigen Dritten innerhalb angemessener Zeit einen Überblick über die Geschäftsvorfälle und über die Lage des Unternehmens vermitteln kann. Die Geschäftsvorfälle müssen sich in ihrer Entstehung und Abwicklung verfolgen lassen.

(2) Der Kaufmann ist verpflichtet, eine mit der Urschrift übereinstimmende Wiedergabe der abgesandten Handelsbriefe (Kopie, Abdruck, Abschrift oder sonstige Wiedergabe des Wortlauts auf einem Schrift-, Bild- oder anderen Datenträger) zurückzuhalten.

§ 239 Führung der Handelsbücher

(1) Bei der Führung der Handelsbücher und bei den sonst erforderlichen Aufzeichnungen hat sich der Kaufmann einer lebenden Sprache zu bedienen. Werden Abkürzungen, Ziffern, Buchstaben oder Symbole verwendet, muss im Einzelfall deren Bedeutung eindeutig festliegen.

(2) Die Eintragungen in Büchern und die sonst erforderlichen Aufzeichnungen müssen vollständig, richtig, zeitgerecht und geordnet vorgenommen werden.

(3) Eine Eintragung oder eine Aufzeichnung darf nicht in einer Weise verändert werden, dass der ursprüngliche Inhalt nicht mehr feststellbar ist. Auch solche Veränderungen dürfen nicht vorgenommen werden, deren Beschaffenheit es ungewiss lässt, ob sie ursprünglich oder erst später gemacht worden sind.

(4) Die Handelsbücher und die sonst erforderlichen Aufzeichnungen können auch in der geordneten Ablage von Belegen bestehen oder auf Datenträgern geführt werden, soweit diese Formen der Buchführung einschließlich des dabei angewandten Verfahrens den Grundsätzen ordnungsmäßiger Buchführung entsprechen. Bei der Führung der Handelsbücher und der sonst erforderlichen Aufzeichnungen auf Datenträgern muss insbesondere sichergestellt sein, dass die Daten während der Dauer der Aufbewahrungsfrist verfügbar sind und jederzeit innerhalb angemessener Frist lesbar gemacht werden können. Absätze 1 bis 3 gelten sinngemäß.

§ 240 Inventar

(1) Jeder Kaufmann hat zu Beginn seines Handelsgewerbes seine Grundstücke, seine Forderungen und Schulden, den Betrag seines baren Geldes sowie seine sonstigen Vermögensgegenstände genau zu verzeichnen und dabei den Wert der einzelnen Vermögensgegenstände und Schulden anzugeben.

(2) Er hat demnächst für den Schluss eines jeden Geschäftsjahrs ein solches Inventar aufzustellen. Die Dauer des Geschäftsjahrs darf zwölf Monate nicht überschreiten. [...]

---

1 Einige Vorschriften können aus Platzgründen nur gekürzt wiedergegeben werden.

§ 241 Inventurvereinfachungsverfahren

(1) Bei der Aufstellung des Inventars darf der Bestand der Vermögensgegenstände nach Art, Menge und Wert auch mithilfe anerkannter mathematisch-statistischer Methoden aufgrund von Stichproben ermittelt werden. Das Verfahren muss den Grundsätzen ordnungsmäßiger Buchführung entsprechen. [...]

(2) Bei der Aufstellung des Inventars für den Schluss eines Geschäftsjahrs bedarf es einer körperlichen Bestandsaufnahme der Vermögensgegenstände für diesen Zeitpunkt nicht, soweit durch Anwendung eines den Grundsätzen ordnungsmäßiger Buchführung entsprechenden anderen Verfahrens gesichert ist, dass der Bestand der Vermögensgegenstände nach Art, Menge und Wert auch ohne die körperliche Bestandsaufnahme für diesen Zeitpunkt festgestellt werden kann.

(3) In dem Inventar für den Schluss eines Geschäftsjahrs brauchen Vermögensgegenstände nicht verzeichnet zu werden, wenn

1. der Kaufmann ihren Bestand aufgrund einer körperlichen Bestandsaufnahme oder aufgrund eines nach Absatz 2 zulässigen anderen Verfahrens nach Art, Menge und Wert in einem besonderen Inventar verzeichnet hat, das für einen Tag innerhalb der letzten drei Monate vor oder der ersten beiden Monate nach dem Schluss des Geschäftsjahrs aufgestellt ist, und

2. aufgrund des besonderen Inventars durch Anwendung eines den Grundsätzen ordnungsmäßiger Buchführung entsprechenden Fortschreibungs- oder Rückrechnungsverfahrens gesichert ist, dass der am Schluss des Geschäftsjahrs vorhandene Bestand der Vermögensgegenstände für diesen Zeitpunkt ordnungsgemäß bewertet werden kann.

§ 241a Befreiung von der Pflicht zur Buchführung und Erstellung eines Inventars

Einzelkaufleute, die an den Abschlussstichtagen von zwei aufeinander folgenden Geschäftsjahren nicht mehr als jeweils 600.000,00 Euro Umsatzerlöse und jeweils 60.000,00 Euro Jahresüberschuss aufweisen, brauchen die §§ 238 bis 241 nicht anzuwenden. Im Fall der Neugründung treten die Rechtsfolgen schon ein, wenn die Werte des Satzes 1 am ersten Abschlussstichtag nach der Neugründung nicht überschritten werden.

§ 242 Pflicht zur Aufstellung der Eröffnungsbilanz und des Jahresabschlusses

(1) Der Kaufmann hat zu Beginn seines Handelsgewerbes und für den Schluss eines jeden Geschäftsjahrs einen das Verhältnis seines Vermögens und seiner Schulden darstellenden Abschluss (Eröffnungsbilanz, Bilanz) aufzustellen. [...]

(2) Er hat für den Schluss eines jeden Geschäftsjahrs eine Gegenüberstellung der Aufwendungen und Erträge des Geschäftsjahrs (Gewinn- und Verlustrechnung) aufzustellen.
(3) Die Bilanz und die Gewinn- und Verlustrechnung bilden den Jahresabschluss.
(4) Die Absätze 1 bis 3 sind auf Einzelkaufleute im Sinn des § 241a nicht anzuwenden. Im Fall der Neugründung treten die Rechtsfolgen nach Satz 1 schon ein, wenn die Werte des § 241a Satz 1 am ersten Abschlussstichtag nach der Neugründung nicht überschritten werden.

§ 243 Aufstellungsgrundsatz

(1) Der Jahresabschluss ist nach den Grundsätzen ordnungsmäßiger Buchführung aufzustellen.
(2) Er muss klar und übersichtlich sein.
(3) Der Jahresabschluss ist innerhalb der einem ordnungsmäßigen Geschäftsgang entsprechenden Zeit aufzustellen.

§ 244 Sprache. Währungseinheit

Der Jahresabschluss ist in deutscher Sprache und in Euro aufzustellen.

§ 245 Unterzeichnung

Der Jahresabschluss ist vom Kaufmann unter Angabe des Datums zu unterzeichnen. Sind mehrere persönlich haftende Gesellschafter vorhanden, so haben sie alle zu unterzeichnen.

§ 246 Vollständigkeit. Verrechnungsverbot

(1) Der Jahresabschluss hat sämtliche Vermögensgegenstände, Schulden, Rechnungsabgrenzungsposten sowie Aufwendungen und Erträge zu enthalten, soweit gesetzlich nichts anderes bestimmt ist. [...]

(2) Posten der Aktivseite dürfen nicht mit Posten der Passivseite, Aufwendungen nicht mit Erträgen, Grundstücksrechte nicht mit Grundstückslasten verrechnet werden. [...]

§ 247 Inhalt der Bilanz

(1) In der Bilanz sind das Anlage- und das Umlaufvermögen, das Eigenkapital, die Schulden sowie die Rechnungsabgrenzungsposten gesondert auszuweisen und hinreichend aufzugliedern.

(2) Beim Anlagevermögen sind nur die Gegenstände auszuweisen, die bestimmt sind, dauernd dem Geschäftsbetrieb zu dienen.

§ 249 Rückstellungen

(1) Rückstellungen sind für ungewisse Verbindlichkeiten und für drohende Verluste aus schwebenden Geschäften zu bilden. Ferner sind Rückstellungen zu bilden für

1. im Geschäftsjahr unterlassene Aufwendungen für Instandhaltung, die im folgenden Geschäftsjahr innerhalb von drei Monaten [...] nachgeholt werden,
2. Gewährleistungen, die ohne rechtliche Verpflichtung erbracht werden.

(2) Für andere als die in Absatz 1 bezeichneten Zwecke dürfen Rückstellungen nicht gebildet werden. Rückstellungen dürfen nur aufgelöst werden, soweit der Grund hierfür entfallen ist.

§ 250 Rechnungsabgrenzungsposten

(1) Als Rechnungsabgrenzungsposten sind auf der Aktivseite Ausgaben vor dem Abschlussstichtag auszuweisen, soweit sie Aufwand für eine bestimmte Zeit nach diesem Tag darstellen.

(2) Auf der Passivseite sind als Rechnungsabgrenzungsposten Einnahmen vor dem Abschlussstichtag auszuweisen, soweit sie Ertrag für eine bestimmte Zeit nach diesem Tag darstellen.

(3) Ist der Erfüllungsbetrag einer Verbindlichkeit höher als der Ausgabebetrag, so darf der Unterschiedsbetrag in den Rechnungsabgrenzungsposten auf der Aktivseite aufgenommen werden. Der Unterschiedsbetrag ist durch planmäßige jährliche Abschreibungen zu tilgen, die auf die gesamte Laufzeit der Verbindlichkeit verteilt werden können.

§ 252 Allgemeine Bewertungsgrundsätze

(1) Bei der Bewertung der im Jahresabschluss ausgewiesenen Vermögensgegenstände und Schulden gilt insbesondere Folgendes:

1. Die Wertansätze in der Eröffnungsbilanz des Geschäftsjahrs müssen mit denen der Schlussbilanz des vorhergehenden Geschäftsjahrs übereinstimmen.
2. Bei der Bewertung ist von der Fortführung der Unternehmenstätigkeit auszugehen, sofern dem nicht tatsächliche oder rechtliche Gegebenheiten entgegenstehen.
3. Die Vermögensgegenstände und Schulden sind zum Abschlussstichtag einzeln zu bewerten.
4. Es ist vorsichtig zu bewerten, namentlich sind alle vorhersehbaren Risiken und Verluste, die bis zum Abschlussstichtag entstanden sind, zu berücksichtigen, selbst wenn diese erst zwischen dem Abschlussstichtag und dem Tag der Aufstellung des Jahresabschlusses bekannt geworden sind; Gewinne sind nur zu berücksichtigen, wenn sie am Abschlussstichtag realisiert sind.
5. Aufwendungen und Erträge des Geschäftsjahrs sind unabhängig von den Zeitpunkten der entsprechenden Zahlungen im Jahresabschluss zu berücksichtigen.
6. Die auf den vorhergehenden Jahresabschluss angewandten Bewertungsmethoden sollen beibehalten werden.

(2) Von den Grundsätzen des Absatzes 1 darf nur in begründeten Ausnahmefällen abgewichen werden.

§ 253 Zugangs- und Folgebewertung

(1) Vermögensgegenstände sind höchstens mit den Anschaffungs- oder Herstellungskosten, vermindert um die Abschreibungen nach den Absätzen 3 bis 5, anzusetzen. Verbindlichkeiten sind zu ihrem Erfüllungsbetrag und Rückstellungen in Höhe des nach vernünftiger kaufmännischer Beurteilung notwendigen Erfüllungsbetrages anzusetzen. [...]

(2) Rückstellungen mit einer Restlaufzeit von mehr als einem Jahr sind abzuzinsen mit dem ihrer Restlaufzeit entsprechenden durchschnittlichen Marktzinssatz. [...]

(3) Bei Vermögensgegenständen des Anlagevermögens, deren Nutzung zeitlich begrenzt ist, sind die Anschaffungs- oder die Herstellungskosten um planmäßige Abschreibungen zu vermindern. Der Plan muss die Anschaffungs- oder Herstellungskosten auf die Geschäftsjahre verteilen, in denen der Vermögensgegenstand voraussichtlich genutzt werden kann. [...] Ohne Rücksicht darauf, ob ihre Nutzung zeitlich begrenzt ist, sind bei Vermögensgegenständen des Anlagevermögens bei voraussichtlich dauernder Wertminderung außerplanmäßige Abschreibungen vorzunehmen, um diese mit dem niedrigeren Wert anzusetzen, der ihnen am Abschlussstichtag beizulegen ist. Bei Finanzanlagen können außerplanmäßige Abschreibungen auch bei voraussichtlich nicht dauernder Wertminderung vorgenommen werden.

(4) Bei Vermögensgegenständen des Umlaufvermögens sind Abschreibungen vorzunehmen, um diese mit einem niedrigeren Wert anzusetzen, der sich aus einem Börsen- oder Marktpreis am Abschlussstichtag ergibt. Ist ein Börsen- oder Marktpreis nicht festzustellen und übersteigen die Anschaffungs- oder Herstellungskosten den Wert, der den Vermögensgegenständen am Abschlussstichtag beizulegen ist, so ist auf diesen Wert abzuschreiben.

(5) Ein niedrigerer Wertansatz nach Absatz 3 Satz 5 oder 6 und Absatz 4 darf nicht beibehalten werden, wenn die Gründe dafür nicht mehr bestehen. Ein niedrigerer Wertansatz eines entgeltlich erworbenen Geschäfts- oder Firmenwertes ist beizubehalten.

§ 255 Bewertungsmaßstäbe

(1) Anschaffungskosten sind die Aufwendungen, die geleistet werden, um einen Vermögensgegenstand zu erwerben und ihn in einen betriebsbereiten Zustand zu versetzen, soweit sie dem Vermögensgegenstand einzeln zugeordnet werden können. Zu den Anschaffungskosten gehören auch die Nebenkosten sowie die nachträglichen Anschaffungskosten. Anschaffungspreisminderungen, die dem Vermögensgegenstand einzeln zugeordnet werden können, sind abzusetzen.

(2) Herstellungskosten sind die Aufwendungen, die durch den Verbrauch von Gütern und die Inanspruchnahme von Diensten für die Herstellung eines Vermögensgegenstands, seine Erweiterung oder für eine über seinen ursprünglichen Zustand hinausgehende wesentliche Verbesserung entstehen. Dazu gehören die Materialkosten, die Fertigungskosten und die Sonderkosten der Fertigung sowie angemessene Teile der Materialgemeinkosten, der Fertigungsgemeinkosten und des Werteverzehrs des Anlagevermögens, soweit dieser durch die Fertigung veranlasst ist. Bei der Berechnung der Herstellungskosten dürfen angemessene Teile der Kosten der allgemeinen Verwaltung sowie angemessene Aufwendungen für soziale Einrichtungen des Betriebs, für freiwillige soziale Leistungen und für die betriebliche Altersversorgung einbezogen werden, soweit diese auf den Zeitraum der Herstellung entfallen. Forschungs- und Vertriebskosten dürfen nicht einbezogen werden.

§ 257 Aufbewahrung von Unterlagen. Aufbewahrungsfristen

(1) Jeder Kaufmann ist verpflichtet, die folgenden Unterlagen geordnet aufzubewahren:
1. Handelsbücher, Inventare, Eröffnungsbilanzen, Jahresabschlüsse, Einzelabschlüsse nach § 325 Abs. 2a, Lageberichte, Konzernabschlüsse, Konzernlageberichte sowie die zu ihrem Verständnis erforderlichen Arbeitsanweisungen und sonstigen Organisationsunterlagen,
2. die empfangenen Handelsbriefe,
3. Wiedergaben der abgesandten Handelsbriefe,
4. Belege für Buchungen in den von ihm nach § 238 Abs. 1 zu führenden Büchern (Buchungsbelege).

(2) Handelsbriefe sind nur Schriftstücke, die ein Handelsgeschäft betreffen.

(3) Mit Ausnahme der Eröffnungsbilanzen und Abschlüsse können die in Absatz 1 aufgeführten Unterlagen auch als Wiedergabe auf einem Bildträger oder auf anderen Datenträgern aufbewahrt werden, wenn dies den Grundsätzen ordnungsmäßiger Buchführung entspricht und sichergestellt ist, dass die Wiedergabe oder die Daten

1. mit den empfangenen Handelsbriefen und den Buchungsbelegen bildlich und mit den anderen Unterlagen inhaltlich übereinstimmen, wenn sie lesbar gemacht werden,
2. während der Dauer der Aufbewahrungsfrist verfügbar sind und jederzeit innerhalb angemessener Frist lesbar gemacht werden können.

Sind Unterlagen aufgrund des § 239 Abs. 4 Satz 1 auf Datenträgern hergestellt worden, können statt des Datenträgers die Daten auch ausgedruckt aufbewahrt werden; die ausgedruckten Unterlagen können auch nach Satz 1 aufbewahrt werden.

(4) Die in Absatz 1 Nr. 1 und 4 aufgeführten Unterlagen sind zehn Jahre, die sonstigen in Absatz 1 aufgeführten Unterlagen sechs Jahre aufzubewahren.

(5) Die Aufbewahrungsfrist beginnt mit dem Schluss des Kalenderjahrs, in dem die letzte Eintragung in das Handelsbuch gemacht, das Inventar aufgestellt, die Eröffnungsbilanz oder der Jahresabschluss festgestellt, der Einzelabschluss nach § 325 Abs. 2a oder der Konzernabschluss aufgestellt, der Handelsbrief empfangen oder abgesandt worden oder der Buchungsbeleg entstanden ist.

16.2 Zweiter Abschnitt: Ergänzende Vorschriften für Kapitalgesellschaften sowie bestimmte Personenhandelsgesellschaften

§ 264 Pflicht zur Aufstellung des Jahresabschlusses und des Lageberichtes

(1) Die gesetzlichen Vertreter einer Kapitalgesellschaft haben den Jahresabschluss (§ 242) um einen Anhang zu erweitern, der mit der Bilanz und der Gewinn- und Verlustrechnung eine Einheit bildet, sowie einen Lagebericht aufzustellen. [...] Der Jahresabschluss und der Lagebericht sind von den gesetzlichen Vertretern in den ersten drei Monaten des Geschäftsjahrs für das vergangene Geschäftsjahr aufzustellen.

Kleine Kapitalgesellschaften (§ 267 Abs. 1) brauchen den Lagebericht nicht aufzustellen; sie dürfen den Jahresabschluss auch später aufstellen, wenn dies einem ordnungsgemäßen Geschäftsgang entspricht; jedoch innerhalb der ersten sechs Monate des Geschäftsjahrs. Kleinstkapitalgesellschaften (§ 267a) brauchen den Jahresabschluss nicht um einen Anhang zu erweitern [...].

(2) Der Jahresabschluss der Kapitalgesellschaft hat unter Beachtung der Grundsätze ordnungsmäßiger Buchführung ein den tatsächlichen Verhältnissen entsprechendes Bild der Vermögens-, Finanz- und Ertragslage der Kapitalgesellschaft zu vermitteln. [...]

§ 266 Gliederung der Bilanz

(1) Die Bilanz ist in Kontoform aufzustellen. Dabei haben große und mittelgroße Kapitalgesellschaften (§ 267 Abs. 3, 2) auf der Aktivseite die in Absatz 2 und auf der Passivseite die in Absatz 3 bezeichneten Posten gesondert und in der vorgeschriebenen Reihenfolge auszuweisen. Kleine Kapitalgesellschaften (§ 267 Abs. 1) brauchen nur eine verkürzte Bilanz aufzustellen, in die nur die in den Absätzen 2 und 3 mit Buchstaben und römischen Zahlen bezeichneten Posten in der vorgeschriebenen Reihenfolge aufgenommen werden. Kleinstkapitalgesellschaften (§ 267a) brauchen nur eine verkürzte Bilanz aufzustellen, in die nur die in den Absätzen 2 und 3 mit Buchstaben bezeichneten Posten gesondert und in der vorgeschriebenen Reihenfolge aufgenommen werden.

(2) Gliederung der **Aktivseite** ⎫
(3) Gliederung der **Passivseite** ⎬ siehe Rückseite des Kontenrahmens (Faltblatt).

§ 272 Eigenkapital

(1) Gezeichnetes Kapital ist das Kapital, auf das die Haftung der Gesellschafter für die Verbindlichkeiten der Kapitalgesellschaft gegenüber den Gläubigern beschränkt ist. [...]

(2) Als Kapitalrücklage sind auszuweisen

1. der Betrag, der bei der Ausgabe von Anteilen einschließlich von Bezugsanteilen über den Nennbetrag [...] hinaus erzielt wird;

3. der Betrag von Zuzahlungen, die Gesellschafter gegen Gewährung eines Vorzugs für ihre Anteile leisten;

4. der Betrag von anderen Zuzahlungen, die Gesellschafter in das Eigenkapital leisten.

(3) Als Gewinnrücklagen dürfen nur Beträge ausgewiesen werden, die im Geschäftsjahr oder in einem früheren Geschäftsjahr aus dem Ergebnis gebildet worden sind. Dazu gehören aus dem Ergebnis zu bildende gesetzliche oder auf Gesellschaftsvertrag oder Satzung beruhende Rücklagen und andere Gewinnrücklagen.

§ 275 Gliederung der Gewinn- und Verlustrechnung

(1) Die Gewinn- und Verlustrechnung ist in Staffelform nach dem Gesamtkostenverfahren oder dem Umsatzkostenverfahren aufzustellen. Dabei sind die in Absatz 2 oder 3 bezeichneten Posten in der angegebenen Reihenfolge gesondert auszuweisen.

(2) Gliederung nach dem **Gesamtkostenverfahren** ⎤ **siehe Rückseite des Kontenrahmens**

(3) Gliederung nach dem **Umsatzkostenverfahren** ⎦ **(Faltblatt).**

(4) Veränderungen der Kapital- und Gewinnrücklagen dürfen in der Gewinn- und Verlustrechnung erst nach dem Posten „Jahresüberschuss/Jahresfehlbetrag" ausgewiesen werden.

§ 284 Anhang: Erläuterung der Bilanz und der Gewinn- und Verlustrechnung

(1) In den Anhang sind diejenigen Angaben aufzunehmen, die zu den einzelnen Posten der Bilanz oder der Gewinn- und Verlustrechnung vorgeschrieben oder die im Anhang zu machen sind, weil sie in Ausübung eines Wahlrechts nicht in die Bilanz oder in die Gewinn- und Verlustrechnung aufgenommen wurden. Im Anhang müssen

1. die auf die Posten der Bilanz und der Gewinn- und Verlustrechnung angewandten Bilanzierungs- und Bewertungsmethoden angegeben werden;

3. Abweichungen von Bilanzierungs- und Bewertungsmethoden angegeben und begründet werden; deren Einfluss auf die Vermögens- und Ertragslage ist gesondert darzustellen.

§ 285 Sonstige Pflichtangaben im Anhang

Ferner sind im Anhang anzugeben:

1. zu den in der Bilanz ausgewiesenen Verbindlichkeiten

   a) der Gesamtbetrag der Verbindlichkeiten mit einer Restlaufzeit von mehr als fünf Jahren,

   b) der Gesamtbetrag der Verbindlichkeiten, die durch Pfandrechte gesichert sind;

9. für die Mitglieder des Geschäftsführungsorgans, eines Aufsichtsrats, eines Beirats oder einer ähnlichen Einrichtung jeweils für jede Personengruppe

   a) die für die Tätigkeit im Geschäftsjahr gewährten Gesamtbezüge [...].

§ 289 Lagebericht

(1) Im Lagebericht sind der Geschäftsverlauf einschließlich des Geschäftsergebnisses und die Lage der Kapitalgesellschaft so darzustellen, dass ein den tatsächlichen Verhältnissen entsprechendes Bild vermittelt wird. [...]

Ferner ist im Lagebericht die voraussichtliche Entwicklung mit ihren wesentlichen Chancen und Risiken zu beurteilen und zu erläutern; zugrunde liegende Annahmen sind anzugeben.

§ 316 Pflicht zur Prüfung

(1) Der Jahresabschluss und der Lagebericht von Kapitalgesellschaften, die nicht kleine im Sinne des § 267 Abs. 1 sind, sind durch einen Abschlussprüfer zu prüfen. [...]

6934160

Sachregister

Steuerbuchungen (Überblick)

Die **buchhalterische Behandlung der Steuern** richtet sich zum einen danach, ob das **Unternehmen oder** der **Unternehmer** persönlich durch die betreffende Steuerart belastet wird, und zum anderen danach, ob die Steuer **abzugsfähig** oder **nicht abzugsfähig** ist. Man unterscheidet deshalb:

	Konten
→ **Abzugsfähige Steuern**, die den Gewinn des Unternehmens **mindern**, da sie in der Buchhaltung als Aufwand erfasst werden und steuerlich als **Betriebsausgabe** absetzbar sind. Dazu zählen vor allem: – die **Kraftfahrzeugsteuer** für alle Kraftfahrzeuge, die zum Betriebsvermögen gehören, – die **Grundsteuer** für bebaute und unbebaute betrieblich genutzte Grundstücke und – **sonstige Betriebsteuern** wie Verbrauchsteuern auf bestimmte verbrauchsteuerpflichtige Waren.	**4220 Kfz-Steuer** **4230 Grundsteuer** **4240 Sonstige Betriebsteuern**
→ Nichtabzugsfähige Steuern, die **keine Betriebsausgabe** darstellen und somit den **steuerpflichtigen Gewinn nicht mindern** dürfen. Sie werden vom Gewinn vor Steuern oder vom Vermögen berechnet und sind vom Unternehmen oder vom Unternehmer **persönlich** zu tragen, und zwar – **Steuern vom Einkommen und Ertrag**, die zunächst auf Aufwandskonten erfasst werden. Dazu gehören • die **Gewerbesteuer** auf den Gewerbeertrag von Gewerbebetrieben, wie gewerblich tätigen Einzelunternehmen, Personengesellschaften, Kapitalgesell-schaften, Genossenschaften, • die **Körperschaftsteuer** mit Solidaritätszuschlag auf den zu versteuernden Gewinn von juristischen Personen wie Kapitalgesellschaften, Genossenschaften, Vereine, • die **Kapitalertragsteuer** (25%) mit Solidaritätszuschlag auf Erträge aus betrieblichen Kapitalanlagen, – **Privatsteuern** bei Einzelunternehmern und Gesellschaftern von Personengesellschaften (OHG, KG), die als Privatentnahme über das Privatkonto gebucht werden. Darunter fallen • die **Einkommensteuer mit Solidaritätszuschlag und Kirchensteuer** auf das Einkommen natürlicher Personen, • **die Kapitalertagsteuer** (25%) mit Solidaritätszuschlag auf Erträge aus privaten Kapitalanlagen und • **die Erbschaft- und Schenkungsteuer** auf Vermögensübergänge von Todes wegen oder unter Lebenden.	**4210 Gewerbesteuer** **2210 Körperschaft-steuer** **2230 Kapitalertrag-steuer** **1610 Privatentnahmen**
→ **Aktivierungspflichtige Steuern und Abgaben**, die als **Anschaffungsnebenkosten** dem Anschaffungspreis hinzuzurechnen sind und deshalb auf dem entsprechenden Aktivkonto zu buchen (aktivieren) sind. Dazu zählen – die **Grunderwerbsteuer**, die beim Erwerb von inländischen Grundstücken und Gebäuden zu entrichten ist, und – **Zölle** bei der Einfuhr von Gütern aus Nicht-EU-Staaten.	**0210 Grundstücke** **0230 Gebäude** **Diverse Aktivkonten**
→ **Durchlaufende Steuern**, die das Unternehmen aufgrund gesetzlicher Vorschriften einziehen bzw. einbehalten und an das Finanzamt abführen muss: **Umsatzsteuer, Lohn- und Kirchensteuer sowie Solidaritätszuschlag** der Arbeitnehmer.	**1410 Vorsteuer** **1810 Umsatzsteuer** **1910 Verbindlichkeiten aus Steuern**

Kontenrahmen für den Groß- und Außenhandel[1]

Kontenklassen

0 Anlage- und Kapitalkonten

00 Frei
01 **Immaterielle Vermögensgegenstände** (z. B. Firmenwert)
02 **Grundstücke und Gebäude**
 0210 Grundstücke
 0230 Gebäude
03 **Anlagen, Maschinen, Betriebs- und Geschäftsausstattung**
 0310 Technische Anlagen und Maschinen
 0330 Betriebs- und Geschäftsausstattung (BGA)
 0340 Fuhrpark
 0350 Geleistete Anzahlungen
 0360 Anlagen im Bau
 0370 Geringwertige Wirtschaftsgüter (GWG)
 0371 GWG-Sammelposten
04 **Finanzanlagen**
 0430 Beteiligungen
 0450 Wertpapiere des Anlagevermögens
 0460 Sonstige Ausleihungen (Darlehen)
05 **Abschreibungen und Wertberichtigungen**
 0510 Abschreibungen auf Sachanlagen
 0520 Wertberichtigungen bei Forderungen
  0521 Einzelwertberichtigungen (EWB)
  0522 Pauschalwertberichtigungen (PWB)
06 **Eigenkapital**
 0610 Gezeichnetes Kapital oder Eigenkapital
 0620 Kapitalrücklagen
 0630 Gewinnrücklage
  0631 Gesetzliche Rücklagen
  0633 Satzungsmäßige Rücklagen
  0634 Andere Gewinnrücklagen
 0640 Gewinnvortrag, Verlustvortrag
 0650 Jahresüberschuss, Jahresfehlbetrag
 0660 Bilanzgewinn, Bilanzverlust
 0670 Ergebnisverwendung
07 **Sonderposten mit Rücklageanteil und Rückstellungen**
 0710 Sonderposten mit Rücklageanteil
 0720 Rückstellungen
  0721 Rückstellungen für Pensionen
  0722 Steuerrückstellungen
  0724 Sonstige Rückstellungen
08 **Verbindlichkeiten**
 0820 Verbindlichkeiten gegenüber Kreditinstituten (z. B. Darlehen)

1 Finanzkonten

10 **Forderungen**
 1010 Forderungen a. LL
 1020 Zweifelhafte Forderungen
 1030 Nachnahmeforderungen
11 **Sonstige Vermögensgegenstände**
 1130 Sonstige Forderungen
 1140 Geleistete Anzahlungen auf Vorräte
 1150 Forderungen an Gesellschafter
 1160 Forderungen an Mitarbeiter
 1170 SV-Vorauszahlung
12 **Wertpapiere des Umlaufvermögens**
13 **Banken**
 1310 -1319 Kreditinstitute (= Bank)
 1320 Postbank
14 **Vorsteuer**
 1410 Vorsteuer (19 %)
  1411 Vorsteuer für i. E.[2]
 1420 Vorsteuer (7 %)
 1430 Einfuhrumsatzsteuer
15 **Zahlungsmittel**
 1510 Kasse
 1520 Schecks
 1530 Wechselforderungen (Besitzwechsel)
 1540 Protestwechsel
16 **Privatkonten**
 1610 Privatentnahmen
 1620 Privateinlagen
17 **Verbindlichkeiten**
 1710 Verbindlichkeiten a. LL
 1750 Erhaltene Anzahlungen auf Bestellungen
 1760 Wechselverbindlichkeiten (Schuldwechsel)
18 **Umsatzsteuer**
 1810 Umsatzsteuer (19 %)
  1811 Umsatzsteuer für i. E.[2]
 1820 Umsatzsteuer (7 %)
19 **Sonstige Verbindlichkeiten**
 1910 Verbindlichkeiten aus Steuern
 1930 Verbindlichkeiten gegenüber Gesellschaftern
 1940 Sonstige Verbindlichkeiten
 1950 Verbindlichkeiten aus Vermögensbildung
 1980 Zollverbindlichkeiten

2 i. E. = innergemeinschaftliche Erwerbe

Fortsetzung Kontenklasse 0

09 **Rechnungsabgrenzungsposten**
 0910 Aktive Rechnungsabgrenzungsposten
 0920 Disagio
 0930 Passive Rechnungsabgrenzungsposten

2 Abgrenzungskonten

20 **Sonstige Aufwendungen**
 2010 Frei
 2020 Betriebsfremde Aufwendungen
 2030 Periodenfremde Aufwendungen
 2040 Verluste aus dem Abgang von AV
 2050 Verluste aus dem Abgang von UV (außer Vorräte)
 2060 Sonstige Aufwendungen (z. B. Kursverluste, Kassenfehlbeträge, außergewöhnliche Aufwendungen)
 2070 Spenden[3]
 2080 Anlagenabgänge
21 **Zinsen und ähnliche Aufwendungen**
 2110 Zinsaufwendungen
 2130 Diskontaufwendungen
 2140 Zinsähnliche Aufwendungen
 2150 Aufwendungen aus Kursdifferenzen
22 **Steuern vom Einkommen**
 2210 Körperschaftsteuer sowie SolZ[3]
 2230 Kapitalertragsteuer
 2250 Steuernachzahlungen – Vorjahre[3]
 2251 Steuererstattungen – Vorjahre[3]
23 **Forderungsverluste**
 2310 Übliche Abschreibungen auf Forderungen
 2320 Außergewöhnliche Abschreibungen auf Forderungen
 2330 Zuführungen zu Einzelwertberichtigungen
 2340 Zuführungen zu Pauschalwertberichtigungen
24 **Sonstige Erträge**
 2410 Frei
 2420 Betriebsfremde Erträge
 2430 Periodenfremde Erträge
 2460 Sonstige Erträge (z. B. Sachbezüge, Kassenüberschüsse, außergewöhnl. Erträge)
25 **Erträge aus Beteiligungen, Wertpapieren und Ausleihungen des Finanzanlagevermögens**
 2510 Erträge aus Beteiligungen
 2520 Erträge aus Wertpapieren des AV
26 **Sonstige Zinsen und ähnliche Erträge**
 2610 Zinserträge
 2630 Diskonterträge
 2640 Zinsähnliche Erträge
 2650 Erträge aus Kursdifferenzen
27 **Sonstige betriebliche Erträge**
 2700 Erlöse aus Anlagenabgängen
 2710 Erträge a. d. Abgang von AV

3 Diese Konten sind im AKA-Kontenplan nicht enthalten, da sie nur für Kapitalgesellschaften gelten.

3 Wareneinkaufskonten Warenbestandskonten

30 **Warengruppe I**
 3010 Wareneingang
 3020 Warenbezugskosten
 3030 Leihemballagen
 3050 Rücksendungen an Lieferanten
 3060 Nachlässe von Lieferanten
 3070 Lieferantenboni
 3080 Lieferantenskonti
31 **Warengruppe II**
 3110 Wareneingang
 3120 Warenbezugskosten
 3130 Leihemballagen
 3150 Rücksendungen an Lieferanten
 3160 Nachlässe von Lieferanten
 3170 Lieferantenboni
 3180 Lieferantenskonti
32 **Warengruppe III**
33 **Warengruppe IV**
37 **Wareneingang aus i. E.**[2]
38 **Wareneinfuhr (aus Drittländern)**
39 **Warenbestände**
 3910 Warengruppe I
 3920 Warengruppe II
 3930 Warengruppe III
 3940 Warengruppe IV

Fortsetzung Kontenklasse 2

 2720 Erträge aus dem Abgang von UV (außer Vorräte)
 2730 Erträge aus Zuschreibungen
 2731 Zuschreibungen im AV
 2732 Zuschreibungen im UV
 2740 Erträge aus abgeschriebenen Forderungen
 2750 Erträge aus der Auflösung von Wertberichtigungen zu Forderungen
 2751 Auflösung von Einzelwertberichtigungen (EWB)
 2752 Auflösung von Pauschalwertberichtigungen (PWB)
 2760 Erträge aus der Auflösung von Rückstellungen
 2770 Sonstige betriebliche Erträge (z. B. Kursgewinne)
 2771 Erträge aus Versicherungsentschädigungen
 2780 Entnahme von sonstigen Gegenständen und Leistungen
28 **Verrechnete kalkulatorische Kosten**[4]
29 **Abgrenzung innerhalb des Geschäftsjahres**[4]

4 **Kalkulatorische Kosten und innerperiodische Abgrenzungen** werden in der Praxis nicht buchhalterisch, sondern stets **tabellarisch** in der **Abgrenzungsrechnung der KLR** berücksichtigt.

4 Konten der Kostenarten

40 **Personalkosten**
 4010 Löhne
 4020 Gehälter
 4030 Aushilfslöhne
 4040 Gesetzliche soziale Aufwendungen
 4050 Freiwillige soziale Aufwendungen
 4060 Aufwendungen für Altersversorgung
 4070 Vermögenswirksame Leistungen
41 **Mieten, Pachten, Leasing**
42 **Steuern, Beiträge, Versicherungen**
 4210 Gewerbesteuer
 4211 Gewerbesteuernachzahlungen – Vorjahre
 4212 Gewerbesteuererstattungen – Vorjahre
 4220 Kfz-Steuer
 4230 Grundsteuer
 4240 Sonstige Betriebsteuern
 4250 Betriebsteuernachzahlungen – Vorjahre
 4251 Betriebsteuererstattungen – Vorjahre
 4260 Versicherungen
 4270 Beiträge
 4280 Gebühren und sonstige Abgaben
43 **Energie, Betriebsstoffe**
44 **Werbe- und Reisekosten**
45 **Provisionen**
46 **Kosten der Warenabgabe**
 4610 Verpackungsmaterial
 4620 Ausgangsfrachten
 4630 Gewährleistungen
47 **Betriebskosten, Instandhaltung**
 4710 Instandhaltung
 4730 Sonstige Betriebskosten
48 **Allgemeine Verwaltung**
 4810 Bürobedarf
 4820 Porto- und Telekommunikationskosten
  4821 Portokosten
  4822 Kosten der Telekommunikation
 4830 Kosten der Datenverarbeitung
 4840 Rechts- und Beratungskosten
 4850 Personalbeschaffungskosten
 4860 Kosten des Geldverkehrs
 4890 Diverse Aufwendungen
49 **Abschreibungen**
 4910 Abschreibungen auf Sachanlagen
 4911 Abschreibungen auf GWG-Sammelposten
 4920 Außerplanmäßige Abschreibungen
 4930 Abschreibungen auf Finanzanlagen des AV
 4940 Abschreibungen auf Wertpapiere des UV

5 Konten der Kostenstellen[5]

Für die Konten der Kostenstellen sind betriebs- und branchenbedingt unterschiedliche Aufteilungen möglich. Die nachfolgende Untergliederung nach Funktionen ist beispielhaft aufgeführt:
- Einkauf
- Lager
- Vertrieb
- Verwaltung
- Fuhrpark
- Be-/Verarbeitung

5 **Anmerkung:** Die **Kostenstellenrechnung** wird in der Praxis stets **tabellarisch** und nicht kontenmäßig durchgeführt. Die Kontenklasse 5 bleibt deshalb in der Regel frei.

6 Konten für Umsatzkostenverfahren[6]

6 **Anmerkung:** Diese Kontenklasse bleibt in der Regel frei, da Großhandelsunternehmen ihre GuV-Rechnung meist nach dem **Gesamtkostenverfahren** erstellen.

7 Freie Kontenklasse

8 Warenverkaufskonten/Umsatzerlöse

80 **Warengruppe I**
 8010 Warenverkauf
 8050 Rücksendungen von Kunden
 8060 Nachlässe an Kunden
 8070 Kundenboni
 8080 Kundenskonti
81 **Warengruppe II**
 8110 Warenverkauf
 8150 Rücksendungen von Kunden
 8160 Nachlässe
 8170 Kundenboni
 8180 Kundenskonti
82 **Warengruppe III**
83 **Warengruppe IV**
87 **Sonstige Erlöse**
 8710 Entnahme von Waren
 8720 Provisionserträge
 8730 Mieterträge
88 **Außenhandelserlöse**
 8810 Erlöse aus innergemeinschaftlicher Lieferung
 8820 Erlöse aus Warenausfuhr (in Drittländer)

9 Abschlusskonten

9100 Eröffnungsbilanzkonto
9150 Saldenvorträge (Sammelkonto)
9200 Warenabschlusskonto
9300 Gewinn- und Verlustkonto
9400 Schlussbilanzkonto

1 Auf der Grundlage des vom **Bundesverband des Groß- und Außenhandels (BGA)**, Bonn 1988, und unter voller Berücksichtigung des von der **Aufgabenstelle für kaufmännische Abschlussprüfungen (AKA)**, IHK Nürnberg, herausgegebenen Großhandelskontenrahmens (1988).
Die Konten **8818** und **8828 Kundenskonto** sind im Kontenrahmen nicht aufgeführt, ebenso wie die **Unterkonten** der **Kontengruppen 37 und 38**. Sie entsprechen **den Unterkonten** der **Kontengruppen 30 und 80**.

6542/6934/6950

Gliederung der Jahresbilanz
mittelgroßer und großer Kapitalgesellschaften[1]
nach § 266 Abs. 2 und 3 Handelsgesetzbuch mit Kontenzuordnung[2]

Aktiva			Passiva

A. Anlagevermögen

I. Immaterielle Vermögensgegenstände (01)
  1. Selbstgeschaffene gewerbliche Schutzrechte und ähnliche Rechte und Werte;
  2. entgeltlich erworbene Konzessionen, gewerbliche Schutzrechte und ähnliche Rechte und Werte sowie Lizenzen an solchen Rechten und Werten
  3. Geschäfts- oder Firmenwert
  4. geleistete Anzahlungen

II. Sachanlagen (02–03)
  1. Grundstücke, grundstücksgleiche Rechte und Bauten einschließlich der Bauten auf fremden Grundstücken (0210, 0230)
  2. technische Anlagen und Maschinen (0310)
  3. andere Anlagen, Betriebs- und Geschäftsausstattung (0330, 0340, 0370, 0371)
  4. geleistete Anzahlungen und Anlagen im Bau (0350, 0360)

III. Finanzanlagen (04)
  1. Anteile an verbundenen Unternehmen
  2. Ausleihungen an verbundene Unternehmen
  3. Beteiligungen (0430)
  4. Ausleihungen an Unternehmen, mit denen ein Beteiligungsverhältnis besteht
  5. Wertpapiere des Anlagevermögens (0450)
  6. sonstige Ausleihungen (0460)

B. Umlaufvermögen

I. Vorräte
  1. Roh-, Hilfs- und Betriebsstoffe
  2. unfertige Erzeugnisse
  3. fertige Erzeugnisse und Waren (39)
  4. geleistete Anzahlungen (1140)

II. Forderungen und sonstige Vermögensgegenstände
  1. Forderungen aus Lieferungen und Leistungen (1010, 1020, 1030, 1530)
  2. Forderungen gegen verbundene Unternehmen
  3. Forderungen gegen Unternehmen, mit denen ein Beteiligungsverhältnis besteht
  4. sonstige Vermögensgegenstände (1130–1170)

III. Wertpapiere (12)
  1. Anteile an verbundenen Unternehmen
  2. sonstige Wertpapiere

IV. Kassenbestand, Bundesbankguthaben, Guthaben bei Kreditinstituten und Schecks (1310, 1320, 1510)

C. Rechnungsabgrenzungsposten (0910, 0920)

D. Aktive latente Steuern

E. Aktiver Unterschiedsbetrag aus der Vermögensverrechnung

A. Eigenkapital

I. Gezeichnetes Kapital (0610)
II. Kapitalrücklage (0620)
III. Gewinnrücklagen
  1. gesetzliche Rücklage (0631)
  2. Rücklage für Anteile an einem herrschenden oder mehrheitlich beteiligten Unternehmen
  3. satzungsmäßige Rücklagen (0633)
  4. andere Gewinnrücklagen (0634)
IV. Gewinnvortrag/Verlustvortrag[3] (0640)
V. Jahresüberschuss/ Jahresfehlbetrag[3] (0650, 0660)

B. Rückstellungen (0720)
  1. Rückstellungen für Pensionen und ähnliche Verpflichtungen (0721)
  2. Steuerrückstellungen (0722)
  3. sonstige Rückstellungen (0724)

C. Verbindlichkeiten
  1. Anleihen davon konvertibel
  2. Verbindlichkeiten gegenüber Kreditinstituten (0820)
  3. erhaltene Anzahlungen auf Bestellungen (1750)
  4. Verbindlichkeiten aus Lieferungen und Leistungen (1710)
  5. Verbindlichkeiten aus der Annahme gezogener Wechsel und der Ausstellung eigener Wechsel (1760)
  6. Verbindlichkeiten gegenüber verbundenen Unternehmen
  7. Verbindlichkeiten gegenüber Unternehmen, mit denen ein Beteiligungsverhältnis besteht
  8. sonstige Verbindlichkeiten (1930, 1940, 1950, 1980)
     – davon aus Steuern (18, 1910)
     – davon im Rahmen der sozialen Sicherheit

D. Rechnungsabgrenzungsposten (0930)

E. Passive latente Steuern

Anmerkungen zum Jahresabschluss der Kapitalgesellschaften

1. Der **Jahresabschluss einer Kapitalgesellschaft** besteht nach § 264 [1] HGB aus der **Bilanz** (§ 266 HGB), der **Gewinn- und Verlustrechnung** (§ 275 HGB) und dem **Anhang** als Erläuterungsbericht (§ 284 f. HGB). Ergänzend zum Jahresabschluss ist ein **Lagebericht** (§ 289 HGB) aufzustellen, der Auskunft über Lage, Entwicklung und Risiken des Unternehmens geben soll.

2. Kapitalgesellschaften unterliegen der **Prüfungs- und Offenlegungspflicht**. Jahresabschluss und Lagebericht sowie die Buchführung sind von unabhängigen **Abschlussprüfern** zu prüfen (§ 316 HGB) und im elektronischen **Bundesanzeiger** zu veröffentlichen (§ 325 HGB).

3. Die **Größe der Kapitalgesellschaft** bestimmt den Umfang der Aufstellung, Prüfung und **Offenlegung** des Jahresabschlusses und des Lageberichtes. Nach § 267 und 267a HGB unterscheidet man **Kleinst-, kleine, mittelgroße** und **große Kapitalgesellschaften**. Für die Zuordnung müssen jeweils zwei der drei **Schwellenwerte** (Bilanzsumme, Umsatz, Beschäftigtenzahl) überschritten werden. Die folgende Übersicht ermöglicht die entsprechende Zuordnung und macht den Umfang der Offenlegung und Prüfung deutlich:

Kapital-gesellschaften	Schwellenwerte			Offenlegung				Prüfung
Größe	Bilanzsumme in Mio. €	Umsatz in Mio. €	Beschäftigte	Bilanz	GuV	An-hang	Lage-bericht	Buchführung Jahresabschl. Lagebericht
Kleinst	bis 0,035	bis 0,700	bis 10	X	–	–	–	–
kleine	bis 6	bis 12	bis 50	X	–	X	–	–
mittelgroße	bis 20	bis 40	bis 250	X	X	X	X	X
große	über 20	über 40	über 250	X	X	X	X	X

Beachten Sie: Kapitalgesellschaften gelten stets als große Gesellschaften, wenn die von ihnen ausgegebenen Wertpapiere (z. B. Aktien, Anleihen) an der Börse gehandelt werden (§ 267 [3] HGB).

4. **Besondere Vorschriften:**

  – Beachten Sie die **Fußnoten** zur nebenstehenden Bilanz (§ 266 HGB) und der Gewinn- und Verlustrechnung (§ 275 HGB), die in Staffelform zu veröffentlichen ist.

  – Zu jedem Posten der zu veröffentlichenden Bilanz und GuV-Rechnung ist auch der **Vorjahresbetrag** anzugeben (§ 265 [2] HGB).

  – **Forderungen** mit einer **Restlaufzeit** von über einem Jahr und **Verbindlichkeiten** bis zu einem Jahr sowie über einem Jahr sind betragsmäßig gesondert zu vermerken (§ 268 [4, 5] HGB).

  – **Besondere Haftungsverhältnisse** nach § 251 HGB (z. B. aus Gewährleistungsverträgen, Bürgschaften) sind im Anhang ausweisen (§ 268 [7] HGB).

  – Im Anhang von mittelgroßen und großen Kapitalgesellschaften ist die **Entwicklung** der Posten des Anlagevermögens in einem **Anlagenspiegel** darzustellen (§ 284 [3] HGB):

Gliederung der Gewinn- und Verlustrechnung in Staffelform[1]
nach § 275 Handelsgesetzbuch mit Kontenzuordnung[2]

(1) Die Gewinn- und Verlustrechnung ist in Staffelform nach dem Gesamtkostenverfahren oder dem Umsatzkostenverfahren aufzustellen. Dabei sind die in Absatz 2 oder 3 bezeichneten Posten in der angegebenen Reihenfolge gesondert auszuweisen.

(2) Bei Anwendung des **Gesamtkostenverfahrens** sind auszuweisen:

  1. Umsatzerlöse (8010, 8710, 8720, 8730, 8810, 8820)
  2. Erhöhung oder Verminderung des Bestands an fertigen und unfertigen Erzeugnissen
  3. andere aktivierte Eigenleistungen
  4. sonstige betriebliche Erträge (2420, 2430, 2460, 2650, 2710, 2720, 2730, 2740, 2750, 2760, 2780)
  5. Materialaufwand:
     a) Aufwendungen für Roh-, Hilfs- und Betriebsstoffe und für bezogene Waren (3010, 3710, 3810)
     b) Aufwendungen für bezogene Leistungen
  6. Personalaufwand:
     a) Löhne und Gehälter (4010, 4020, 4030, 4070)
     b) soziale Abgaben und Aufwendungen für Altersversorgung und für Unterstützung, davon für Altersversorgung (4040, 4050, 4060)
  7. Abschreibungen:
     a) auf immaterielle Vermögensgegenstände des Anlagevermögens und Sachanlagen (4910 , 4920)
     b) auf Vermögensgegenstände des Umlaufvermögens, soweit diese die in der Kapitalgesellschaft üblichen Abschreibungen überschreiten (2320)
  8. sonstige betriebliche Aufwendungen (2020,2030, 2040, 2050, 2060, 2070, 2080, 2150, 2310, 2320, 2330, 2340, 4100, 4260, 4270, 4280, 4300, 4400, 4500, 4610, 4620, 4630, 4710, 4730, 4810, 4820, 4830, 4840, 4850, 4860, 4890)
  9. Erträge aus Beteiligungen (2510)
     – davon aus verbundenen Unternehmen
  10. Erträge aus anderen Wertpapieren und Ausleihungen des Finanzanlagevermögens (2520)
     – davon aus verbundenen Unternehmen
  11. sonstige Zinsen und ähnliche Erträge (2610, 2630, 2640)
     – davon aus verbundenen Unternehmen
  12. Abschreibungen auf Finanzanlagen und auf Wertpapiere des Umlaufvermögens (4930, 4940)
  13. Zinsen und ähnliche Aufwendungen (2110, 2130, 21...)
     – davon an verbundene Unternehmen
  14. Steuern vom Einkommen und vom Ertrag (2210, 2230, 2250, 42...)
  15. Ergebnis nach Steuern (Saldo)
  16. sonstige Steuern (2250, 4220, 4230, 4240 , 42...)
  17. Jahresüberschuss/Jahresfehlbetrag (Saldo)

(3) Bei Anwendung des **Umsatzkostenverfahrens** s... auszuweisen:

  1. Umsatzerlöse
  2. Herstellungskosten der zur Erzielung der Umsatzerlöse erbrachten Leistungen
  3. Bruttoergebnis vom Umsatz
  4. Vertriebskosten
  5. allgemeine Verwaltungskosten
  6. sonstige betriebliche Erträge
  7. sonstige betriebliche Aufwendungen
  8. Erträge aus Beteiligungen,
     – davon aus verbundenen Unternehmen
  9. Erträge aus anderen Wertpapieren und Ausleihungen des Finanzanlagevermögens,
     – davon aus verbundenen Unternehmen
  10. sonstige Zinsen und ähnliche Erträge,
     – davon aus verbundenen Unternehmen
  11. Abschreibungen auf Finanzanlagen und auf Wertpapiere des Umlaufvermögens
  12. Zinsen und ähnliche Aufwendungen,
     – davon an verbundene Unternehmen
  13. Steuern vom Einkommen und vom Ertrag
  14. Ergebnis nach Steuern
  15. sonstige Steuern
  16. Jahresüberschuss/Jahresfehlbetrag

Posten des AV	Ursprüngliche Anschaffungs-/ Herstellungskosten (AK/HK)						Abschreibungen							Restbuchwerte	
	AK/HK 1.1	Zugänge	davon FK-Zinsen	Abgänge	Umbuchungen	AK/HK 31.12.	Kum. Abschreib. 1.1.	Abschreib. Gj.	Zuschreibungen	Zugänge (ohne Abschreib. Gj.)	Zuschreibungen	Abgänge	Umbuchungen	Kum. Abschreib. 31.12.	Buchwert 31.12. Gj.	Buchwert 31.12. Vj.